EL LIBRO
de los
Nombres
para tu bebé

EL LIBRO
de los
Nombres
para tu bebé

Lisa Shaw

TIKAL

Published by arrangement with Adams Media, an F+W Publication Company (USA)

Editora responsable / Adaptación: Isabel López

Traducción: M.ª Amparo Sánchez

Diseño de cubierta: Paniagua & Calleja

Ilustraciones: Barry Littmann

Diseño y maquetación: Dayenu Grupo de Comunicación

Fotocomposición: Julio P. Fernández

© Adams Media Corporation, Avon (Massachussetts, EE UU)
© Susaeta Ediciones, S. A.
Tikal Ediciones
Campezo, 13
28022 Madrid
Fax: 913 009 110
tikal@susaeta.com
Impreso en la UE

Introducción

En otro tiempo los futuros padres no pensaban mucho en el nombre que iban a elegir para sus hijos. Normalmente era el nombre de un familiar o el del santo del día.

Aunque todavía hay padres que hacen lo mismo que nuestros abuelos o que eligen un nombre al azar, también hay muchos que estudian cuidadosamente los nombres antes de decidirse por uno.

Hoy, gracias a la mezcla de culturas, conocemos una gran variedad de nombres entre los que poder elegir.

El nombre que elijamos para nuestro hijo es muy importante pues, además de saber por numerosos estudios que influye en el modo en que es considerado por la gente, incluso en la edad adulta, también es uno de los primeros vínculos que establecemos con él. A partir del momento en que sabemos cómo se va a llamar el niño o la niña, empezamos a pensar en una persona concreta, no ya en un ser amorfo que va a aparecer en nuestras vidas dentro de unos meses.

En este libro hay miles de nombres para elegir. Algunos son variantes de los ya conocidos y otros son tan originales que el niño que lo lleve se verá obligado en muchas ocasiones a dar explicaciones sobre su significado y los motivos de sus padres para ponerle ese nombre.

La elección de un nombre inusual enorgullece a los padres que quieren que su hijo tenga un nombre poco habitual, pues piensan que así va a destacar y así transmiten esta actitud al niño.

¿Se debe elegir un nombre de moda?

A lo largo de este libro encontraremos nombres que estuvieron de moda para niños y niñas en otras épocas. Resulta imposible saber por qué un nombre concreto se hace popular en un momento determinado; a veces comienza siendo una bola de nieve, y poco a poco, o de repente y sin saber por qué, se transforma en una avalancha. Normalmente, lo que pone de moda un nombre es que alguna figura pública que lleve ese nombre adquiera una especial relevancia.

El inconveniente de que nuestro hijo tenga un nombre popular es que quizá se encuentre en clase con otros tres o cuatro compañeros que se llamen igual. Cuando yo era pequeña siempre me resultaba un poco sospechoso que los niños con el mismo nombre acabaran siempre en aulas separadas. Pero en aquella época los nombres eran rotundos y no estaban sujetos a modas.

Cuando un nombre está de moda hoy en día significa que es verdaderamente popular, pero ¿hasta qué punto? A la velocidad que se producen los cambios en la moda, ahora tendríamos que consultar constantemente las listas de los nombres más frecuentes.

Nombres y estereotipos

Algo sobre lo que no tenemos absolutamente ningún control a la hora de elegir el nombre del bebé es saber con qué o quién lo relacionarán los demás.

Pensemos en cómo se llamaba aquel pesado de tercero que no paraba de meterse con nosotros. Seamos sinceros: cada vez que conocemos a alguien que se llama igual que él, recordamos a esa persona e inconscientemente tendemos a pensar que posee los mismos defectos que aquel que nos resultaba insoportable en otro tiempo. Del mismo modo, algunas de las asociaciones que hacemos con los nombres de los famosos pueden ser perjudiciales o beneficiosas.

En los años sesenta o setenta, destacaron especialmente los nombres inspirados en la naturaleza, con los que los padres hippys bautizaron a sus hijos. He conocido a una veintena de personas con uno de esos nombres y siempre he intentado no darle demasiada importancia –seguro que les sucedía continuamente–, pero, en lugar de ser la persona, era el nombre en lo que estaba pensando. Por supuesto, tras conocer un poco a la persona, la sorpresa inicial desaparece. Pero algunos no son capaces de olvidar el nombre y, no sin poder evitarlo, hacen un juicio inmediato de la persona que lo lleva.

El nombre de una persona nos permite hacernos una imagen de ella, unas veces porque es el nombre de un famoso y le atribuimos rasgos de su personalidad y otras porque expresa peculiaridades de los tiempos que corren. Pero también hay nombres que al pronunciarlos producen una sonoridad que facilita la elaboración de una imagen mental de quien lo lleva.

Es importante evitar las etiquetas, pero poner una etiqueta o, en este caso, un nombre a algo o a alguien es la manera que tiene el cerebro de darle sentido a algo nuevo antes incluso de que nos familiaricemos con ello.

Injustamente, algunos nombres también nos permiten decidir si merece la pena perder el tiempo en conocer más a esa persona.

En otros tiempos los nombres reflejaban virtudes que se debían alcanzar, pero incluso en estos casos eran simplemente etiquetas.

Hoy en día esas grandes etiquetas dicen sobre nosotros mucho más de lo que querríamos en realidad. Así pues, pensemos bien en qué nos gustaría que transmitiera el nombre de nuestro hijo.

Cómo utilizar este libro

Todos hemos oído historias sobre padres que han apuntado a sus hijos en una lista de espera para una guardería muy especial –antes incluso de que esos niños hayan nacido–. Al ser una sociedad que sopesa cada movimiento en función de cómo nos afectará en el futuro, trasladamos esa misma preocupación al futuro hijo. Leemos acerca del tipo de música que debemos escuchar, de la comida que debemos comer durante el embarazo para asegurarle al bebé una capacidad cerebral superior a la normal, e incluso acerca del tipo de trabajo y de las actividades de ocio que hay que realizar para que el bebé esté tranquilo, antes y después de nacer.

Al repasar la lista de nombres, señala los que tengan alguna posibilidad e intenta imaginarte a tu hijo jugando en el jardín y a ti llamándole para cenar. ¿Cómo debería sonar? Alguien que conozco decidió emplear esta regla para unos cachorros, después de que se le perdiera su gato y se recorriera toda la calle gritando: "¡Eurípides! ¡Es hora de cenar, Eurípides!"

Después, imagínate a tu hijo de adolescente, con todas las alegrías y horrores que ello implica. Acabará echándote en cara de algún modo que le hayas puesto ese nombre, porque el chico más genial de su clase tiene un nombre corriente o uno más original; no hay manera de acertar.

Por último, intenta imaginarte a tu hijo de adulto y con hijos. ¿Cómo le llama su mujer? ¿Es adecuado para tu hijo adulto el nombre que un día elegiste?

Como he dicho, un nombre es algo tan personal que merece la pena dedicar un tiempo a tomar la importantísima decisión de cómo llamar al nuevo bebé. *El libro de los nombres para tu bebé* te ayudará a tomar una decisión.

¡ES NIÑO!

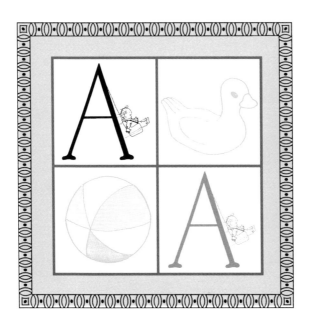

AADI (Hindú) "Principio".
AAKAV (Hindú) "Forma".
AAKIL (Hindú) "Inteligente".
AAMIN (Hindú) "Gracia de Dios".
AANAN (Hindú) "Rostro".
AARÓN (Hebreo) "Altivo o exaltado". El hermano mayor de Moisés, señalado por Dios para ser el guardián de su hermano. Variantes: *Aarao, Aharón, Arek, Aron, Aronek, Aronne, Aronos, Arran, Arren, Arrin, Arron.*
AATMADEVA (Hindú) "Dios del alma".
AATMIK (Hindú) "Alma".
ABAYOMI (Africano: nigeriano) "Portador de felicidad".
ABBA (Hebreo) "Padre".
ABBAS (Árabe) "Severo".

ABDAL AZIZ (Árabe) "El que sirve al Todopoderoso". Variantes: *Abdel Aziz, Abdul Asís.*
ABDAL HAKIM (Árabe) "El que sirve a un sabio". Variante: *Abdel Hakim.*
ABDAL KARIM (Árabe) "El que sirve al generoso". Variantes: *Abdel Keri / Krim.*
ABDAL MAJID (Árabe) "El que sirve al glorioso". Variantes: *Abdul Magid / Majid / Medjid / Mejid.*
ABDAL MALIK (Árabe) "El que sirve al rey". Variante: *Abdel Malik.*
ABDAL QADIR (Árabe) "El que sirve al capaz". Variantes: *Abdal Kadir, Abdel Adir / Kadir / Qadir, Abdul Qader.*

ABDAL RAHIM (Árabe) "El que sirve al compasivo". Variantes: *Abder Rahim, Abdul Rahim.*

ABDAL RAHMAN (Árabe) "El que sirve al misericordioso". Variantes: *Abdar Rahman, Abder Rahman, Abdul Rahman, Abdur Rahman.*

ABDAL RAZIQ (Árabe) "El que sirve al proveedor". Variantes:

Abdal Razzaq, Abder Razi / Razza, Abdur Razzaq.

ABDALLAH (Árabe) "El que sirve a Alá". Variantes: *Abdalla, Abdulla, Abdullah.*

ABDÍAS (Hebreo) "Esclavo de Dios".

ABDÓN (Árabe o hebreo) "Siervo de Dios".

ABDUL (Árabe) "Sirviente".

ABDUL JABBAR (Árabe) "Sirviente del que reconforta".

ABDUL KARIM (Árabe) "Sirviente de un hombre generoso". Variante: *Abdul Kareem.*

ABDUL RAHMAN (Árabe) "Sirviente de un hombre misericordioso". Variantes: *Abdul Rehman, Abdur Rahma / Rehman.*

ABDULLAH (Árabe) "Sirviente del Dios". Variante: *Abdulla.*

ABEL (Hebreo) "Espíritu o aliento". En la Biblia, Abel fue el segundo hijo de Adán.

ABELARDO "Fuerte". Adaptación medieval de Abel, con el sufijo "hard".

ABID (Árabe) "El que venera a Alá". Variante: *Abbud.*

ABIEL (Hebreo) "Dios es mi padre". Variante: *Aviel.*

ABILIO (Latín) "Hábil".

ABIODUN (Africano: nigeriano) "Nacido durante la guerra".

ABIOLA (Africano: nigeriano) "Nacido durante el Año Nuevo".

ABNER (Hebreo) "Padre de luz". Variantes: *Aviner, Avner.*

ABRAHAM (Hebreo) "Padre de muchos". Muchos padres quieren para sus bebés nombres que evoquen la historia y ese es el motivo de que se siga poniendo este nombre, a pesar de ser poco adecuado para un niño, pues sugiere la imagen de un sabio ancianito. Variantes: *Abe, Abrahamo, Abram, Abramo,*

¡Qué divertido es elegir un nombre!

Durante el embarazo, además de tener que preparar todo para recibir al bebé, la elección del nombre es una tarea más. Queremos facilitar esta tarea con algunas propuestas:

- *Intenta imaginar qué nombre de los que encuentras en este libro elegirían tus amigos y familiares. Puedes aceptar sus sugerencias. Seguro que muchos darán lugar a unas cuantas risas. Mete todos los nombres en una caja y saca el ganador una semana antes de salir de cuentas. El que haya sugerido ese nombre será el primer "canguro" cuando tú y tu marido tengáis tiempo y energía para salir a cenar después del nacimiento del bebé. Por supuesto, no estás obligada a poner ese nombre a tu hijo.*

- *Elige cinco nombres que suenen bien y escríbelos en una tarjeta. Cada día, durante un mes, lee los nombres de la tarjeta en voz alta para comprobar qué tal suenan. Quizá, al terminar el mes, uno se haya convertido en tu favorito.*

- *Repasa el listín telefónico por si algún nombre te llama la atención. Llama a esas personas y pregúntales su mejor y su peor experiencia con ese nombre.*

- *Pronuncia nombres en voz alta y observa cuál os gusta más, a ti y a quienes te rodean.*

Abran, Abrao, Avrahán, Abraham, Avrum.

ABSALÓN (Hebreo) "Padre de la paz". El atractivo hijo del rey David. Variante: *Absalom.*

ABUNDIO (Latín) "Pletórico, abundante".

ACE (Inglés) "As, unidad". Apodo que se da a quien sobresale. También es el nombre de un miembro del grupo de rock Kiss.

ACESTES (Hebreo) Rey de la mitología troyana.

ACBAN (Hebreo) "Hermano de un hombre listo".

ACISCLO (Latín) "Martillo pequeño".

ACTEÓN (Griego) Antiguo personaje mitológico.

ADAD (Griego) Dios de las tormentas y las inundaciones.

ADAEL (Hebreo) "Ornamento de Dios". Variante: *Adiel.*

ADAIAH (Hebreo) "Testigo de Dios". Variantes: *Adaia, Adaya.*

ADALBERTO (Germánico) "Que brilla noblemente".

ADÁN (Hebreo) "Sacado de la tierra". Adán fue el primer hombre sobre la tierra, y su nombre siempre ha sido muy popular en numerosos países y religiones. Variantes: *Adam, Adamec, Adamek, Adamh, Adamik, Adamka, Adamko, Adams, Adamson, Adamsson, Adao,*

Addam, Addams, Addamson, Addie, Addis, Addy, Adhamh, Adnet, Adnot.

ADDAMNAN (Irlandés) "Pequeño Adán". Variante: *Adhamhnan.*

ADAMYA (Hindú) "Difícil".

ADAPA (Griego) Antiguo personaje mitológico.

ADAR (Sirio) "Regidor o príncipe".

ADDAE (Africano: ghanés) "Sol de la mañana".

ADDISON (Inglés) "Hijo de Adán".

ADE (Africano: nigeriano) "Real".

ADEBAYO (Africano: nigeriano) "Él era feliz".

ADEBEN (Africano: ghanés) "El duodécimo hijo".

ADHEESHA (Hindú) "Rey".

ADHIDEVA (Hindú) "Dios supremo".

ADIL (Árabe) "Justo".

ADIN (Hebreo) "Atractivo". Variante: *Aden.*

ADIR (Hebreo) "Noble".

ADISA (Africano: nigeriano) "El que es claro".

ADITYA (Hindú) "El sol". Variante: *Aaditva.*

ADIV (Hebreo) "Amable".

ADLAI (Hebreo) "Justicia divina".

ADLER (Inglés) "Un águila".

ADMON (Hebreo) "Peonía roja".

ADNAN (Árabe) "Establecido".

ADOLFO (Germánico) "Lobo noble". Es un nombre frecuente en España, un nombre al que siempre se ha recurrido; quizá el motivo sea que suena bien en varones de todas las edades. Entre los Adolfos más conocidos en nuestro país están Gustavo Adolfo Bécquer y Adolfo Suárez. Variantes: *Adolf, Adolph, Adolphe.*

ADOM (Africano: ghanés) "Bendición de Dios".

ADON (Hebreo) "Señor".

ADONÍAS (Hebreo) "El Señor es mi Dios". Variantes: *Adonia, Adonijah, Adoniya, Adoniyah.*

ADONIS (Griego) "Agraciado".

ADRI (Hindú) "Fortaleza, roca". Adri es un dios menor en la religión hindú.

ADRIÁN (Griego) "Poderoso".

ADRIANO (Latino) "Negro, oscuro". Variantes: *Adrián, Adrean, Adren.*

ADRIEL (Hebreo) "Rebaño de Dios".

ADUNBI (Africano: nigeriano) "Agradable".

AEDUS (Irlandés) "Fuego".

AETIOS (Griego) "Águila".

AFA (Polinesio) "Huracán".

AFI (Polinesio) "Fuego".

AGAPIO (Griego) "Amor".

AGAPITO (Griego) "Amado, amable".

AGASTYA (Hindú) "Santo patrón del sur de la India".

AGATHIAS (Griego) "Dios".

AGNI (Hindú) Deidad del fuego en la religión hindú.

AGRIPA (Latín) "Que nace con los pies hacia fuera; enfermizo".

AGUSTÍN (Latino) Variante de Augusto: "venerable". San Agustín es quizá el personaje más conocido con este nombre.

AHARNISH (Hindú) "Día y noche".

AHMED (Árabe) "Alabanza". Variante: *Ahmad.*

AHOMANA (Polinesio) "Trueno".

AHSAN (Hindú) "Gratitud".

AIAKOS (Griego) "El hijo de Zeus".

AIDAN (Irlandés, gaélico) "Cálido". Es el nombre de un santo irlandés del año 600 d.C.

AILBHE (Irlandés) "Brillante".

AILESH (Hindú) "Rey de todos".

AILILL (Irlandés) "Duende".

AINMIRE (Irlandés) "Gran señor".

AISEA (Polinesio) "Dios salva".

AITOR (Vasco) Nombre de reciente creación, mencionado en obras literarias del siglo XIX.

AJANI (Africano: nigeriano) "Él lucha por la posesión".

AJAX (Griego) Antigua figura mitológica.

AKAMU (Hawaiano) "Tierra roja". Variante: *Adamu.*

AKANII (Africano: nigeriano) "Nuestro encuentro trae riqueza".

AKBAR (Hindú) Rey musulmán del siglo XVI.

AKE (Escandinavo) "Antepasado".

AKELA (Hawaiano) "Afortunado". Variante: *Asera.*

AKEMI (Japonés) "Precioso amanecer". Variante: *Akeno.*

AKHILENDRA (Hindú) "Señor del universo".

AKIHITO (Japonés) "Brillante".

AKILESH (Hindú) "Rey de todos".

AKIM (Ruso) "Dios".

AKIVA (Hebreo) "Talón". Variantes: *Akavia, Akaviah, Akavya, Akiba, Kiba, Kiva.*

AKSHAN (Hindú) "Ojo".

AKSHAY (Hindú) "Eternamente".

ALADINO (Árabe) "Muy fiel".

ALAKA'I (Hawaiano) "Líder".

ALAN (Inglés: celta) "Apuesto, atractivo". Variantes: *Ailean, Ailin, Al, Alain, Aland, Alano, Alanson, Alao, Alen, Alin, Allan, Allayne,* *Allen, Alleyn, Alleyne, Allin, Allon, Allyn, Alon, Alun.*

ALARICO (Escandinavo) "Líder de todos". Variante: *Alaric.*

ALASTAIR (Griego) "El que gobierna".

ALBANO (Latín) "Habitante de algunas ciudades italianas llamadas Alba".

ALBERTO (Germánico) "Brillante, noble". Variantes: *Albert, Albie, Albin, Albrecht.*

ALBINO (Latín) "Blanco".

ALBIÓN (Latín) "Montaña blanca".

ALCIÓN (Griego) "Martín pescador".

ALDEN (Inglés antiguo) "Sabio, viejo".

ALDO (Germánico) "Experto".

ALDRICH (Inglés) "Un líder viejo y sabio".

ALEJANDRO (Griego) "Vencedor de los enemigos". Alejandro es un nombre grandioso que queda bien en cualquiera de sus versiones. Entre los Alejandros el más famoso es Alejandro Magno. Variantes: *Alasdair, Alastair, Alaster, Alec, Alejo, Alek, Alekos, Alexander, Aleksandr, Alesandro, Alessandre, Alessandri, Alessandro, Alex, Alexander, Alexandre, Alexandro, Alexandros, Alexei, Alexi, Alexio, Alik, Alisander, Alissander, Alissandre, Alistair, Alister, Alistir, Allistair, Allister,*

¡ES NIÑO!

Los nombres de los años cuarenta

En los años cuarenta, España acababa de salir de una guerra civil. Para los padres de entonces no era la principal preocupación el nombre que iban a poner a su futuro hijo; incluso es probable que ni siquiera le dedicaran más de un rápido pensamiento. La única preocupación que tenían los padres de entonces era cómo alimentar a sus hijos.

Los nombres a los que se recurría eran el nombre del padre, del abuelo, el de un vecino que fuera como de familia o el del santo del día.

Los nombres de la mujeres muchas veces eran la variante femenina del nombre masculino.

NOMBRES DE NIÑOS	NOMBRES DE NIÑAS
Antonio	Milagros
Manuel	Manuela
Francisco	Emilia
José	Josefa
Jesús	Luisa
Alfonso	Rosario
Luis	Dolores
Juan	Antonia
Carlos	Remedios
Ramón	Pilar

Allistir, Alsandair, Alsandare, Sacha, Sande, Sander, Sanders, Sanderson, Sandey, Sandie, Sandor, Sandy, Sascha, Sasha, Sashenko, Sashka (ruso), Saunders, Saunderson.

ALEJO (Griego) "Defensor, vencedor".

ALEXIS (Griego) Variante rusa de Alejo.

ALFREDO (Germánico) "Pacífico". Variante: *Alfred.*

ALGOT (Escandinavo) Apellido.

ALÍ (Árabe) "Elevado".

ALIPIO (Griego) "Despreocupado".

ALITZ (Hebreo) "Feliz". Variante: *Aliz.*

ALONSO (Germánico) "Estratega". Variante de Alfonso. Es más

ALFEO (Griego) "Dios de los ríos".

ALFONSO (Germánico) "El que está listo para luchar". Destacan con este nombre Alfonso Sastre, Alfonso de Borbón y Alfonso Reyes. Variantes: *Alfonse, Alfonze, Alfonzo, Alphonse.*

frecuente como apellido que como nombre propio.

ALTAIR (Griego) "Pájaro".

ALTON (Inglés) "El que vive en una vieja ciudad".

ÁLVARO (Germánico) "Atento, precavido". *Don Álvaro o la fuerza* *del sino* es la obra que nos viene a la cabeza al oír este nombre.

ALVIN (Germánico) "Amigo". Variantes: *Ailwyn, Alion, Aluin, Aluino, Alva, Alvan, Alven, Alvie, Alvino, Alvy, Alvyn, Alwin, Alwyn, Alwynn, Aylwin.*

ALVIS (Escandinavo) Significado desconocido.

AMADEO (Latín) "El que ama a Dios". Wolfgang Amadeus Mozart quizá sea el personaje más digno de ser mencionado con una de las variantes de este nombre. ¿Será nuestro hijo un niño prodigio si le llamamos Amadeo? Variantes: *Amadeus, Amado.*

AMADOR (Latín) "Que ama".

AMAL (Hindú) "Puro".

AMALESH (Hindú) "Limpio".

AMANAKI (Polinesio) "Esperanza".

AMANCIO (Latino) "Amante".

AMARANTO (Griego) "Flor eterna".

AMARIAH (Hebreo) "Dios ha hablado". Variantes: *Amaria, Amariahu, Amarya, Amasya.*

AMBROSIO (Griego) "Inmortal".

AMIEL (Hebreo) "Señor del pueblo".

AMIL (Hindú) "Inalcanzable".

AMIN (Árabe) "Fiable".

AMIR (Hebreo) "Poderoso".

AMIRAM (Hebreo) "País poderoso".

AMJAD (Árabe) "Más gratificante".

AMMAR (Árabe) "Larga vida".

AMMIEL (Hebreo) "Pueblo de Dios". Variante: *Amiel.*

AMNON (Hebreo) "Leal". Variante: *Aminon.*

AMÓN (Hebreo) "Leal". Variante: *Ammon.*

AMÓS (Hebreo) "El fuerte". Las personas llamados Amós han recibido su nombre por el profeta Amós del Antiguo Testamento. Variantes: *Amotz, Amoz.*

AMUL (Hindú) "Valioso".

ANACLETO (Griego) "Llamado". Variantes: *Anacletus, Cletus, Kletos.*

ANAD (Hindú) "Dios". Variante: *Anaadi.*

ANAEL (Griego) "Guardián de los Libran".

ANAND (Hindú) "Felicidad".

ANANÍAS (Hebreo) "Dios responde".

ANANTA (Hindú) "Eterno".

ANANYA (Hindú) "Único".

ANASTASIO (Griego) "Que tiene fuerza para resucitar". Variante: *Anastasius.*

ANDAL (Hindú) Significado desconocido.

ANDER (Griego) "Varonil". Forma vasca de Andrés.

ANDONI Forma vasca de Antonio.

ANDOR (Escandinavo) "Águila y Thor".

ANDRÉ (Griego) "Varonil". Es la forma francesa de Andrés.

ANDRÉS (Griego) "Varonil, masculino". Andrés siempre ha sido un nombre frecuente en muchos idiomas. El nombre de Andrés conjuga dignidad e informalidad. Algunos hombres conocidos con este nombre son Andrés Mellado, Andrés Pajares, el príncipe Andrés. Variantes: *Aindrea, Aindreas, Anders, Andi, Andonis, Andor, André, Andreas, Andrei, Andrey, Andrew, Andy.*

ÁNGEL (Griego) "Mensajero". Ángel se suele utilizar como nombre de niña en algunos países. Variante: *Angelo.*

ANGUS (Escocés, gaélico) "Elección única". Cada vez que oigo este nombre, pienso en un hombre en una cantina, o tocando la gaita. Pero Angus Og es un dios celta que proporciona a su pueblo sabiduría e inteligencia. Variante: *Aengus.*

ANÍBAL Significado desconocido.

ANICETO (Griego) "Invicto".

ANIL (Hindú) "Aire".

ANITELU (Polinesio) "Varonil".

ANJAY (Hindú) "Invencible".

ANKER (Escandinavo) "Cosechador".

ANKUR (Hindú) "Flor".

ANLUAN (Irlandés) "Gran campeón". Variante: *Anlon.*

ANNAR (Escandinavo) "El segundo".

ANOKI (Nativo americano) "Actor".

ANSELMO (Germánico) "Protegido por la divinidad". Variante: *Ancel, Ansel, Anselm.*

ANSHU (Hindú) "Rayo de sol". Variante: *Anshul.*

ANSON (Inglés) "Hijo de Ana". Anson también significa hijo de Dios. Variantes: *Annson, Ansson.*

ANTEO (Griego) "Enemigo". Variante: *Antaios.*

ANTÍOCO (Griego) "Libertador".

ANTOLÍN Forma popular de Antonio.

ANTÓN Forma popular de Antonio.

ANTONIO (Latín) "Merecedor de alabanza, valioso". San Antonio de Padua quizá sea el primero que recordamos todos si nos paramos a pensar en este nombre; es el patrón de los pobres. Antonio es uno de los nombres más frecuentes en muchos países y en muchas lenguas. Mi padre era polaco y fue bautizado como Antonio de segundo nombre. La lista de los Antonio es interminable y son hombres de todas las épocas y de todas partes: Antonio Machado, Antonio

La invención de un nombre

Tal vez no encuentres entre todos los nombre de este libro uno que te guste. Quizá busques algo más especial. Si es así, puedes inventarte tú el nombre o recurrir a uno que no sea de persona.

Si quieres un nombre muy cariñoso y expresivo para tu bebé, mira a tu alrededor y busca algo que realmente posea una gran carga afectiva para ti. Y sobre todo piensa en el niño y elige un nombre que represente algo muy querido, para que él, con los años, sea consciente de que la elección de ese nombre fue una manera de transmitirle tu cariño.

Otra manera de crear un nombre es elegir uno que ya exista y cambiar la manera de escribirlo. El problema es que los demás puedan llegar a pensar que es un error ortográfico y decidan escribirlo correctamente. Explicar esto supondría un gasto de energía tremendo.

Banderas, Marco Antonio, Anthony Quinn y Antón Chekhov. Variantes: *Andonios, Andonis, Anntoin, Anthony, Antin, Antoine, Antón, Antone, Antonello, Antoney, Antoni, Antonin, Antonio, Antonius, Antons, Antony, Antos.*

APELES (Griego) "Consejero del pueblo".

APOLINAR (Griego) "Consagrado a Apolo".

APOLO (Griego) "Destructor varonil". Apolo, dios de la medicina y la sanación, y uno de los dioses griegos más poderosos, surca el cielo en un carro volador. A él estaba dedicado el famoso templo de Delfos. Variantes: *Apollo, Apollon, Apollos.*

APOSTOLOS (Griego) "Apóstol".

AQUILES (Griego) Héroe mitológico que aparece en la

Ilíada de Homero, quien lucha con éxito contra los troyanos. Su madre le ayudó a convertirse en invencible al sujetarle por un tobillo y sumergirle en la laguna Estigia. El tobillo era la única parte de su cuerpo que podía resultar herida; de aquí surge la expresión acerca del talón de aquiles.

AQUILINO (Latín) "Como el águila".

AQUILO (Griego) "El viento del norte".

ARACH (Hebreo) "Preparado".

ARCADIO (Griego) "Feliz".

ARCHIBALDO (Germánico) "Muy valiente".

ARDAL (Irlandés) "Valor". Variantes: *Ardghal, Artegal. Arthgallo.*

ARDEN (Celta) "Ansioso".

ARDON (Hebreo) "Bronceado". Nombre bíblico.

ARE (Escandinavo) "Águila".

ARES (Griego) Nombre del dios de la guerra.

ARGIMIRO (Germánico) "Ejército famoso".

ARGOS (Griego) "Brillante".

ARI (Hebreo) "León". Variantes: *Arel, Ari.*

ARIEL (Hebreo) "León de Dios; duende". Ariel también puede ser nombre de niña. Variantes: *Arel, Ari.*

ARIES (Griego) "El carnero".

ARION (Griego) Caballo parlante mitológico.

ARISTEO (Griego) "Noble".

ARÍSTIDES (Griego) "El mejor".

ARISTOCLES (Griego) "El más famoso".

ARISTÓTELES (Griego) "Superior". El filósofo griego, conocido por su nombre de pila, fue el más famoso Aristóteles hasta que Jacqueline Kennedy se casó con el magnate naviero griego Aristóteles Onassis. Variantes: *Ari, Arie, Arri, Ary.*

ARJUN (Hindú) "Blanco".

ARLEN (Irlandés, gaélico) "Promesa, juramento". Variaciones: *Arlan, Arlin, Arlyn.*

ARLES (Hebreo) "Promesa". Variantes: *Arlee, Arleigh, Arley, Arlie, Arlis, Arliss, Arly.*

ARMANDO (Germánico) "Hombre del ejército". Variantes: *Arman, Armand, Armande, Armin, Armon, Armond, Armonde, Armondo.*

ARMENGOL (Germánico) "Listo para el combate".

ARMON (Hebreo) "Lugar elevado".

ARMSTRONG (Inglés) "El que tiene un brazo fuerte".

ARNALDO (Germánico) "Fuerte como un águila". Sin duda, Arnold Schwarzenegger ha ayudado a recordar el significado de este nombre. La forma catalana es Arnau. Variante: *Arnoldo.*

ARNON (Hebreo) "Corriente de agua".

ARNOST (Checo) "Decidido".

ARQUÍMEDES (Griego) "El primero en pensarlo".

ARRIO (Español) "Fiereza, guerrero". Variantes: *Ario, Arryo, Aryo.*

ARSENIO (Griego) "Viril, masculino".

ARSHAD (Hindú) "Devoto".

ARTEMIO (Griego) "El que sigue a Artemisa, la diosa griega de la caza". Variantes: *Artemas, Artemis, Artimas, Artimis, Artimus.*

ARTURO (Celta) "Oso". Entre los Arturo más famosos destacan el rey Arturo, Arturo Fernández y el escritor Arthur Miller. Variantes: *Art, Artair, Arte, Artek, Arthur, Artie, Artis, Arto, Artur, Arty, Atur.*

ARUN (Camboyano) "Sol".

ARUNDEL (Inglés) "Valle del águila".

ARVAD (Hebreo) "Exilio".

ARVE (Escandinavo: noruego) "Heredero".

ARVID (Escandinavo: noruego) "Águila en un árbol".

ARVIN (Germánico) "Amigo del pueblo". Variantes: *Arv, Arvid, Arvie, Arvy, Arwin, Arwyn.*

ARVIND (Hindú) "Loto rojo". Variantes: *Arvinda, Aurobindo.*

ARYABHATA (Hindú) "Astrónomo".

ARYEH (Hebreo) "León".

ASA (Hebreo) "Doctor". Variante: *Ase.*

ASAD (Árabe) "Más afortunado". Variante: *Assad.*

ASADEL (Árabe) "Exitoso"

ASARIEL (Griego) "Guardián de Piscea".

ASCANIO (Griego) Antigua figura mitológica.

ASCOT (Inglés) "Cabaña del Este". Variante: *Ascott.*

ASEEM (Hindú) "Eterno".

ASER (Hebreo) "Feliz". Asher aparece en la Biblia como uno de los hijos de Jacob. El fresno (*ash tree* en inglés) tiene fama de traer buena suerte. Se cree que si le da un poco de savia de fresno al bebé, tendrá suerte para el resto de sus días. Variantes: *Anschel, Anshel, Anshil, Ashu.*

ASHBY (Inglés) "Fresneda". Variantes: *Ash, Ashbey, Ashbie, Ashburn.*

ASHFORD (Inglés) "Lugar donde cruzar un río cerca de los fresnos". Variantes: *Ash, Ashenford.*

ASHLEY (Inglés) "Pradera de fresnos". Variante: *Ashlea, Ashlee, Ashleigh.*

ASHLIN (Inglés) "Fresnos que rodean una charca". Variante: *Ashlen.*

ASHRAF (Árabe) "Más noble".
ASHTON (Inglés) "Ciudad con fresnos".
ASHUR (Asirio) El dios de la guerra; (Árabe) Mes islámico del Ashur.
ASIER (Vasco) "Principio". Personaje de *Amaya o los vascos en el siglo VIII,* de F. Navarro Villoslada.

ASIM (Árabe) "Guardián".
ASMUND (Escandinavo) "Dios es protector".
ASRIEL (Hebreo) "Príncipe de Dios".
ASTON (Inglés) "Ciudad del Este".
ATANASIO (Griego) "Inmortal".
ATAÚLFO (Germano) "Guerrero noble".
ATID (Tailandés) "Sol".
ATIF (Árabe) "Simpatizar".

ATILANO (Griego) "Padre".
ATLEY (Inglés) "Prado". Variantes: *Atlea, Atlee. Atleigh, Attlee, Attleigh, Attley.*
ATMAN (Hindú) "Alma".
ATREO (Griego) Antigua figura mitológica.
ATSIDI (Nativo americano: navajo) "Herrero".
ATU (Africano: ghanés) "Nacido en sábado".
ATZEL (Hebreo) "Noble". Variante: *Azel.*
AUBREY (Inglés) "Rey de los duendes".
AUBRIC (Germánico) "Gobernante noble".
AUGUSTO (Latín) "Merecedor de respeto, venerable". Variantes: *Agostino, Agosto, Aguistin, Agustín, Agustino, Augie, August, Augustin, Augustine, Augustino, Augustus.*
AUKAI (Hawaiano) "Marinero".
AULAY (Escocés) "Antepasado".
AUREK (Polaco) "De bonito pelo". Variantes: *Aurel, Aurele, Aureli, Aurelian, Aurelio, Aurelius.*
AURELIO (Latín) "Dorado". Variante: *Aulelio.*
AURIEL (Hebreo) "León de Dios".
AUSIAS (Hebreo) "Dios salva".
AUSTIN (Inglés) "Majestuoso". Variantes: *Austen, Austyn.*
AVANINDRA (Hindú) "Señor de la tierra".

¡ES NIÑO!

AVERY (Inglés) "Consejero".

AVIDOR (Hebreo) "Padre de un pueblo".

AVINOAM (Hebreo) "Padre agradable".

AVIRAM (Hebreo) "Mi padre es fuerte". Variante: *Abiram*.

AVIV (Hebreo) "Primavera".

AVNIEL (Hebreo) "Mi Dios es mi fuerza".

AXEL (Escandinavo) "Padre de paz; recompensa de Dios". Axel es un nombre habitual tanto en Noruega como en Suecia, pero la primera vez que los americanos oyeron ese nombre fue por el cantante del grupo de rock Guns 'N Roses, Axl Rose. Variantes: *Aksel, Ax, Axe, Axell, Axil, Axl*.

AYMAN (Árabe) "Afortunado".

AYO (Africano: nigeriano) "Felicidad".

AZ (Hebreo) "Poderoso".

AZAI (Hebreo) "Fuerza". Variante: *Azzai*.

AZARÍAS (Hebreo) "Yahvé ha subido".

AZARAEL (Hebreo) "Dios ayuda". Variantes: *Azareel, Azarel, Azaria, Asaría, Azariahu, Azarya, Azaryahu*.

AZI (Africano: nigeriano) "Juventud".

AZIEL (Hebreo) "Dios es mi fuerza".

AZIM (Árabe) "Defensor". Variantes: *Aseem, Asim, Azeem*.

AZIZ (Árabe) "Poderoso".

AZRAEL (Hebreo, griego) "Ayuda de Dios". Variante: *Azriel*.

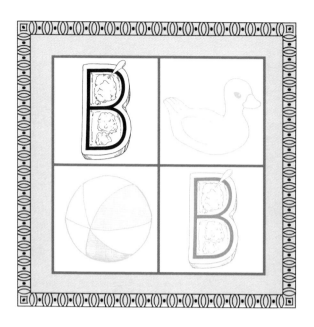

BAASU (Hindú) "Próspero".
BABAR (Hindú) "León". Variante: *Baber*.
BACHIR (Hebreo) "El hijo mayor".
BACO (Latín) Dios del vino.
BADAR (Árabe) "Luna llena". Variante: *Badr*.
BADR ALDIN (Árabe) "Guiado por Alá".
BADRU (Árabe) "Luna llena".
BAHA (Árabe) "Esplendor, magnificencia".
BAHIR (Árabe) "Luminoso".
BAHJAT (Árabe) "Felicidad". Variante: *Bahgat*.
BAILEY (Inglés) Se ha hecho popular como nombre de niña en Estados Unidos. Originalmente significaba "administrador o mayordomo". Variantes: *Bailee, Bailie, Baillie, Baily, Baylee, Bayley, Bayly*.
BAKARI (Africano: swahili) "Prometedor".
BAKER (Inglés) "Panadero". Apellido. Variantes: *Bax, Baxter*.
BAL (Hindú) "Niño con la cabeza cubierta de pelo".
BALA (Hindú) "Niño". Variantes: *Balen, Balu, Balun*.
BALDER (Inglés) "Guerrero valiente" (Escandinavo) "Príncipe". Variantes: *Baldur, Baudier*.
BALDEV (Hindú) "Dios fuerte".
BALDOMERO (Germánico) "Audaz, insigne".

BALDERICO (Germánico) "Gobernante valiente". Variantes: *Baldric, Baldrick, Baudric.*
BALDOMERO (Germánico) "Famoso por su audacia".
BALDUINO (Germánico) "Amigo valiente". Variantes: *Bald, Baldovino, Balduin, Baldwin,*

Baldwinn, Baldwyn, Baldwynn, Balldwin, Baudoin.
BALIN (Hindú) "Soldado". Balin es también el nombre del rey mono en la mitología hindú, de quien se dice que es capaz de debilitar instantáneamente a cualquiera de sus enemigos, sólo con desearlo. Variante: *Bali.*
BALRAJ (Hindú) "Rey fuerte".
BALTASAR (Griego)"Que el dios Bel proteja al rey". Es el nombre de uno de los tres Reyes Magos. Variante: *Balta.*
BANAN (Irlandés) "Blanco".
BANNING (Gaélico) "Niño pequeño".

BAO (Chino) "Tesoro".
BARAK (Hebreo) "Relámpago". Variante: *Barrak.*
BARAM (Hebreo) "Hijo del pueblo".
BARCLAY (Inglés) "Valle de los abedules". Variantes: *Barcley, Barklay, Barkley, Barklie, Barrclay.*
BARDOLF (Inglés) "Lobo que esgrime un hacha". Variantes: *Bardolph, Bardou, Bardoul, Bardulf, Bardulph.*
BARDRICK (Germánico) "Soldado con un hacha". Variante: *Bardric.*
BAREND (Escandinavo) "Oso firme".
BARKER (Inglés) "Pastor".
BARNES (Inglés) "Establos".
BARNUM (Inglés) "La casa de un barón". Variante: *Barnham.*
BARON (Inglés) "Guerrero". Variante: *Barron.*
BARRY (Gaélico) "Objeto puntiagudo". Variante: *Barrymore.*
BARSABÁS (Hebreo) "Hijo del reposo".
BARTOLO (Hebreo) Es derivado de Bartolomé, aunque existió un beato con este nombre.
BARTOLOMÉ (Hebreo) "Hijo que retiene las aguas".
BARTON (Inglés) "Campo de cebada".
BARTRAM (Inglés) "Fama".
BARUC (Hebreo) "Bendito".

¡ES NIÑO!

Los hijos
de los famosos

Todos estamos pendientes de las andanzas de los personajes famosos: viajes, bodas, etc. No podemos negar la influencia que esto tiene a la hora de elegir los nombres de los
hijos. También los famosos ponen nombre a sus hijos y muchos
de los nombres que ellos eligen son poco frecuentes.

Entre los famosos que más han mostrado a sus hijos están Julio Iglesias, Isabel Preysler, Antonio Banderas, Sara Montiel, la duquesa de Alba, las infantas Elena y Cristina.

Y entre los nombres de los hijos de todos estos personajes encontramos los siguientes nombres:

Thais
Tamara
Nicolás
Froilán
Cayetano
Enrique
Estela

Si no te convence ninguno de estos nombres puedes buscar más famosos y elegir entre los nombres de sus hijos.

BARUTI (Africano: botswano) "Profeso".

BASANT (Hindú) "Primavera".

BASÍLIDES (Griego) "Hijo del rey".

BASILIO (Griego) "Rey, victoria". Variantes: *Basil, Basile, Basilios, Basilius, Bazil, Bazyl.*

BASIM (Árabe) "Sonrisa". Variante: *Bassam.*

BASIR (Turco) "Listo".

BASTIÁN Derivado de Sebastián.

BAUDILIO (Latín) "Lobo". (Celta) Victoria.

BAUTISTA (Griego) "Que bautiza".

BAY (Vietnamita) "Nacido en sábado".

BAYARD (Inglés) "Pelo marrón". Variantes: *Baiardo, Bay, Bayarde.*

BEACAN (Irlandés) "Pequeño". Variantes: *Beag, Bec, Becan.*

BEAGAN (Gaélico) "Niño pequeño". Variantes: *Beagen, Beagin.*

BEATO (Latín) "Feliz, bienaventurado".

BEATTIE (Gaélico) "El que trae alegría". Versión masculina de Beatriz.

BECK (Inglés) "Arroyo".

BEDA (Germánico) "El que lucha".

BEDRICH (Checho) "Soberano de paz".

BELA (Checo) "Blanco".

BELDON (Inglés) "Precioso valle". Variantes: *Belden, Beldin, Bellden, Belldon.*

BELTRÁN (Germánico) "Cuervo ilustre". Forma antigua de Bertrán.

BEM (Africano: nigeriano) "Paz".

BEN-AMI (Hebreo) "Hijo del pueblo".

BENEDICTO (Latín) "Bendito". Es el nombre que han llevado quince papas. Shakespeare, en *Mucho*

ruido y pocas nueces, le puso este nombre a un soltero que se casa indeciso. Variantes: *Bence, Benci, Bendek, Bendict, Bendix, Benedek, Benedetto, Benedick, Benedict, Benedictus, Benedik, Benedikt, Benito.*

BENES (Checo) "Bendito".

BENIGNO (Latín) "Bueno".

BENITO (Latín) "Bendito".

BENJAMÍN (Hebreo) "Hijo de mi mano derecha". En la Biblia, Benjamín es el hijo menor de Jacob. La verdad es que es un

¡ES NIÑO!

nombre muy adecuado para el pequeño de la casa. Uno de los más famosos es Benjamín Franklin. Variantes: *Benejamen, Beniamino, Benjaman, Benjamen, Benjamino, Benjamon, Benji, Benjie, Benjiman, Benjimen, Benjuí, Bennie, Benny, Minyamin, Minyomei, Minyomi.*

BENJIRO (Japonés) "Pacífico".

BENNETT (Inglés) Antigua forma de Benjamín. Variantes: *Benet, Benett, Bennet.*

BENSON (Inglés) "Hijo de Ben". Apellido. Variantes: *Bensen, Benssen, Bensson.*

BENZI (Hebreo) "Buen hijo".

BERDY (Ruso) "Muy listo".

BERENGUER (Germánico) De etimología dudosa, puede significar "oso preparado" o "lanza protectora".

BERG (Germánico) "Montaña". Variantes: *Bergh, Burg, Burgh.*

BERGEN (Escandinavo) "Habitante de la colina". Variantes: *Bergin, Birgin.*

BERMUDO (Germánico) "Oso valiente, guerrero valiente".

BERNABÉ (Hebreo) "Hijo de la profecía". Variantes: *Barnabie, Barnabus, Barnaby, Barnebas, Barney, Barnie, Burnaby.*

BERNAL (Germánico) "Oso fuerte". Variantes: *Bernald, Bernhald, Bernhold, Bernold.*

BERNARDINO (Germánico) "Oso fuerte".

BERNARDO (Germánico) "Oso valiente". Bernardo posee una larga e ilustre historia a pesar de ser un nombre poco frecuente. Variantes: *Barnard, Barnardo, Barney, Barnhard, Barnhardo, Barnie, Barny, Bernard, Bernardas, Bernardel, Bernardin, Bernardino, Bernardyn, Bernhard, Bernhardo, Bernie, Berny, Burnard.*

BERT (Inglés) "Luz brillante". Es común como forma abreviada de nombres que terminan en –bert, como Robert o Gilbert. Epi y Blas, los personajes de Barrio Sésamo, se llaman en inglés Ernie y Bert. Otros famosos son Burt Reynolds y Burt Lancaster. Variantes: *Berthold, Bertie, Bertold, Bertolde, Berty, Burt, Burtt, Burty.*

BERTIL (Escandinavo) "Brillante". Variante: *Bertel.*

BERTÍN (Irlandés) Latinización del germánico Bert: "ilustre, brillante".

BERTRÁN (Germánico) "Cuervo ilustre".

BETHEL (Hebreo) "Casa de Dios". Variante: *Bethell.*

BETSERAI (Africano: zimbabwés) "Ayuda".

BEVAN (Galés) "Hijo de un hombre llamado Evan". Variantes: *Beavan, Beaven, Beven, Bevin, Bevon.*

BEVERLY (Inglés) "Grupo de castores". Variantes: *Beverlee, Beverleigh, Beverley.*

BHAKU (Hindú) "Sol".

BHASVAN (Hindú) "Luz". Variante: *Bhaswar.*

BHOJA (Hindú) Rey del siglo XI.

BIALAS (Polaco) "Blanco". Variante: *Bialy.*

BILAL (Árabe) "El elegido".

BILL (Inglés) "Protector". Es una variante del nombre William (Guillermo). Variantes: *Billy, Byll.*

BING (Germánico) Literalmente significa "agujero en la tierra"; también es un tipo de cereza. El famoso Bing Crosby se llamaba en realidad Harry.

BIRGER (Escandinavo: noruego) "Rescate".

BIRKEY (Inglés) "Isla de abedules". Variantes: *Birkee, Birkie, Birky.*

BIRNEY (Inglés) "Arroyo con una isla". Variantes: *Birnie, Birny, Burney, Burnie.*

BISAHALANI (Nativo americano: navajo) "Orador".

BISHAMON (Japonés) "Dios de la guerra".

BISHAVAJIT (Hindú) "Vencedor del mundo".

BJORN (Escandinavo) "Oso".

BLAINE (Gaélico) "Delgado". Blaine también puede ser nombre de niña. Variantes: *Blain, Blane, Blayne.*

BLAKE (Inglés) Este nombre puede valer para niño o para niña y, curiosamente, puede significar "luz" u "oscuridad". Blake Edwards, el marido de la actriz Julie Andrews, es famoso por sus originales películas. Variantes: *Blaike, Blakelie.*

BLAS (Latín) "Tartamudo".

BLAZEJ (Checo) "Tartamudo".

BLEDDYN (Galés) "Héroe lobo".

BLISS (Inglés) "Alegría".

BLYTHE (Inglés) "Feliz". Variante: *Blithe.*

BOAZ (Hebreo) "Rápido". Boaz es un nombre oscuro del Antiguo Testamento. Gustará a los padres que quieren un nombre especial para su hijo. Se puede abreviar con el apodo familiar Bo. Variantes: *Boas, Boase.*

Nombres de lugares

En Estados Unidos existe la tendencia de poner nombres de ciudades, de estados o de alguna región a los niños y niñas. Esta moda se ha extendido a algunos países de Sudamérica e incluso ha llegado hasta nosotros. Muchos cantantes y actores se llaman así y ya no nos resulta raro oír aquí esos nombres o alguna de sus variantes.

En Estados Unidos, los nombres de más aceptación son los que recuerdan el Oeste: Montana, Cheyenne, Dakota y Sierra son algunos de ellos. A propósito, los tres últimos también son nombres de modelos de coches, pero eso no parece importar a los padres que los han elegido.

Ejemplos de nombres de ciudades que se han hecho habituales son Phoenix, Boston y Philadelphia.

También han gozado de popularidad los nombres sureños, habituales entre las niñas: Carolina, Florida y Georgia.

Es probable que entre los padres españoles nunca proliferen estos nombres americanos. Sin embargo, sí son comunes los nombres geográficos entre las advocaciones de la Virgen. Por ello, entre las niñas se escuchan nombres como Leyre, Valle, Camino, Vega...

BOB (Inglés) "Brillante, famoso". Al igual que su compañero Bill, Bob no suele ser el nombre que aparece en el certificado de nacimiento, sino Robert. Variantes: *Bobbey, Bobbie, Bobby.*

BODIL (Escandinavo: noruego) "Dominante".

BOGUMIL (Polaco) "Amor de Dios".

BOHDAN (Checo) "Regalo de Dios". Variantes: *Bogdan, Bogdashka.*

BOHUMIL (Checo) "Amor de Dios".

BOHUMIR (Checo) "Dios es grande".

BOHUSLAV (Checo) "La gloria de Dios".

BOJAN (Checo) "Guerra". Variantes: *Bojanek, Bojek, Bojik.*

BOLESLAV (Checo) "Gran gloria". Variante: *Bolek.*

BOLESLAW (Polaco) "Gran gloria".

BOMANI (Africano: malawi) "Soldado fuerte".

BONAVENTURA Forma catalana de Buenaventura.

BONIFACIO (Latín) "Bienhechor". Variantes: *Boniface, Bonifacius.*

BORG (Escandinavo) "Morador del castillo".

BORIS (Eslavo) "Guerrero". Boris es uno de esos nombres que nos traen recuerdos de los dibujos animados o de las películas de monstruos. Entre los Boris famosos se incluyen Boris Karloff, Boris Pasternak, Boris Yeltsin y Boris Becker.

BORIVOJ (Checo) "Gran soldado". Variantes: *Bovra, Bovrek, Bovrik.*

BORJA (Latín) "Cabaña".

BORNANI (Africano: malawi) "Guerrero".

BORR (Escandinavo: sueco) "Juventud".

BORYSLAW (Polaco) "Gloria en la batalla".

BOSEDA (Africano: nigeriano) "Nacido en domingo".

BOTAN (Japonés) "Larga vida".

BOWEN (Gaélico) "Hijo pequeño". Variante: *Bow.*

BOYD (Gaélico) "Rubio". Variante: *Boid.*

BOZIDAR (Checo) "Regalo de Dios". Variantes: *Bovza, Bovzek.*

BOZYDAR (Polaco) "Regalo de Dios".

BRADEN (Inglés) "Prado ancho". Variantes: *Bradon, Braeden, Brayden, Braydon.*

BRADFORD (Inglés) "Arroyo ancho". Variantes: *Brad, Bradburn, Braddford, Bradfurd.*

BRADLEY (Inglés) "Gran prado". Este nombre abreviado es Brad y uno de los más famosos es el actor Brad Pitt. Variantes: *Brad,*

¡ES NIÑO!

Bradleo, Bradlee, Bradleigh, Bradlie, Bradly.

BRADY (Inglés) "Gran isla".

BRAHMA (Hindú) "Oración".

BRAINARD (Inglés) "Cuervo valiente". Variante: *Brainerd.*

BRAN (Gaélico) "Cuervo". Variantes: *Bram, Bramm, Brann.*

BRANDÁN (Irlandés) "Olor". Es probable que la mayoría de los padres que le ponen este nombre a su hijo no tienen ni idea de lo

BRANDEIS (Germánico) "El que habita en una tierra quemada por el fuego".

BRANDON (Inglés) "Espada; colina en llamas". Variantes: *Bran, Brandon, Branden, Brandin, Brandyn.*

BRANT (Inglés) "Orgulloso". Variante: *Brannt.*

BRASIL (Irlandés) "Guerra". Variantes: *Brazil, Breasal, Bresal, Bressal.*

que significa. Es el nombre de un santo muy popular en Irlanda. Variantes: *Brendán, Brenden, Brendin, Brendon.*

BRATISLAV (Checo) "Hermano glorioso".

BRATUMIL (Polaco) "Amor fraterno".

BRAULIO (Germánico) "Fuego, espada".

BREDE (Escandinavo) "Glaciar".

BRENCIS (Checo) "Corona de laurel".

BRENNAN (Irlandés) "Cuervo". Variante: *Brennen*.

BRENT (Inglés) "Cima de la montaña".

BRETISLAV (Checo) "Nariz gloriosa".

BRETT (Inglés) "Hombre británico". Variantes: *Bret, Brette, Bretton, Brit, Britt.*

BRIAN (Celta) "Valiente; virtuoso". Brian es un nombre rotundo, con muchas variantes y además posee cierta musicalidad. Hay muchos Brian famosos, como Bryan Ferry, Brian De Palma, y el simpático personaje de la conocida película *La vida de Brian*. Variantes: *Briano, Brien, Brian, Bryan, Bryon.*

BRODERICK (Escocés) "Hermano". Variantes: *Brod, Broddy, Broderic, Brodric, Brodrick.*

BRODNY (Eslavo) "Persona que vive cerca de un arroyo".

BRODY (Escocés) "Segundo hijo". Variantes: *Brodee, Brodey, Brodi, Brodie.*

BRONISLAV (Checo) "Armadura gloriosa". Variantes: *Branek, Branik, Branislav, Bronislaw.*

BRONSON (Inglés) "El hijo del hombre oscuro". Variantes: *Bron, Bronnson, Bronsen, Bronsin, Bronsonn, Bronsson.*

BROOK (Inglés) "Arroyo, riachuelo". Variantes: *Brooke, Brookes, Brooks.*

BRUCE (Inglés) "Cepillo espeso".

BRUNO (Germánico) "De piel oscura".

BRUNON (Polaco) "Marrón".

BRYCE (Celta) Significado desconocido. Variante: *Brice.*

BRYNMOR (Galés) "Gran colina". Variante: *Bryn.*

BU (Vietnamita) "Líder".

BUDDY (Inglés) "Amigo". Se suele emplear como apodo, como el actor Bud Abbott (de la pareja

¡ES NIÑO!

Abbott y Costello). Variantes: *Bud, Budd, Buddey, Buddie.*

BUDISLAV (Checo) "Glorioso despertar". Variante: *Budek.*

BUENAVENTURA Nombre medieval que significa "buen augurio".

BURNABY (Nórdico) "La tierra del guerrero".

BURNE (Inglés) "Arroyo". Ciudad británica. Variantes: *Bourn, Bourne, Burn, Byrn, Byrne, Byrnes.*

BURR (Escandinavo) "Juventud".

BURTON (Inglés) "Fortaleza". Variantes: *Bert, Burt.*

BUSBY (Escocés) "Ciudad en el bosque".

BUSTER (Inglés) Significado desconocido. Apodo.

BYRON (Inglés) "Establo". Variante: *Biron.*

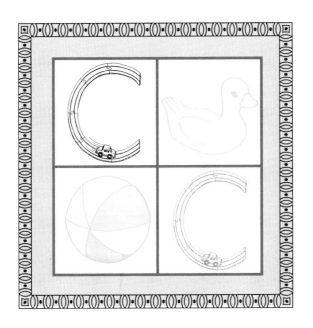

CADAO (Vietnamita) "Canción".

CADELL (Galés) "Pequeña batalla". Variantes: *Caddell, Cade, Cadel.*

CADI (Árabe) "Suerte".

CADMAN (Galés) "Soldado".

CADMUS (Griego) "El que sobresale".

CADWALLON (Galés) "Organizador de la batalla". Variante: *Cadwallen.*

CAELAN (Irlandés) "Guerrero poderoso". Variantes: *Caelin, Calin, Caulan.*

CAERWYN (Galés) "Fortaleza blanca". Variante: *Carwyn.*

CAFFAR (Irlandés) "Casco".

CAHIR (Irlandés) "Guerrero". Variante: *Cathaoir.*

CAILEAN (Escocés) "Triunfante en la guerra".

CAÍN (Hebreo) "Lanza".

CAIRBE (Irlandés) "El que monta en carroza".

CALDER (Inglés) "Arroyo".

CALEB (Hebreo) "Valiente". El Caleb bíblico fue una de las personas que vagó con Moisés en su recorrido por el desierto. Variantes: *Cale, Kalib, Kaleb.*

CALEY (Irlandés) "Delgado".

CALIXTO (Griego) "De gran belleza".

CALLHOUN (Irlandés) "Bosque pequeño". Variantes: *Collhoun, Colquhoun.*

CALLAGHAN (Irlandés) Santo irlandés.

CALLUM (Irlandés) "Paloma". Variante: *Calum.*

CALVINO (Inglés) "Calvo". Son varios los Calvin que han alcanzado la fama en el siglo XX. Quizá el más conocido sea el diseñador Calvin Klein, pero, sin duda, el más gracioso es el protagonista de la tira cómica Calvin y Hobbes. Variantes: *Cal, Calvin, Kalvin.*

CAMERON (Gaélico) "Nariz o río retorcido". En la actualidad, es un nombre muy popular.

CAMEY (Irlandés) "Campeón". Variante: *Camy.*

CAMILO (Latín) "El que asiste al sacerdote". Variante: *Camillus.*

CAMLO (Gitano) "Precioso".

CAMPBELL (Gaélico) "Boca torcida". Campbell es la conocida marca de sopas en conserva que conocimos en España hace años, incluso antes de que se comercializara en este país, gracias al famoso cuadro de Andy Warhol. Variantes: *Cam, Camp.*

CAN (Vietnamita) "Consejo."

CÁNDIDO (Latín) "Blanco".

CANUTO (Escandinavo) "Nudo". Variantes: *Canute, Knute.*

CAOIMHIN (Irlandés) "Noble". Variante: *Caoimhghin.*

CAOLAN (Irlandés) "Fino".

CAREY (Galés) "Cerca de un castillo". Variante: *Cary.*

CARL (Inglés) "Hombre". Variante: *Karl.*

CARLETON (Inglés) "La tierra del granjero". Variantes: *Carlton, Charleton.*

CARLIN (Gaélico) "Pequeño campeón". Variantes: *Carling, Carly, Carolan, Carollan.*

CARLOS (Germánico) "Fuerte, viril". Es uno de los nombres más

característicos en España en todas las épocas. Variantes: *Carles, Carlino, Carlo, Carolo.*

CARMELO (Hebreo) "Jardín".

CARMICHAEL (Gaélico) "El que sigue a Miguel".

CARNEY (Irlandés) "Campeón". Variantes: *Carny, Karney, Karny.*

CARR (Inglés) "Pantano". Variantes: *Karr, Kerr.*

CARY (Inglés) "Arroyo".

CASE (Inglés) "El que trae paz".
CASEY (Irlandés) "Observador". Algunos nombres suenan bien en un niño pequeño pero no cuando es adulto, o viceversa. Este nombre es adecuado para cualquier edad y para ambos sexos, lo que contribuye a su popularidad en los países anglosajones. Variantes: *Cacey, Cayce, Caycey, Kasey*.
CASIMIRO (Polaco) "El que trae paz". Variantes: *Casimir, Casimire, Castimer, Kazimir*.
CASIO (Latín) "Casco".
CASPAR (Inglés) "Hombre rico". Forma de Gaspar. Variantes: *Cash, Casper, Cass*.
CASSIDY (Irlandés) "Avispado". Se traduce literalmente de O'Casidie, que designa al que habita en una zona de Irlanda llamada Casidie. Cassidy es un nombre frecuente tanto para niños como para niñas. Variante: *Cassady*.
CÁSTOR (Griego) "Castor".
CATHAL (Irlandés) "Preparado para la guerra". Variante: *Cahal*.
CATÓN (Latín) "Listo".
CAVAN (Irlandés) "Bien parecido".
CAYETANO (Latín) "Natural de Gaeta (Italia)". Este nombre es cada vez más frecuente en nuestro país debido a los famosos que lo llevan.

CAYO (Latín) "Alegre".
CEBRIÁN (Latín) Nombre que alude a los nacidos en Chipre.

CECILIO (Latín) "Ciego". Variantes: *Cecil, Cecillo, Cecillus, Celio*.
CEDRIC (Galés) "Líder de la guerra". Variantes: *Cedrick, Cedrych*.
CEFAS (Hebreo) "Roca".
CEFERINO (Latín) "Viento de poniente".
CELESTINO (Latín) "Hijo del cielo".
CELSO (Latín) "Excelso".
CEMAL (Árabe) "Belleza".
CÉSAR (Latín) "Adorno".
CESÁREO (Latín) "Relativo a César".
CESLAV (Checo) "Honor glorioso".
CHAD (Inglés) "Protector". Variantes: *Chadd, Chadwick*.
CHADLAI (Hebreo) "Parada". Variante: *Hadlai*.

CHALIL (Hebreo) "Flauta".
Variantes: *Halil, Hallil.*

CHAN (Vietnamita) Correcto, derecho.

CHAND (Hindú) "Luna brillante".
Variantes: *Chanda, Chandak, Chander, Chandra, Chandrabha, Chandrak, Chandrakant.*

CHANDAN (Hindú) "Sándalo".

CHANDRARAJ (Hindú) "Rey lunar".

CHANDRESH (Hindú) "Líder lunar".

CHANE (Africano) "Planta".

CHANG (Chino) "Suave".

CHARAKA (Hindú) "El que vaga".

CHARLES (Inglés) "Hombre".
Variante inglesa de Carlos. Este nombre ha dado lugar a múltiples variaciones en todas las culturas a lo largo de los siglos. Charles famosos incluyen a Charles Darwin, Charles Dickens y Charlie Chaplin. Variantes: *Charley, Charlie, Chas, Chaz, Chick, Chip, Chuck.*

CHASE (Inglés) "Cazador".
Variantes: *Chace, Chaise.*

CHASIEL (Hebreo) "El refugio de Dios". Variante: *Hasiel.*

CHASIN (Hebreo) "Fuerte".
Variantes: *Chason, Hasin, Hassin.*

CHAU (Vietnamita) "Perla".

CHAVIV (Hebreo) "Querido".
Variantes: *Habib, Haviv.*

CHAYIM (Hebreo) "Vida".
Variantes: *Chaim, Chaimek, Chayyim, Haim, Hayyim, Hayym.*

CHEAUKA (Nativo americano: hopi) "Arcilla".

CHEILEM (Hebreo) "Poder".
Variante: *Chelem.*

CHEN (Chino) "Grande".

CHESLAV (Ruso) "Campamento".

CHESTER (Inglés) "Lugar de acampada". Chester parece un nombre remilgado que evoca el té victoriano de la tarde y la pajarita al cuello.

CHETWIN (Inglés) "Casa en una carretera sinuosa".

CHIK (Gitano) "Tierra".

CHILTON (Inglés) "Granja cerca de un pozo".

CHIM (Vietnamita) "Pájaro".

CHIOKE (Africano: nigeriano) "Regalo de Dios".

Nombres de personajes históricos

La historia de un país es una fuente perfecta a la que se puede acudir para encontrar nombres.

Todos admiramos a algún personaje histórico. Si el nombre es adecuado, lo elegimos como nombre para nuestro hijo, esperando en el fondo que algún aspecto de la personalidad de ese personaje acompañe al nombre.

Puede que residas en un lugar histórico y que siempre te hayan gustado los nombres de los hombres ilustres. Si además alguno de tus antepasados ha protagonizado un suceso importante de la historia de España es fácil que quieras elegir el nombre de este personaje para tu hijo.

Cuando esto ocurre, encontramos ese nombre en varias generaciones dentro de una misma familia.

Entre los nombres ligados a la historia encontramos:

Alejandro	Isabel
Augusto	Fernando
Felipe	Victoria Eugenia
Pelayo	María de las Mercedes
Isidoro	Fidel
Agustina	Ernesto

Desde luego, también están los personajes que escriben la historia más reciente y que podrían servir como candidatos.

CHIRAM (Hebreo) "Hermano exaltado". Variante: *Hiram.*

CHOZAI (Hebreo) "Profeta". Variante: *Hozai.*

CIAN (Irlandés) "Antiguo; viejo". Variante: *Cianan.*

CIARAN (Irlandés) "Negro; pelo negro". Variantes: *Ciardha, Ciarrai.*

CIBOR (Hebreo) "Fuerte".

CIPRIANO (Griego) "Procedente de Chipre". Variante de Cebrián

CIRANO (Griego) De la isla griega de Cirene. Si nos apetece un nombre que haga referencia al famoso personaje de la novela, podemos poner a nuestro hijo este nombre.

CIRIACO (Griego) "Amor a Dios".

CIRILO (Griego) "Señorial". Variantes: *Cirilio, Cirillo, Cyril, Cyrill, Cyrille, Cyrillus.*

CIRO (Persa) "Sol".

CLANCY (Irlandés) "Hijo de un soldado de cabeza roja". Variante: *Clancey.*

CLARENCE (Inglés) "Claro". Variantes: *Clair, Clarance, Clare, Clarey.*

CLARK (Inglés) "Escolar". Variantes: *Clarke, Clerc, Clerk.*

CLAUDIO (Latín) "Cojo". Claudio fue un nombre bastante prolífico entre los artistas de los siglos XVI y XVII, incluyendo a artistas como Debussy, Monteverdi y Monet. Variantes: *Claud, Claude, Claudius, Klaudio.*

CLAY (Inglés) "Fabricante de arcilla". Clay puede ser un nombre por sí mismo, pero también una abreviatura de los nombres que siguen, y que tienen como primera sílaba Clay.

CLAYBORNE (Inglés) "Arroyo cerca de un lecho arcilloso". Variantes: *Claiborn, Claiborne, Claybourne, Clayburn.*

CLAYTON (Inglés) "Casa o ciudad cerca de un lecho de arcilla". Variantes: *Clayten, Claytin.*

CLEARY (Irlandés) "Hombre cultivado".

CLEMENTE (Latín) "Misericordioso, amable". Variantes: *Clem, Cleme, Clemen, Clemens, Clement, Clementius, Clemento, Clemmie, Clemmons, Clemmy, Climent.*

CLIFFORD (Inglés) "Lugar donde cruzar un río cerca de un acantilado". Variantes: *Cliff, Clyff, Clyfford.*

CLIFTON (Inglés) "Ciudad cerca de un acantilado". Variantes: *Clift, Clyfton.*

CLINTON (Inglés) "Ciudad cerca de una colina". Con este nombre, destacaremos a Clint Eastwood. Variantes: *Clint, Clynt.*

CLOVIS (Germánico) "Famoso luchador".

CLUNY (Irlandés) "Prado".

COB (Inglés) "Talón". Variante: *Cobb.*

COILEAN (Irlandés) "Cachorro". Variante: *Cuilean.*

COLBERT (Inglés) "Famoso marinero". Variantes: *Colvert, Culbert.*

COLBY (Inglés) "Granja oscura". Variante: *Collby.*

COLEMAN (Inglés) "Paloma; el que sigue a Nicolás". (Irlandés) "Pequeña paloma". Cole Porter contribuyó a la popularidad de este nombre a principios de siglo. Variantes: *Cole, Colman.*

COLIN (Inglés) "Gente triunfante; chico joven".

COLLINS (Irlandés) Santo.

COLTON (Inglés) "Alguien de una ciudad oscura". Variantes: *Collton, Colt.*

COMAN (Árabe) "Noble".

CONALL (Irlandés) "Alto y poderoso". Variante: *Connell.*

CONAN (Irlandés) "Elevado".

CONN (Irlandés) "Sabiduría".

CONNOR (Irlandés) "Gran deseo". Es otro nombre que puede ser nombre o apellido y masculino o femenino. Variantes: *Conner, Conor.*

CONRADO (Germánico) "Valiente consejero". Variantes: *Conn, Connie, Conny, Conrad, Conrade, Konrad, Kurt, Curtís.*

CONROY (Irlandés) "Hombre sabio".

CONSTANCIO (Latín) "Firme".

CONSTANTINO (Latín) "Estable, firme". Variantes: *Constant, Constantin, Constantine, Constantinos, Costa, Konstantin, Konstanz.*

COOK (Inglés) "Cocinero". Variante: *Cooke.*

COOPER (Inglés) "Fabricante de barriles".

CORBET (Inglés) "Pelo negro".
COREY (Irlandés) "Hueco". Este nombre es unisex. Variantes: *Corin, Correy, Cory, Korey.*
CORNELIO (Latín) "Cuerno pequeño". Variantes: *Cornelious, Cornelius, Cornelus, Cornilius.*
CORWIN (Inglés) "Amigo de corazón". Variantes: *Corwyn, Corwynn.*
COSME (Griego) "Adornado, bonito". Cosme es el santo patrón de Milán y de los médicos. Variantes: *Cos, Cosimo, Cosmo.*

COSTA (Griego) "Estable, firme". En España es apellido. Variante: *Kostas.*
COURTNEY (Inglés) "El que vive en la corte". Variantes: *Cortney, Courtenay, Courtnay.*
COVELL (Inglés) "Colina con una cueva".

COY (Inglés) "Bosque".
COYLE (Irlandés) "Soldado".
CRAIG (Galés) "Roca". Variante: *Kraig.*
CRANDALL (Inglés) "Valle de las grullas". Variantes: *Crandal, Crandell.*
CRANLEY (Inglés) "Prado con grullas". Variantes: *Cranleigh, Cranly.*
CREON (Griego) "Príncipe".
CRISANTO (Griego) "Flor de oro".
CRISDEAN (Escocés) "Cristo".
CRISÓSTOMO (Griego) "Boca de oro".
CRISPÍN (Latín) "De pelo rizado". Variantes: *Crepin, Crispen, Crispian, Crispino, Crispo, Crispus.*
CRISPO (Latín) "De pelo rizado".
CRISTIAN (Griego) "El ungido, Cristo". Variantes: *Chresta, Chris, Christian, Cristianos, Chrystian, Cris, Kris, Kriss, Kristian.*
CRISTÓBAL (Griego) "El que lleva a Cristo". Cristóbal Colón tal vez sea el más famoso personaje con este nombre. Es el patrón de los viajeros y los conductores. Variantes: *Chris, Christof, Christofer, Christopher, Christoff, Christoffer, Christoforus, Christoph, Christophe, Christopher, Christophoros, Cristos, Cris, Cristoforo, Kit, Kitt, Kristofer, Kristofor.*

CROMWELL (Inglés) "Arroyo tortuoso".

CROSBY (Inglés) "Junto a la cruz". Variantes: *Crosbey, Crosbie.*

CTIBOR (Checo) "Lucha honorable". Variante: *Ctik.*

CUCUFATE Etimología discutida.

CUGAT Forma catalana de Cucufate.

CUINN (Irlandés) "Sabiduría".

CULLEN (Gaélico) "Agraciado". Variantes: *Cullan, Cullin.*

CURCIO "Amistoso".

CURRAN (Irlandés) "Héroe".

CURRO (Español) Variante familiar de Francisco.

CURTIS (Inglés) "Cortés". Variantes: *Curt, Kurt.*

CYNAN (Galés) "Jefe". Variante: *Kynan.*

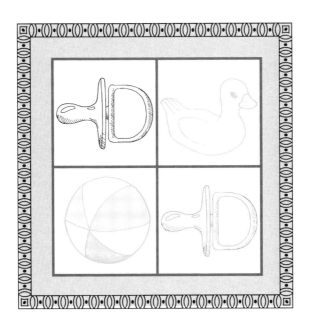

DABIR (Africano) "Profesor".

DACEY (Gaélico) "Hombre del sur". Variantes: *Dace, Dacia, Dacian, Dacy.*

DACIO (Latín) "De Dacia".

DACSO (Húngaro) "Dios juzga".

DAG (Escandinavo) "Día". Variantes: *Daeg, Dagen, Dagny.*

DAGAN (Hebreo) "Tierra". Variante: *Dagon.*

DAGWOOD (Inglés) "Bosque resplandeciente".

DAHY (Irlandés) "Capaz". Variante: *Daithi.*

DAI (Japonés) "Grande". (Galés) Brillar.

DAIVAT (Hindú) "Poderoso".

DAIVIK (Hindú) "Divino".

DAKARAI (Africano: Zimbabwe) "Felicidad".

DAK-HO (Coreano) "Lago profundo".

DAKOTA (Dakota) "Amigo". Dakota también es nombre de niña, como muchos otros nombres populares de Estados Unidos que hacen referencia a algún lugar.

DAKSH (Hindú) "Competente".

DALAL (Hindú) "Vendedor".

DALBERT (Inglés) "El brillante". Variante: *Delbert.*

DALE (Inglés) "El que vive cerca de un valle". Variantes: *Dal, Daley, Daly, Dayle.*

DALFON (Hebreo) "Gota de lluvia". Variante: *Dalphon.*

DALIBOR (Checo) "Luchar lejos". Variantes: *Dal, Dalek.*

DALLIN (Inglés) "Orgulloso". Variantes: *Dalan, Dallan, Dallen, Dallon, Dalon.*

DALTON (Inglés) "Ciudad en un valle". Variantes: *Dallton, Dalten.*

DALY (Irlandés) "Reunirse". Variantes: *Dailey, Daley.*

DALZIEL (Escocés) "Campo pequeño".

DAMASKENOS (Griego) "De Damasco".

DÁMASO (Griego) "Domar".

DAMEK (Checo) "Tierra roja".

DAMIÁN (Griego) "Manso". Damián es el nombre del patrón de los peluqueros. Variantes: *Dameon, Damiano, Damien, Damion, Damián, Damyen, Damyon.*

DAMON (Griego) "El bondadoso". Variantes: *Daemon, Daimen, Daimon, Daman, Damen, Damone, Daymon.*

DAN (Vietnamita) "Positivo".

DANA (Inglés) "Residente en Dinamarca". Dana puede ser nombre de niño y de niña.

DANE (Inglés) "Arroyo". Variantes: *Dain, Dayne.*

DANG (Vietnamita) "Valioso".

DANIEL (Hebreo) "Dios es mi juez". Daniel siempre ha sido uno de mis nombre preferidos. Suena distinguido y culto, aunque un poco travieso. El nombre tiene un origen bíblico –Daniel fue arrojado a los leones–, pero es un nombre nada afectado. Hay una gran cantidad de variantes de Daniel y algunas de estas variantes son los nombres de muchos famosos: Danny DeVito, Danny Kaye, Daniel Boone, Daniel Barenboim y Daniel Day-Lewis. Variantes: *Dan, Danakas, Danek, Dani, Daniele, Daniels, Danil, Danila, Danilkar, Danilo, Danko, Dannie, Daniel, Danny, Dano, Danya, Danylets, Danylo, Dasco, Donais, Dusan.*

DANLADI (Africano) "Nacido en domingo".

DANTE (Latín) "Eterno". Algunos padres pueden rechazar este nombre para su niño recién nacido por la asociación con el Infierno de la *Divina comedia* de Dante.

DANVEER (Hindú) "Benevolente".

DAR (Hebreo) "Perla".

DARA (Camboyano) "Estrellas".

Los nombres de los políticos

Si echamos un vistazo a la lista de los presidentes del gobierno españoles, así como a los políticos que han sido noticia en las últimas dos décadas, vemos que los nombres son de lo más corriente, tanto entre las mujeres como entre los hombres. Ya sabemos, pues, que llevar un nombre más original no quiere decir que acabemos siendo personas ilustres.

Adolfo, Felipe, José María, José Luis son algunos nombres de políticos, como los de cualquier persona anónima.

Estos políticos son los personajes que están escribiendo la historia actual, pero también es verdad que no la escriben llena de aventuras, viajes y peligros, como los personajes históricos de hace siglos, que resultaban mucho más novelesco.

DARBY (Inglés) "Zona donde pastan los ciervos". Darby también es habitual como nombre de niña. Variantes: *Dar, Darb, Derby.*

DARCY (Irlandés) "El oscuro". Al igual que Darby, Darcy también se emplea ocasionalmente para niñas. Variantes: *Darce, Darcey, Darsey, Darsy.*

DAREN (Nigeriano) "Nacido por la noche".

DARIN (Griego) "Regalo". Variantes: *Dare, Daron, Darren, Darrin, Darron.*

DARÍO (Persa) "Activo".

DARNELL (Inglés) "Zona oculta". Variantes: *Darnal, Darnall, Darnel.*

DARREN (Gaélico) "Grande". Variantes: *Daran, Daren, Darin, Darran, Darrin, Darron, Darryn, Daryn.*

DARRICK (Inglés) "Soberano de la tierra". Variantes: *Darik, Darrik.*

DARRIE (Irlandés) "Pelo rojo". Variante: *Darry.*

DARRYL (Inglés) Apellido inglés. Darryl fue un nombre popular en los años ochenta. Variantes: *Darle,*

¡ES NIÑO!

Darrell, Darrill, Darlo, Darryll, Daryl, Daryll.

DARSHAN (Hindú) "Ver".

DARTON (Inglés) "Lugar donde pastan los ciervos".

DARWIN (Inglés) "Amigo". Variantes: *Danvin, Derwin, Derwynn.*

DASAN (Nativo americano) "Jefe".

DASHIELL (Inglés) Significado desconocido.

DATIEL (Hebreo) "Lo que Dios sabe".

DAUD (Hindú) "Amado".

DAUDI (Africano: swahili) "Amado". Variante: *Dawud.*

DAVID (Hebreo) "Adorado". Es frecuente encontrar el nombre de David. El hecho de que David sea un nombre bíblico y que tantos famosos se llamen así puede ser la explicación de su constante popularidad: David Bowie, David Cassidy, David Bisbal... El nombre es frecuente en familias católicas y judías. Es uno de los patrones de Gales. La estrella de David es la piedra angular del judaísmo. Variantes: *Dave, Daveed, Davi, Davidek, Davie, Davy, Dewey, Dodya.*

DAVIN (Escandinavo) "Resplandeciente".

DAVIS (Inglés) "Hijo de David". Variantes: *Davison, Dawson.*

DAX (Inglés) "Agua".

DAYLON (Afroamericano) Significado desconocido.

DAYTON (Inglés) "Ciudad iluminada".

DE (Chino) "Virtud".

DEACON (Griego) "Sirviente". Variantes: *Deke, Dekel, Dekle.*

DEAN (Inglés) "Valle". Variantes: *Deane, Dene.*

DECHA (Tailandés) "Poderoso".

DECLAN (Irlandés) Santo irlandés.

DECO (Húngaro) "Señor".

DEKEL (Árabe) "Palmera".

DELANEY (Irlandés) "Hijo de un competidor". Variantes: *Delaine, Delainey, Delainy, Delane, Delany.*

DELANO (Irlandés) "Hombre negro"; también puede significar "de la noche".

DELBERT (Inglés) "Día soleado".

DELFÍN (Griego) "Delfín". También puede significar "procedente de Delfos".

DELL (Inglés) "Valle".

DELLINGER (Escandinavo) "Aurora".

DELMIRO (Germánico) "De nobleza insigne".

DELROY (Inglés) "El rey".

DELSIN (Nativo americano) "Él es así". Variante: *Delsy.*

DELVIN (Inglés) "Buen amigo".

DEMA (Ruso) "Tranquilo".

DEMETRIO (Griego) "Amante de la tierra". Variantes: *Demeter,*

Por fin te has decidido por un nombre para tu bebé. Pero aún no has terminado. Hay que ver cómo encaja ese nombre con tu apellido.

Puede que no sea tan fácil como parece. Además, las personas tenemos a menudo ideas diferentes sobre lo que queda bien y lo que queda mal. Hay que prestar atención al significado y al sonido del nombre y el apellido juntos y tener cuidado con las rimas, las aliteraciones y las onomatopeyas.

Demetre, Demetri, Demetris, Demetrius, Demetrois, Dimetre, Dimitri, Dimitry, Dmitri, Dmitrios, Dmitry.

DEMOS (Griego) "Gente".

DEMPSEY (Irlandés) "Orgulloso".

DEMPSTER (Inglés) "Juez".

DENHAM (Inglés) "Ciudad en un pequeño valle".

DENÍS Variante de Dionisio.

DENIZ (Turco) "Océano que fluye".

DENLEY (Inglés) "Prado cerca de un valle". Variantes: *Denlie, Denly.*

DENVER (Inglés) "Valle verde". Capital de Colorado. También es frecuente elegir este nombre para una niña.

DENZELL (Afroamericano) Significado desconocido.

DERBY (Inglés) "Pueblo con ciervos".

DEREK (Inglés) "Líder". Variantes: *Dereck, Derick, Derik, Derreck, Derrek, Derrick, Derrik, Deryck, Deryk.*

DERMOT (Irlandés) "Libre de celos". Variantes: *Dermod, Dermott.*

DEROR (Hebreo) "Independencia".

DERRY (Irlandés) "De pelo rojo".

DESHAD (Hindú) "Nación". Variantes: *Deshal, Deshan.*

DESHI (Chino) "Moral".

DESIDERIO (Polaco) "Deseoso de Dios".

DESMOND (Irlandés) El arzobispo sudafricano Desmond Tutu ha contribuido a hacer más famoso este nombre.

DEVAK (Hindú) "Dios".

DEVAL (Hindú) "Divino".

DEVANAND (Hindú) "Alegría de los dioses".

DEVDAS (Hindú) "El sirviente de Dios".

DEVEN (Hindú) "Dios".

DEVENDRA (Hindú) "Dios del cielo".

DEVIN (Irlandés) "Poeta". Variantes: *Dev, Devan, Deven, Devon, Devonn, Devyn.*

DEVLIN (Irlandés) "Valiente".

DEVMANI (Hindú) "Gema de Dios".

DEWEI (Chino) "Muy noble".

DEXTER (Latín) "Diestro".

DHAVAL (Hindú) "Blanco". Variantes: *Dhavlen, Dables.*

DHIMANI (Hindú) "Avispado". Variantes: *Dheemant, Dhimant.*

DIDIER (Francés) "Deseoso".

DIEDERIK (Escandinavo) "Soberano del pueblo". Variantes: *Diderik, Didrik, Dierk.*

DIEGO (Hebreo) Variante de Jaime y Santiago. Entre los personajes destacados podemos mencionar a Diego Rivera, el famoso pintor mexicano, o el español Velázquez.

DIETER (Germánico) "Ejército del pueblo".

DIETRICH (Germánico) "Líder del pueblo".

DILIP (Hindú) "Protector".

DILLON (Irlandés) "Leal". Variantes: *Dillan, Dilon, Dilyn.*

DILWYN (Galés) "Verdad bendita". Variante: *Dillwyn.*

DIMAS (Origen desconocido). Es el nombre del "buen ladrón" que fue crucificado junto a Jesús.

DIMITRI (Ruso) "Amante de la tierra". Variantes: *Dimitr, Dimitre, Dimitrios, Dimitry, Dmitri.*

DIN (Vietnamita) "Tranquilo".

DINESH (Hindú) "Dios del día".

DINH (Vietnamita) "Estable".

DIÓGENES (Griego) "Que viene de Dios".

DIONISIO (Griego) "Consagrado a Dionisos, dios del vino".

DIRK (Germánico) "Daga".

DISHI (Chino) "Hombre virtuoso".

DIVES (Inglés) "Hombre rico". Variante: *Divers.*

DIVON (Hebreo) "Andar suavemente".

DIXON (Inglés) "Hijo de Dick".

DOB (Inglés) "Brillante".

DOBIESLAW (Polaco) "Aspirante a la gloria".

DOBROMIR (Checo) "Fama buena".

DOBROSLAV (Checo) "Gloria buena".

DOBRY (Polaco) "Bueno".

DODEK (Polaco) "Regalo".

DOHASAN (Nativo americano: kiowa) "Acantilado". Variantes: *Dohate, Dohosan.*

DOHERTY (Irlandés) "Malvado". Variante: *Dougherty.*

DOLAN (Irlandés) "Pelo negro".

DOMINGO (Latín) "Consagrado al Señor". Variantes: *Dom, Domte, Domek, Domenic, Domenico, Domicio, Domingos, Dominic, Dominick, Dominik, Dominique, Domo, Domokos, Nic, Nick, Nik.*

DONALD (Escocés) "Poderoso". El pato Donald es uno de los personajes de dibujos animados más conocidos en el mundo. Variantes: *Don, Donal, Donaldo, Donalt, Donnie, Donny.*

DONAT (Polaco) "Dado por Dios".

DONATO (Latín) "Regalo". Variantes: *Don, Donat, Donatello, Donati, Donatien, Donatus.*

DONG (Coreano) "Este".

DONNAN (Irlandés) "Marrón". Variante: *Donn.*

DONNELLY (Irlandés) "Hombre de piel oscura". Variantes: *Don, Donnell.*

DONOVAN (Irlandés) "Oscuro". Variantes: *Don, Donavan, Donavon, Donoven, Donovon.*

DOOLEY (Irlandés) "Héroe de piel oscura".

DOR (Hebreo) "Hogar".

DORAN (Irlandés) "Forastero". Variantes: *Doron, Dorran, Dorren.*

DORIAN (Griego) "Región de Grecia". Variantes: *Dorean, Dorien, Dorion, Dorrian, Dorryen.*

DORON (Hebreo) "Regalo de Dios".

DOROTEO (Griego) "Don de Dios".

DOTAN (Hebreo) "Ley".

DOUGLAS (Inglés) "Agua oscura". Río de Irlanda. Es un apellido habitual en Escocia. Cuando en el siglo XVII empezó a hacerse popular como nombre, se utilizaba indistintamente para niños y para niñas. Entre los Douglas famosos se incluyen general Douglas MacArthur, Douglas Fairbanks. Variantes: *Doug, Douglass.*

DOV (Hebreo) "Oso".

DOVEV (Hebreo) "Susurro".

DOVIDAS (Lituano) "Amigo".

DREW (Inglés) "Sabio". Diminutivo de Andrew. Drew también se hizo popular como nombre de niña en los años ochenta.

DRYSTAN (Galés) "Triste".

DU (Vietnamita) "Jugar".

DUARTE (Portugués) "El que vigila la tierra".

DUBH (Irlandés) "Pelo negro". Variante: *Dubhan.*

DUC (Vietnamita) "Virtuoso".

DUDLEY (Inglés) "Campo donde la gente se reúne".

DUGAN (Irlandés) "Atezado".

DULANI (Africano: Malawi) "Cortante".

DUMAKA (Africano: nigeriano) "Echar una mano".

DUMAN (Turco) "Humeante".

DUNCAN (Escocés) "Soldado de piel marrón".

DUNHAM (Celta) "Hombre de piel oscura".

DUNMORE (Escocés) "Fuerte sobre una colina".

DURELL (Escocés) "Portero del rey". Variante: *Durrell.*

DURIEL (Hebreo) "Dios es mi hogar".

DURKO (Checo) "Granjero".

DUSAN (Checo) "Espíritu". Variantes: *Dusa, Dusanek, Duysek.*

DUSTIN (Inglés) "Lugar polvoriento o soldado valiente". Cuando empezó la carrera de Dustin Hoffman, en los años sesenta y setenta, este nombre se oía con frecuencia.

DWIGHT (Flamenco) "Rubi".

DWYER (Irlandés) "Sabiduría oscura".

DYAMI (Nativo americano) "Águila".

DYLAN (Galés) "Hijo del mar". Variantes: *Dillan, Dillon.*

DYZEK (Polaco) "El que ama la tierra".

¡ES NIÑO!

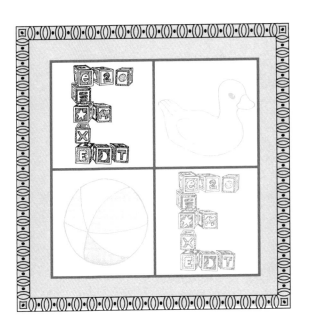

EATON (Inglés) "Ciudad sobre un río". Variantes: *Eatton, Eton, Eyton.*

EBEN (Hebreo) "Piedra". Variantes: *Eban, Even.*

EBENEZER (Hebreo) Ebenezer significa literalmente "piedra que ayuda", pero nadie puede oír este nombre sin pensar en *Cuento de Navidad* de Dickens.

EBERHARD (Germánico) "La valentía de un jabalí".

EBISU (Japonés) "Dios del trabajo y la suerte".

EBO (Africano: ghanés) "Nacido en martes".

EDAN (Celta) "Fuego".

EDEK (Polaco) "Guardián de la propiedad".

EDEL (Germánico) "Noble".

EDENSAW (Nativo americano: tlingit) Glaciar.

EDGAR (Anglosajón) "Guardián de la prosperidad". Forma antigua inglesa de Eduardo. Recordamos con este nombre a Edgar Allan Poe.

EDISON (Inglés) "Hijo de Edward". Variantes: *Ed, Eddison, Edson.*

EDMUNDO (Inglés) "Guardián de la riqueza".

EDRIC (Inglés) "Hombre poderoso poseedor de una propiedad".

EDSEL (Inglés) "Hogar de un hombre rico".

EDUARDO (Inglés) "Guardián de la propiedad". Eduardo tiene un toque de nobleza en sí mismo, junto con el de muchos famosos distinguidos que llevan este nombre. Variantes: *Ed, Eddie, Edouard, Edvard, Edward.*

EDWIN (Inglés) "Amigo rico". Variante: *Edwyn.*

EFRAÍN (Hebreo) "Fértil". Es otro nombre bíblico. Variantes: *Efraim, Efrayim, Efrem, Efrén, Ephraim, Ephrain, Ephrayim.*

EFRÓN (Hebreo) "Pájaro". Variante: *Ephron.*

EGAN (Gaélico) "Fuego". Variantes: *Egann, Egon.*

EGBERT (Inglés) "Espada brillante".

EGIDIO (Griego) "Protector". De "Aegis", nombre del escudo de minerva, fabricado en piel de cabra. Variante antigua de Gil.

EGINHARD (Germánico) "El poder de la espada". Variantes: *Eginhardt, Egon, Einhard, Einhardt.*

EIDEARD (Escocés) "Protector adinerado". Variante: *Eudard.*

EIFAH (Hebreo) "Oscuridad". Variantes: *Efa, Efah, Eifa, Epha, Ephah.*

EILAM (Hebreo) "Eternamente". Variante: *Elam.*

EILIF (Escandinavo) "Inmortal". Variante: *Eiliv.*

EINAR (Escandinavo: noruego) "Líder". Variante: *Ejnar.*

EINION (Galés) "Yunque". Variante: *Einwys.*

EINRI (Irlandés) "Soberano en casa". Variantes: *Anrai, Hannraoi, Hanraoi.*

EKAANTA (Hindú) "Soledad".

EKANA (Hawaiano) "Fuerza". Variante: *Etana.*

EKER (Griego) "El que nació en Helas (Grecia)".

ELADIO (Hebreo) "Raíz".

ELAN (Hebreo) "Árbol". Variante: *Ilan.*

ELBERT (Inglés) "Noble, resplandeciente".

ELDER (Inglés) "Persona mayor". "Saúco".

ELDON (Inglés) "Colina consagrada".

ELEDON (Inglés) "Colina del líder".

Nombres de ángeles

Hay personas que ponen el nombre de algún espíritu que creen que les ha ayudado como ángel de la guarda.

La palabra ángel significa "mensajero". Antes de llamar al bebé haciendo honor a un ángel concreto –sea cual sea su nombre–, siempre se puede elegir el nombre genérico "Ángel".

ALGUNOS NOMBRES ANGELICALES

Atarib: ángel guardián del invierno.
Gabriel: ángel guardián del fuego.
Miguel: ángel guardián del umbral.
Torquaret: ángel guardián del otoño.
Tubiel: ángel guardián del verano.
Zadkiel: ángel guardián de la benevolencia, la misericordia y la memoria.

ELENEK (Hawaiano) "Ansioso".
ELEUTERIO (Griego) "Libertad".
ELÍ (Hebreo) "Dios es grande". Variantes: *Elie, Ely.*
ELIÁN (Griego) Derivado de *Helios,* "sol".
ELÍAS (Hebreo) "El Señor es mi Dios". Variantes: *Elek, Eliasz, Elie, Elijah, Eliya, Eliyahu, Ellis, Elya.*
ELIHÚ (Hebreo) "Dios".
ELIRÁN (Hebreo) "Mi Dios es canción".

ELISEO (Hebreo) "Dios es salvador".
ELJASZ (Polaco) "Dios es Señor".
ELLIOT (Inglés) "Dios en lo alto". Variantes: *Eliot, Eliott, Elliott.*
ELMAN (Germánico) "Olmo".
ELMER (Inglés) "Noble". Variantes: *Aylmar, Aylmer, Aymer, Ellmer, Elmir, Elmo.*
ELMO (Latín) "Casco de Dios".
ELOF (Escandinavo) "Único descendiente". Variantes: *Elov, Eluf.*

ELON (Afroamericano) "Espíritu".
ELONI (Polinesio) "Altivo".
ELOY (Español) "Elegido". Nombre derivado de Luis.
ELPIDIO (Griego) "Esperanza".
ELSU (Nativo americano) "Halcón en vuelo".
ELVET (Inglés) "Grupo de cisnes".
ELVIN (Inglés) "Viejo amigo".

ELVIS (Escandinavo) "Sabio".
ELWIN (Galés) "Viejo amigo".
EMEK (Hebreo) "Valle".
EMERSON (Germánico) "Hijo de Emery".
EMERY (Germánico) "Líder de la casa".
EMILIO (Griego) "Gracioso, amable". Variantes: *Emil, Emile, Emilek, Emilo, Emils.*
EMMANUEL (Hebreo) "Dios con nosotros".
EMMETT (Germánico) "Poderoso". Se elige este nombre también para niñas.
EMYR (Galés) "Soberano".
ENAM (Africano: ghanés) "Regalo de Dios".

ENGELBERT (Germánico) "Resplandeciente como un ángel". Variantes: *Englebert, Ingelbert, Inglebert.*
ENLAI (Chino) "Gratitud".
ENNIS (Gaélico) "Única elección".
ENOC (Hebreo) "Educado". Variante: *Enoch, Enock.*
ENRIQUE (Germánico) "Soberano de la casa". Entre los Enrique famosos se encuentran varios reyes. Variantes: *Henery, Henri, Henrik, Henrique, Henry, Henryk.*
ENZO (Italiano) "Ganar".
EOGHAN (Escocés) "Juventud". Variante: *Eoghann.*
EOLO (Griego) " Cambiante".
ERÁN (Hebreo) "Observador". Variante: *Er.*
ERASMO (Griego) "Amado, agradable". Todos nos acordamos de Erasmo de Róterdam. Variantes: *Erasme, Erasmus, Erastus.*
EREL (Hebreo) "Veo a Dios".
ERIC (Escandinavo) "Soberano del pueblo". Podemos recordar a Eric Clapton. Variantes: *Erek, Erich, Erick, Erico, Erik.*
ERNAN (Irlandés) "Experimentado, sabio". Variante: *Earnan.*
ERNESTO (Germánico) "Sincero, serio, constante". Variantes: *Earnest, Ernest, Ernestino, Ernie, Ernst.*

ERROL (Escocés) Región de Escocia. Variantes: *Erroll, Erryl*.

ERVIN (Escocés) "Hermoso". Es también una forma de Irvin. Variantes: *Erving, Ervyn*.

ERYX (Griego) Nombre del hijo de Afrodita y Poseidón.

ESAÚ (Hebreo) "Peludo".

ESDRAS (Hebreo) "Ayuda".

ESÓN (Griego) Antigua figura mitológica.

ESTANISLAO (Polaco) "Campamento glorioso". Variantes: *Stach, Stanislas, Stanislau, Stanislaus, Stanislus, Stanislav, Stanislaw, Stas, Stash, Stashko, Stasio*.

ESTEBAN (Griego) "Coronado merecidamente".

ETHAN (Hebreo) "Firme". Variantes: *Eitan, Etan*.

ETTORE (Italiano) "Leal".

ETU (Nativo americano) "Sol".

EUFEMIO (Griego) "Palabra elocuente".

EUGENIO (Griego) "Bien nacido". Entre los escritores españoles con este nombre encontramos a Eugenio D'Ors. Con el mismo nombre, en inglés, Eugene O'Neill y Eugene Ormandy. Es el nombre de cuatro papas. Variantes: *Eugen, Eugene, Eugeni, Eugenius, Gene*.

EUSEBIO (Griego) "Respetuoso, piadoso". Variante: *Eukepio, Eusebios, Eusebius*.

EUSTAQUIO (Griego) "Fértil; sano, firme". Variantes: *Eustace, Eustache, Eustachius, Eustachy, Eustasius, Eustazio, Eustis*.

EUSTON (Irlandés) "Corazón". Variante: *Uistean*.

EVAK (Hindú) "Igual".

EVAN (Galés) "Dios es bueno". Evan es una forma de John que actualmente está cobrando fuerza como nombre para niño. Variantes: *Ev, Vean, Evans, Evin, Ewan*.

EVANDER (Escocés) "Buen hombre".

EVARISTO (Griego) "El mejor".

EWIND (Escandinavo) "Isla de los Wends", una antigua tribu escandinava.

EYULF (Escandinavo) "Lobo con suerte". Variante: *Eyolf*.

EZEQUIEL (Hebreo) "Fuerza de Dios".

EZER (Hebreo) "Ayuda".

EZRA (Hebreo) "Ayudante". El más famoso es el poeta Ezra Pound.

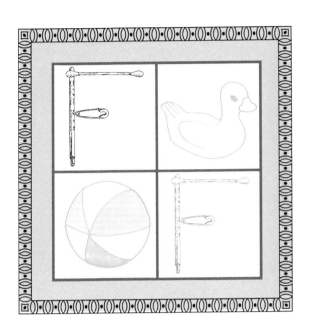

FAAS (Escandinavo) "Consejo firme".

FABIÁN (Latín) "El que cultiva judías". Variantes: *Faba, Fabek, Faber, Fabert, Fabiano, Fabien, Fabio, Fabius, Fabián, Fabyen.*

FABIO (Latín) Significado similar al anterior.

FACUNDO (Latín) "Elocuente".

FADEY (Ruso) "Intrépido". Variantes: *Faddei, Fadeaushka, Fadeuka.*

FADI (Árabe) "Salvar".

FADIL (Árabe) "Generoso".

FAHD (Árabe) "Pantera".

FAHIM (Hindú) "Inteligente".

FAISAL (Árabe) "Tozudo".

FAKHR (Árabe) "Gloria". Variantes: *Fakhir, Fakhri.*

FAKIH (Árabe) "Inteligente".

FALAK (Hindú) "Cielo".

FALAN (Hindú) "Fértil".

FANG (Chino) "Viento".

FANGATUA (Polinesio) "Lucha".

FAOLAN (Irlandés) "Pequeño lobo". Variantes: *Felan, Pelan.*

FARAJ (Árabe) "Cura". Variante: *Farag.*

FAREED (Hindú) "Único".

FARID (Árabe) "Sin rival".

FARIS (Árabe) "Caballero".

FARNELL (Inglés)" Colina de helechos".

FAROUK (Árabe) "Verdad".

FARQUHAR (Escocés) "Querido". Variantes: *Farquar, Farquarson, Farquharson, Fearchar.*

FARR (Inglés) "Caminante".

FARELL (Irlandés) "Hombre valiente". Variantes: *Farall, Farrel, Farrill, Farryll, Ferrel, Ferrell, Ferrill, Ferryl*.

FARUQ (Hindú) "Moralista".

FATHI (Árabe) "Ganar". Variante: *Fath*.

FAU (Polinesio) "Árbol".

FAUSTO (Latín) "Próspero, feliz".

FAUSTINO (Latín) "Buena suerte". Variantes: *Faust, Fausto, Faustus*.

FAXON (Germánico) "Pelo largo".

FEARGHAS (Escocés) "Hombre fuerte". Variantes: *Feargus, Fergus*.

FEDERICO (Germánico) "Líder misericordioso". Entre los más famosos con este nombre se encuentra nuestro poeta Federico García Lorca. Otro personaje con este nombre en inglés es el gran bailarín Fred Astaire. Variantes: *Fred, Freddie, Freddy, Fredek, Frederich, Frederick, Frederik, Fredric, Fredrick, Friedrich, Fritz*.

FEDOR (Griego) "Don de Dios".

FEHIN (Irlandés) "Cuervo pequeño". Variantes: *Fechin, Feichin*.

FEIVEL (Hebreo) "Brillante". Variante: *Feiwel*.

FELETI (Polinesio) "Paz".

FELIPE (Griego) "Amante de los caballos". Es uno de los nombres más frecuentes en España. Es el nombre de muchos personajes ilustres y probablemente siga siendo tan frecuente como hasta ahora. El Príncipe de Asturias es un ilustre personaje que lleva este nombre.

FÉLIX (Latín) "Feliz, afortunado". Si el significado del nombre determinara la vida del que lo lleva, probablemente, este sería el nombre de varón más frecuente en todos los idiomas.

FELTON (Inglés) "Ciudad en un campo". Variantes: *Felten, Feltin*.

FÉNIX (Griego) "Inmortal". Variante: *Phenix, Phoenix*.

FENRIS (Escandinavo) Figura mitológica escandinava.

FEORAS (Irlandés) "Roca".

FERGAL (Irlandés) "Valiente". Variante: *Forgael*.

FERGUS (Escocés) "La mejor elección".

FERMÍN (Latín) "Poderoso, fuerte, firme".

FERNANDO (Germánico) "Valiente, atrevido". Fernando es un nombre muy antiguo. Es otro de los nombres más frecuentes en España en todas las épocas. Así se llamaron muchos reyes, pero quizá Fernando el Católico sea el más famoso. Shakespeare lo utilizó en inglés en *La tempestad*. Los padres que desean tener un hijo tranquilo pueden ponerle a su bebé este nombre en honor a un personaje

Nombres para una nueva era

Desde el comienzo de los tiempos, los padres han buscado el nombre que mejor exprese las cualidades esenciales de su bebé, así como de aquello en lo que el niño se va a convertir. Las tendencias actuales también juegan su papel en la elección del nombre. Eso explica el resurgimiento de lo que podríamos llamar "nombres de la nueva era". Casi siempre esto se traduce en un nombre relacionado con el ámbito en el que se desenvuelven o con el creciente interés por el multiculturalismo.

En el caso de los nombres basados en el ámbito en el que se desenvuelven, los padres de niñas tienen muchas más posibilidades de elección que los de niños, ya que muchas de las cosas que aparecen en la naturaleza están asociadas tradicionalmente a lo femenino, como los nombres de flores, por ejemplo. Sin embargo, el multiculturalismo ha abierto de par en par las puertas para ambos sexos. Hoy en día, los padres de la nueva era tienen una multitud de fuentes a las que acudir para encontrar un nombre, incluyendo nombres del japonés, del turco, del griego, del africano y del nativo americano. Y dado que muchos de esos nombres describen la naturaleza en otros idiomas, los padres que quieren este tipo de nombre para su hijo ven cumplidos sus deseos. Por ejemplo, el nombre de niña Azami describe una flor en japonés, mientras que el nombre de niño Misu significa "ondas de agua" en el lenguaje indio de los miwok.

Si ese tipo de nombres te llama la atención, ojea este libro hasta encontrar un nombre que se acerque lo bastante a lo que quieres para tu bebé. Hoy, más que nunca, la regla sobre los nombres de bebés consiste en ser fiel a uno mismo y al niño.

infantil llamado Ferdinando el toro, que prefería oler las florecillas del campo en lugar de torear en la plaza. Variantes: *Ferdinand, Ferdinando, Ferdynand, Fernand.*

FERRÁN (Francés) "Pelo gris". Variantes: *Forand, Farrand, Farrant, Ferrand, Ferrant.*

FIDEL (Latín) "Fiel, que tiene fe". Este nombre se asocia de inmediato a Fidel Castro. Sus variantes son muy líricas. Para un niño nacido en diciembre, Fidel puede ser una buena elección por el villancico "Adeste Fideles". Variantes: *Fidal, Fidele, Fidelio, Fidelis, Fidello.*

FILEMÓN (Griego) "Beso". Es el nombre de nuestro querido personaje de tebeo.

FILIBERTO (Griego) "Inteligente".

FILMORE (Inglés) "Famoso". Variantes: *Fillmore, Filmer, Fylmer.*

FILO (Griego) "Amante". Variante: *Philo.*

FILOMENO (Griego) "Amante del canto".

FINAN (Irlandés) "Niño rubio". Variante: *Fionan.*

FINGALL (Escocés) "Forastero de hermoso pelo".

FINIAN (Irlandés) "Bello". Variantes: *Finan, Fionan, Fionn.*

FINN (Irlandés) "De Finlandia".

FINNEGAN (Irlandés) "Bello".

FIRDOS (Hindú) "Paraíso".

FITZGERALD (Inglés) "Hijo del poderoso detentor de la lanza".

FITZROY (Inglés) "Hijo de un rey".

FLAVIO (Latín) "Pelo amarillo".

FLAWIUSZ (Polaco) "Rubio".

FLINT (Inglés) "Arroyo".

FLORENCIO (Latín) "Floreciente".

FLORIÁN (Latín) "Floreciente, próspero".

FLORIS (Escandinavo) "Floreciente".

FLOYD (Galés) "Pelo gris".

FLYNN (Irlandés) "Hijo de un hombre pelirrojo".

FOLKE (Escandinavo) "Gente". Variante: *Folki.*

FOLUKE (Africano: nigeriano) "En manos de Dios".

FORBES (Escocés) "Campo".

FORTUNATO (Latín) "Afortunado".

FRANCISCO (Latín) "Francés". Francisco es un nombre de siempre y para siempre. Entre los más famosos poseedores de este nombre están san Francisco de Asís, el rey de Francia Francisco I, el emperador de Austria Francisco José. Como vemos, una lista de nombres ilustres. Otros muchos hombres célebres llevan este nombre en diversos idiomas: Frank Sinatra, Franco Zeffirelli, Frank Lloyd Wright, Frank Capra, Francisco Franco, Francisco Umbral, entre otros. Variantes:

Fran, Franc, Franchot, Francis, Franco, François, Frank, Frankie, Franky.

FRANG (Escocés) "Francés".
Variante: *Frangog.*

FRANKLIN (Inglés) "Propietario libre".

FRANZ (Germánico) "Francés". Los personajes célebres con este nombre son Franz Kafka y los compositores Liszt y Schubert.

FRANTISEK (Checo) "Francés".

FRAYNE (Inglés) "Forastero". Variantes: *Fraine, Frayn, Freyne.*

FREEDOM (Inglés) "Libertad".

FREMONT (Germánico) "Protector de la libertad".

FREWIN (Inglés) "Amigo libre". Variante: *Frewen.*

FREY (Escandinavo) "Señor supremo".

FRICK (Inglés) "Valiente".

FRITZ (Germánico) "Soberano pacífico".

FRODI (Escandinavo) Antiguo rey danés.

FROILÁN (Germánico) "Señor de la tierra".

FRUTOS (Latín) "Fértil".

FUAD (Árabe) "Corazón".

FULGENCIO (Latín) "Brillante, resplandeciente".

FYNN (Africano: ghanés) Río de Ghana.

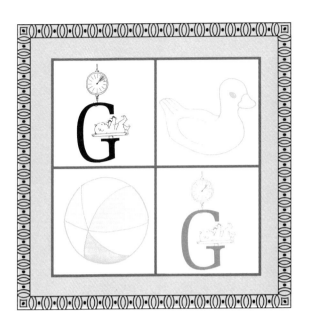

GABINO (Latín) "De Gabio, ciudad de Italia."

GABRIEL (Hebreo) "Fuerza de Dios". Entre los Gabriel famosos encontramos a Gabriel García Márquez. Variantes: *Gab, Gabby, Gabe, Gabi, Gabko, Gabo, Gabor, Gabriele, Gabrielli, Gabriello, Gabris, Gabys, Gavi, Gabriel.*

GADIEL (Hebreo) "Fortuna de Dios".

GADI (Árabe) "Mi fortuna".

GAETANO (Italiano) De una región de Italia.

GAIR (Irlandés) "Pequeño". Variantes: *Gaer, Geir.*

GAIZKA (Vasco) Forma vasca de Salvador.

GALE (Irlandés) "Forastero". Variantes: *Gael, Gail.*

GALT (Escandinavo: noruego) De una región noruega llamada Galt. Variantes: *Galtero, Gaultier, Gautier.*

GALVIN (Irlandés) "Gorrión". Variantes: *Gallven, Gallvin, Galvan, Galven.*

GAMALIEL (Hebreo) "Dios es mi recompensa". Variante: *Gamliel.*

GAN (Chino) "Aventura".

GANESH (Hindú) "Señor de todos ellos".

GARAI (Africano: Zimbabwe) "Asentado".

GARBHAN (Irlandés) "Niño pequeño, robusto". Variante: *Garvan.*

GARCÍA (Vasco) Nombre de etimología desconocida.

GAREK (Polaco) "Riqueza con una lanza". Variante de Edgar. Variantes: *Garreck, Garrik*.

GARETH (Galés) "Amable". Variantes: *Garith, Garreth, Garyth*.

GARFIELD (Inglés) "Campo de lanzas". Es el gato de la famosa tira cómica.

GARRETT (Irlandés) "Valiente con una lanza". Variantes: *Garett, Garrat*.

GARRICK (Inglés) "El que gobierna con una lanza."

GARSON (Inglés) "Hijo de Gar".

GARTH (Inglés) "Jardinero".

GARVIN (Inglés) "Amigo con una lanza". Variantes: *Garvan, Garven, Garvyn*.

GARY (Inglés) "Lanza". Se atribuye a Gary Cooper la invención de este nombre. Antes de que empezara a usarlo como nombre –su verdadero nombre era Frank– sólo se empleaba como apellido y como el nombre de una ciudad de Indiana.

GASPAR (Persa) "Administrador del dinero". Variantes: *Gaspard, Gasper*.

GASTÓN (Francés) Derivado de Gascón, "habitante de la Gascuña". Muchos niños y padres de hoy asocian Gastón con el nombre de un villano de una película de Disney. Variante: *Gascon*.

GAVIN (Galés) "Halcón blanco".

GEDEÓN (Hebreo) "De la colina".

GENE (Inglés) "Bien nacido". Derivado de Eugenio. Gene es un nombre amistoso y abordable, seguramente gracias a los actores Gene Kelly, Gene Wilder y Gene Hackman.

GENER (Catalán) "Enero". Este nombre equivale a Jenaro y se les pone a muchos niños nacidos en enero.

GEOFFREY (Germánico) "Paz". Otra forma de escribir Jeffrey.

GERARDO (Germánico) "Valiente con la lanza". Variantes: *Garrard, Gerard, Gerhard, Gerrard, Gerrit, Gerry*.

GERMÁN (Latín) "Germánico". Variantes: *Germaine, Germain, German, Germane, Germayn, Germayne, Jermain, Jermaine, Jermane, Jermayn, Jermayne*.

GERVASIO (Germánico) "Audaz con la lanza". Variante: *Gervais*.

GERWYN (Galés) "Precioso amor". Variante: *Gerwen*.

GHALIB (Árabe) "Derrota".

GAYTH (Árabe) "Lluvia".

GIANCARLO (Italiano) Nombre compuesto por Juan y Carlos.

GIANNIS (Griego) "Dios es bueno". Variante de Juan. Variantes: *Giannes, Gianni, Giannos*.

GIBOR (Hebreo) "Héroe".

Héroes del deporte

La pasión que se siente en España por el fútbol sólo puede ser superada por países como Italia y Argentina. Seguro que en estos países es frecuente elegir nombres de futbolistas para los niños.

El motivo por el cual muchos padres ponen los nombres de estos deportistas a sus hijos puede resultar un poco confuso: no se sabe muy bien si es por el entusiasmo que provoca el deporte o por el éxito que ha alcanzado un determinado futbolista. Claro que, si a tu hijo le llamas Raúl y resulta que se convierte en un futbolista de éxito, tus problemas económicos estarán resueltos.

El baloncesto, el tenis, el atletismo y la natación pueden ser también deportes de inspiración para elegir un nombre.

Si el bebé nace durante la celebración de las olimpiadas, hay muchas posibilidades de que el nombre elegido corresponda a algún atleta de élite del país de origen de los padres.

Al ponerle al bebé el nombre de algún deportista también se corre un riesgo: puede que en diez o veinte años suene anticuado, sobre todo si ese deportista ha dejado la competición. Pero, en general, los deportistas de élite proporcionan una gran riqueza de nombres para ese atleta, tenista o futbolista en ciernes.

GIL (Hebreo) "Protección". Variante de Egidio.

GILAM (Hebreo) "Alegría de un pueblo".

GILBERTO (Germánico) "Promesa resplandeciente; sirviente brillante".

GILLEAN (Escocés) "Sirviente de San Juan". Variantes: *Gillan, Gillen, Gillian.*

GILROY (Irlandés) "Sirviente del pelirrojo". Variantes: *Gilderoy, Gildray, Gildrey, Gildroy, Gillroy.*

GILUS (Escandinavo) "Escudo".

GINÉS (Griego) "Inicio, nacimiento."

GIOVANNI (Italiano) "Dios es bueno". Forma italiana de Juan.

GIRIOEL (Galés) "Señorial".

GIUSEPPE (Italiano) "Dios aumentará". Forma italiana de José.

GLADWIN (Inglés) "Amigo feliz".

GLEN (Irlandés) "Valle angosto". Celebridades con este nombre fueron Glenn Miller y Glen Ford. Variante: *Glenn.*

GLENDON (Escocés) "Ciudad en una cañada". Variantes: *Glenden, Glendin, Glenton, Glentworth.*

GLYN (Galés) "Pequeño valle".

GOTARDO (Germánico) "Fuerte en Dios".

GODOFREDO (Germánico) "Dios es paz". Variantes: *Geoffrey, Goddfrey, Godfrey, Godfried, Gorfrid, Gottfrid, Gottfried.*

GODWIN (Inglés) "Buen amigo".

GOEL (Hebreo) "El salvador".

GOLDWIN (Inglés) "Amigo dorado".

GOLIAT (Hebreo) "Exilio".

GOMDA (Nativo americano: kiowa) "Viento".

GONZALO (Germánico) "El genio de la batalla".

GORDON (Inglés) "Colina redonda". Una variante de Gordon es Jordan.

GORE (Inglés) "Lanza".

GORKA Variante vasca de Jorge.

GORMAN (Irlandés) "Niño de ojos azules".

GORO (Japonés) "Quinto hijo".

GOTARDO (Hebreo) "Fuerza de Dios"

GOZAL (Germánico) "Fuerte en Dios".

GRAHAM (Inglés) "Casa gris". El novelista Graham Green es uno de los hombres famosos que llevan este nombre.

GRANT (Escocés) "Grande".

GRAU (Francés) Nombre catalán equivalente a Gerardo y proveniente del francés Géraud.

GREGORIO (Griego) "Observador, vigilante". Ha sido un nombre frecuente entre los papas; dieciséis de ellos, para ser precisos, llevan este nombre. Con este nombre en inglés, Gregory Peck quizá sea el personaje más conocido. Variantes: *Greg, Gregg, Gregoire, Gregor, Gregorios, Gregory, Gregos, Greig, Gries, Grigor.*

GRIFFITH (Galés) "Poderoso líder".

GROVER (Inglés) "Arboleda".

GUIDO (Germánico) "Selva, bosque."

GUILLERMO (Germánico) "Protector constante". Guillermo es uno de los nombres más populares en los países de habla inglesa. En España también es, hoy en día, un nombre frecuente. Variantes: *Bill, Billie, Billy, Guillaume, Guillaums, Vas, Vasilak, Vasilious, Vaska, Vassos, Vila, Vildo, Vilek, Vilem, Vilhelm, Vili, Viliam, Vilkl, Ville, Vilmos, Vilous, Will, Willem, Willi, William, Williamson, Willie, Willil, Willis, Willy, Wilson, Wilhelm.*

GULSHAN (Hindú) "Jardín".

GULZAR (Árabe) "Floreciente".

GUMERSINDO (Germánico) "Hombre fuerte."

GUNTHER (Escandinavo) "Guerrero". Variantes: *Guenther, Gun, Gunnar, Guntar, Gunter, Guntero, Gunthar.*

GURION (Hebreo) León. Variantes: *Garon, Gorion, Guryon.*

GUSTAVO (Germánico) "Báculo de los dioses". El gran poeta romántico Gustavo Adolfo Bécquer es el Gustavo más famoso en España, aunque también son conocidos personajes como el ilustrador francés Gustave Doré, el compositor alemán Gustav Mahler, y, por supuesto, la rana Gustavo de Barrio Sésamo. Variantes: *Gus, Gustaf, Gustaff, Gustav, Gustave, Gustavs, Gusti, Gustik, Gustus, Gusty.*

GUTIERRE (Español) "Soberano del pueblo".

GUTPAGHO (Nativo americano: kiowa) "Lobo".

GWYNEDD (Galés) "Bendito". Variantes: *Gwyn, Gwynfor, Gwynn, Gwynne.*

GYAN (Hindú) "Conocimiento". Variante: *Gyani.*

GYLFI (Escandinavo) Antiguo rey mitológico.

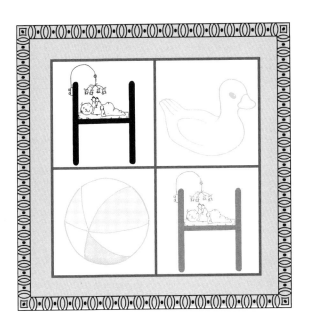

HAAKON (Escandinavo) "Hijo elegido". Variantes: *Hagen, Hakan, Hakon.*

HABIB (Árabe) "Querido".

HADI (Árabe) "Guía".

HADLEY (Inglés) "Prado de brezo".

HADRIAN (Escandinavo: sueco) "Tierra negra".

HADRIEL (Hebreo) "La gloria de Dios".

HAI (Vietnamita) "Mar".

HAIDAR (Árabe) "León".

HAILAMA (Hawaiano) "Hermano famoso".

HAKIM (Árabe) "Sabio". Hakim es un nombre habitual en los países musulmanes ya que es una de las noventa y nueve cualidades de Alá detalladas en el Corán.

HALDOR (Escandinavo) "La roca de Thor". Variantes: *Halldor, Halle.*

HALI (Griego) "Mar".

HALIAN (Nativo americano) "Velloso".

HALIL (Turco) "Buen amigo".

HALIM (Árabe) "Bondadoso".

HALLEY (Inglés) "Prado cerca de la casa solariega".

HALTON (Inglés) "Casa solariega sobre la colina".

HAMADI (Árabe) "Alabado". Variante: *Hamidi.*

HAMILTON (Inglés) "Castillo fortificado".

HAMLET (Inglés) "Pueblo". Un nombre que, desde luego, resulta muy literario.
HAMLIN (Germánico) "El que adora quedarse en casa". Variantes: *Hamelin, Hamlen, Hamlyn.*

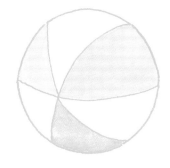

HANAN (Hebreo) "Dios es bueno".
HANDEL (Germánico) "Dios es bueno".
HANEK (Checo) "Dios es bueno". Variante de Juan. Variantes: *Hanus, Hanusek, Johan, Nusek.*
HANK (Inglés) "Gobernador de la propiedad". Diminutivo de Henry.
HANNES (Escandinavo) "Dios es bueno". Variante de John. Variantes: *Haensel, Hannu, Hans, Hansel, Hansl.*
HANSON (Escandinavo) "Hijo de Hans". Variantes: *Hansen, Hanssen, Hansson.*

HANSRAT (Hindú) "Rey cisne".
HAO (Chino) "Bueno".
HARAL (Escocés) "Líder del ejército." Variante: *Arailt.*
HARBERT (Escandinavo) Ejército brillante.
HAREL (Hebreo) "Montaña de Dios".
HARI (Hindú) "Rojizo". Es el nombre del dios hindú del sol.
HARISH (Hindú) "Señor". Variante: *Haresh.*
HARLEY (Inglés) "Pasto de conejos". Variantes: *Arlea, Aleigh, Arley, Harlea, Harlee, Harleiah, Harly.*
HAROLD (Inglés) "Soberano del ejército". El simpático actor Harold Lloyd es un personaje conocido por sus películas de cine mudo. Variantes: *Hal, Harailt, Harold, Haraldo, Haralds, Haroldas, Haroldo.*
HARPER (Inglés) "Tocador de arpa". Harper también se aplica como nombre de niña.
HARRY (Inglés) "Soberano de la casa". Variante de Enrique.
HART (Inglés) "Venado". Variante: *Harte.*
HARUE (Japonés) "Nacido en primavera".
HASAD (Turco) "Cosecha".
HASANT (Africano: swahili) "Agraciado". Variantes: *Hasan, Hasin, Hassan, Hassani, Husani.*

¡ES NIÑO!

Nombres del Nuevo Testamento

Los padres cristianos buscan en la Biblia –especialmente en el Nuevo Testamento– la inspiración a la hora de ponerle un nombre a sus hijos. Para los niños pueden elegir el nombre de uno de los evangelistas: Mateo, Marcos, Lucas, Juan. También pueden elegir el nombre de uno de los doce apóstoles: Tomás, Andrés o Felipe, por ejemplo.

Para las niñas los padres pueden elegir el nombre de María, el nombre bíblico femenino más frecuente, sin duda. Puede también buscar la inspiración entre los santos.

Por ejemplo, si uno de los miembros de la pareja tienen relación con la música y quisieran darle al bebé un nombre relacionado con esa profesión, podrían buscar entre los santos relacionados con la música: Cecilia o Gregorio. Curiosamente, existe una patrona de la televisión: Clara de Asís. Otros santos profesionales son: Bárbara para los arquitectos, Sebastián para los deportistas y Mateo para los recaudadores de impuestos. Y no hay que ser forzosamente católico para disfrutar con la elección del nombre de un santo.

NOMBRES PARA NIÑO

Andrés: Discípulo de Jesús.
Dimas: Un compañero de san Pablo.
Jairo: Jefe de la sinagoga en Cafarnaúm.
Santiago: Discípulo de Jesús.
Juan: Discípulo de Jesús.
José: Padre de Jesús.

Lucas: Apóstol.
Pablo: Apóstol.
Esteban: Mártir.
Timoteo: Discípulo de san Pablo.

NOMBRES PARA NIÑA

María: Madre de Jesús.
Ana: Madre de la virgen María.
Isabel: Prima de María.
Lidia: Mujer que hospedó en su casa a san Pablo.
Magdalena: María Magdalena, seguidora de Jesús.
Marta: Hermana de Lázaro, el amigo de Jesús.
Salomé: Madre de Juan y Santiago, discípulos de Jesús.
Tabita: Personaje del libro de los Hechos de los Apóstoles.

HASHIM (Árabe) "Destructor del mal".

HASIN (Hindú) "Risueño".

HATDAR (Hindú) "León". Variantes: *Haider, Haydar, Hayder, Hyder.*

HAYDEN (Inglés) "Colina de brezo"; (Galés) "Valle con setos". Variantes: *Aidan, Haddan, Haddon, Haden, Hadon, Hadyn, Haydn, Hayon.*

HEATHCLIFF (Inglés) "Acantilado junto a un campo abierto". Este nombre es famoso por el personaje de la novela y película *Cumbres Borrascosas.* Variante: *Heath.*

HÉCTOR (Griego) "El que resiste". El actor Héctor Alterio y el compositor Héctor Berlioz son dos personajes famosos con este nombre. Variante: *Héctor.*

HEDDWYN (Galés) "Paz bendita".

HEINRICH (Germánico) "Gobernador de la propiedad". Variante de Enrique. Variantes: *Heinrick, Heinrik, Henrik, Henrique, Henryk.*

HELMUT (Francés) "Casco".

HEMAN (Hebreo) "Fiel".

HERIBERTO (Germánico) "Ejército famoso". Variantes: *Heibert, Herb, Herbert, Herbie.*

HÉRCULES (Griego) Hijo de Zeus. Variantes: *Heracles, Hercule.*

HERMAN (Germánico) "Hombre de ejército". Herman Melville, autor de *Moby Dick,* se encuentran entre los receptores más famosos de este nombre.

HERMES (Griego) Mensajero mitológico de los dioses griegos.

HERMINIO (Germánico) "Enérgico".

HERNÁN (Germánico) "Atrevido, bravo". Variante de Fernando.

HERRICK (Germánico) "Líder en la guerra".

HEVEL (Hebreo) "Aliento".

HIALMAR (Escandinavo) "Casco del guerrero"..

HIAWATHA (Nativo americano: iroquois) "Hacedor de ríos".

HIDEAKI (Japonés) "Sabio".

HIDEO (Japonés) "Magnífico".

HIGINIO (Griego) "Vigoroso".

HILARIO (Latín) "Feliz". Al igual que con Félix, si el significado de este nombre determinara la vida del que lo lleva, sería una elección estupenda. Variantes: *Hilaire, Hilarie, Hillary, Hillery.*

HILDEBRAND (Germánico) "Espada utilizada en la batalla".

HILLEL (Hebreo) "Altamente alabado".

HILMAR (Escandinavo) "Noble renombrado".

HIMERONIM (Polaco) "Ejército fuerte".

HIMESH (Hindú) "Rey de la nieve".

HIPÓCRATES (Griego) Nombre del padre de la medicina.

HIPÓLITO (Griego) "El que libera a los caballos".

HIRAM (Hebreo) "El muy noble".

HIROSHI (Japonés) "Generoso".

HOENIR (Escandinavo) Antigua figura mitológica. Variante: *Honir.*

HOGAN (Irlandés) "Juventud".

HOKU (Hawaiano) "Estrella".

HOLATA (Nativo americano: seminole) "Caimán".

HOLDEN (Inglés) "Valle hondo".

HOMERO (Griego) "Rehén, fianza". Homero es el nombre del gran poeta épico del siglo III que escribió *La Odisea*. Variantes: *Homere, Homeros, Homerus, Omer.*

HONOK (Polaco) "El que manda en casa".

HONORATO (Latín) "El honrado".

HONORIO (Latín) "Honorable".

HORACIO (Latín) "De mirada penetrante". Variantes: *Horace, Horatio.*

HORTENSIO (Latín) "Jardinero".

HORTON (Inglés) "Ciudad gris". Variante: *Horten.*

HOSYU (Japonés) "Reservado".

HOWARD (Inglés) "Observador". Es más conocido por ser el nombre de un excéntrico millonario apellidado Hughes. Variante: *Howie.*

HOWELL (Galés) "Excepcional".

HUANG (Chino) "Adinerado".

HUANU (Hawaian) "Dios es bueno".

HUBERTO (Germánico) Variante de Humberto

HUGO (Inglés) "Inteligente". En su variante inglesa está el actor Hugh Grant. Variantes: *Hew, Huey, Hughes, Hughie, Huw.*

HUMBERTO (Germánico) "Famoso gigante".

HUMPHREY (Inglés) "Pacífico". Humphrey es más popular como apellido, aunque como nombre encontramos a Humphrey Bogart. Variantes: *Humfredo, Humfrey, Humfrid, Humfried, Humphery, Humphry.*

HUSNI (Árabe) "Perfección".

HUSSEIN (Árabe) "Pequeña belleza". Variantes: *Husain, Husein.*

IAN (Escocés) "Dios es bueno". Forma anglosajona de Juan. Ian es uno de los nombres británicos más empleados para niños. Ian Flemming es el escritor de todas las historias de James Bond. Variantes: *Ean, Iain, Iancu, Ianos*.

IBAI (Vasco) "Río".

IBRAHIM (Árabe) "Padre de muchos". Variante de Abraham.

ÍCARO (Griego) Figura mitológica griega que voló demasiado cerca del sol, por lo que sus alas de cera se derritieron y él se precipitó al suelo.

ICHIRO (Japonés) "Primer hijo".

IDI (Africano: swahili) "Nacido durante el festival de Idd".

IDRIS (Galés) "Impulsivo".

IEKE (Hawaiano) "Riqueza". Variante: *Iese*.

IFOR (Galés) "Arquero".

IGNAAS (Escandinavo) "Fuego".

IGNACIO (Latín) "Fuego, ardiente". San Ignacio de Loyola es el nombre del santo que fundó la orden de los jesuitas. Variantes: *Iggy, Ignac, Ignace, Ignacek, Ignatious, Ignatius, Ignatz, Ignazio, Iñigo, Nacek, Nacicek*.

IGOR (Ruso) Versión rusa del nombre noruego Ingeborg, "el guardián del dios nórdico de la paz". Tal vez todos nos acordemos del compositor Stravisnsky al oír este nombre. Variante: *Egor*.

IHSAN (Árabe) "Benevolencia".

IKAIA (Hawaiano) "Dios es mi salvador". Variante: *Isaia*.

ÍKER (Vasco) Es la forma masculina del nombre femenino Ikerne, equivalente al castellano Visitación.

ILDEFONSO (Germánico) "Luchador".

ILIAS (Griego) "El señor es mi Dios". Versión griega de Elías. Variante: *Ilia*.

ILYA (Ruso) Apodo para Elías que se ha convertido en su propio nombre. Variante: *Ilja*.

IMANOL (Hebreo) "Dios con nosotros". Es la forma vasca de Manuel o del hebreo Emmanuel.

INAR (Inglés) "Individuo".

INCE (Húngaro) "Inocente".

INOCENCIO (Español) "Inocente".

INDALECIO (Vasco) "Fuerza".

INEK (Polaco) "Amigo del jabalí".

INGEMAR (Escandinavo) "Hijo de Ing", dios noruego de la paz. Variantes: *Ingamar, Inge, Ingmar*.

INGER (Escandinavo) "Ejército de Ing". Variante: *Ingar*.

INOCENCIO (Latín) "Inocente". Variantes: *Innocenzio*.

ÍÑIGO Nombre de etimología discutida. Podría ser una forma antigua castellana de Ignacio.

IOAKIM (Ruso) "Dios construirá".

IOKIA (Hawaiano) "Dios sana".

ION (Irlandés) "Dios es bueno".

IONA (Hawaiano) "Paloma".

IRAM (Inglés) "Resplandeciente".

IRVIN (Escocés) "Precioso". Variante: *Irvine*.

IRVING (Inglés) "Amigo del mar". Entre los Irving famosos se incluyen Irving Berlin e Irving Wallace.

ISAAC (Hebreo) "Aquél a quien Dios sonríe". Entre los Isaac que se han hecho famosos figuran Isaac Albéniz, Isaac Asimov. Variantes: *Isaak, Isak, Itzak, Ixaka, Isaac*.

ISAÍAS (Hebreo) "Dios me ayuda". Variantes: *Isa, Isaia, Isia, Isiah, Issiah*.

ISAM (Árabe) "Prometer".

ISAS (Japonés) "Valioso".

ISHA (Hindú) "Señor".

ISHAAN (Hindú) "Sol". Variante: *Ishan*.

¡ES NIÑO!

Cómo implicar a papá

Muchas veces, ante toda la atención prestada a la futura mamá, el futuro padre puede que se sienta un poco desplazado. Aquí van unos consejos para que papá se implique en la elección de un nombre para el nuevo bebé.

Si va a ser niño, puede que quiera ponerle el nombre de su padre.

Sentaos los dos, por separado, con este libro para ojearlo y buscar los nombres que os gustan. Luego discutid por qué os gustan los nombres que habéis elegido y qué os disgusta de algunos nombres elegidos por el otro. Al final intentad encontrar un nombre que combine las preferencias de los dos.

ISIDORO (Griego) "Regalo de la diosa Isis". San Isidoro de Sevilla es nuestro personaje histórico más destacado con este nombre. Variantes: *Isador, Isadore, Izzy.*
ISIDRO Variante de Isidoro.
ISKANDAR (Árabe) "Protector". Variante: *Iskander.*
ISMAEL (Hebreo) "Dios escucha". Variantes: *Ishmael, Ismail, Yishmael.*
ISMAH (Árabe) "Dios escucha".
ISMAT (Árabe) "Protector".
ISRAEL (Hebreo) "Fuerza de Dios". Variante: *Yisrael.*

ISTVAN (Húngaro) "Corona". Variante: *Isti.*
ITHEL (Galés) "Señor caritativo".
IUKINI (Hawaiano) "Bien nacido". Variante: *Iuaini.*
IVÁN (Hebreo) "Dios es misericordioso". Es la variante rusa de Juán. ariantes: *Ivanchik, Ivanek, Ivano, Ivas.*
IVO (Germánico) "Glorioso". Variantes: *Ives, Ivón, Iu, Yves.*
IVOR (Escandinavo: noruego) Nombre de Dios noruego. Variantes: *Ivar, Iver.*
IVORY (Afroamericano) "Marfil".

JAAN (Estonio) "Ungido".
JABBAR (Hindú) "El que consuela".
JABIR (Árabe) "Sanador". Variantes: *Gabir, Gabr, Jabbar, Jabr*.
JACHYM (Checo) "Dios desarrollará". Variante: *Jach*.
JACINTO (Griego) "Flor hermosa". Variantes: *Ciacintho, Clacinto, Jacindo*.
JACKSON (Inglés) "Hijo de Jack". Variante: *Jakson*.
JACOBO (Hebreo) "El que suplanta". Es lo mismo que Santiago, Jaime y Yago.
JAFAR (Árabe) "Río". Variantes: *Gafar, Jafari*.

JAFET (Hebreo) "Él aumenta". Era el hijo mayor de Noé.
JAHAN (Hindú) "Mundo".
JAIDEV (Hindú) "Dios de victoria".
JAIME (Hebreo) "El que suplanta". Variante de Jacobo, Santiado y Yago. Este nombre nunca ha pasado de moda. Entre los Jaime famosos encontramos a Jaime el Conquistador. En inglés es un nombre muy frecuente y conocemos a muchos actores y cantantes que llevan este nombre: James Stewart, James Cagney y Jimi Hendrix. Variantes: *Jacques, Jaimey, Jaimie, James, Jayme, Jaymes, Jaymie, Jim, Jimi, Jimmey, Jimmie, Jimmy*.

JAIRO (Hebreo) "Dios aclara".
JAKIM (Árabe) "Noble".
JALAL (Árabe) "Grande".
Variantes: *Galal, Jaleel.*
JALEN (Afroamericano) "Calma".
JAMAL (Árabe) "Apuesto".
Variantes: *Gamal, Gamil, Jamaal,*

Jamahl, Jamall, Jameel, Jamel, Jamell, Jamil, Jamill, Jammal.
JAN (Checo) "Dios es bueno".
Variantes: *Janco, Jancsi, Jando, Janecek, Janek, Janik, Janika, Jankiel, Jaén, Jano, Janos, Jenda.*
JANESH (Hindú) "Señor del pueblo".
JANSON (Escandinavo) "Hijo de Jan". Variantes: *Jansen, Jantzen, Janzen.*
JAREB (Hebreo) "Él lucha".
Variantes: *Jarib, Yarev, Yariv.*
JAREK (Checo) "Primavera".
Variantes: *Jariusz, Jariuszek, Jarousek.*
JAROMIL (Checo) "El que ama la primavera". Variante: *Jarmil.*
JAROSLAV (Checo) "Gloriosa primavera".

JARRETT (Inglés) "Valiente con la lanza".
JARVIS (Germánico) "Honorable".
Variante: *Jervis.*
JASÓN (Hebreo) "Dios es mi salvación". Muchos artistas del cine y de la televisión de Estados Unidos contribuyeron a que la variante inglesa de este nombre estuviese de moda en los años setenta y ochenta. Variantes: *Jace, Jacen, Jaison, Jase, Jasen, Jayce, Jaycen, Jaysen, Jayson.*
JASPER (Inglés) "Adinerado".
Variante: *Jaspar.*
JAVAS (Hindú) "Rápido".
JAVIER (Vasco) "Casa nueva".
Forma castellana de Xabier.
JEDREK (Polaco) "Hombre poderoso". Variantes: *Jedrick, Jedrus.*
JEFFERSON (Inglés) "Hijo de Jeffrey".
JEFFREY (Germánico) "Paz".
Variantes: *Geoff, Geoffrey, Geoffry, Gioffredo, Jeff, Jefferies, Jeffery, Jeffries, Jeffry, Jefry.*
JENARO (Latín) Relativo al mes de enero. También puede escribirse con "G".
JENKIN (Flamenco) "Pequeño Juan". Variantes: Jenkins, Jenkyn, Jenkyns.
JEREMÍAS (Hebreo) "El Señor exalta". Fue uno de los grandes profetas de Israel. Entre los

¡ES NIÑO!

Los nombres más populares en los años cincuenta

En los años cincuenta, los españoles todavía no estaban en situación de preocuparse por los nombres de los hijos. Se seguía en la línea de los años cuarenta, aunque la situación ya no era la misma. Todavía existían otras preocupaciones, como conseguir un trabajo, pensar en la posibilidad de comprar un piso, un coche, etc. El cambio no empezaría hasta después de una década.

NOMBRES DE NIÑO

Roberto	Gerardo
Miguel	Jorge
Jaime	Francisco
Juan	Adolfo
David	Antonio
Guillermo	Felipe
Tomás	Ramón
Ricardo	Federico
Carlos	Rogelio
Esteban	Cristóbal
José	Martín
Marcos	Arturo
Daniel	Andrés
Pablo	Leonardo
Gregorio	Enrique
Lorenzo	Manolo
Timoteo	Francisco
Eduardo	Fernando

NOMBRES DE NIÑAS

Consuelo	Margarita
María	Josefa
Mercedes	Pilar
Rosa	Paloma
María Jesús	Rosalía
Catalina	Carolina
Encarna	Ana
Concepción	Juana
Inmaculada	Antonia
Alejandra	Gloria
Julia	Laura
Marisa	Teresa
Guadalupe	Francisca
Carmen	Mari Paz
Lola	Elena
Sagrario	Angustias
Isabel	Dolores
Emilia	Trinidad

¡ES NIÑO!

Jeremías famosos en nuestros días figura el actor Jeremy Irons.

JERÓNIMO (Griego) "Nombre sagrado". Es el nombre de un famoso santo, doctor de la Iglesia. Y también el del famoso jefe indio apache.

JERVIS (Germánico) "Honor".

JESÉ (Hebreo) "Dios existe". La variante anglosajona es Jesse, como Jesse Jackson, Jesse James y Jesse Owens.

JESÚS (Hebreo) "El Señor es mi salvación".

JIBBEN (Gitano) "Vida".

JIBRI (Árabe) "Poderoso".

JINAN (Árabe) "Jardín".

JIRO (Japonés) "Segundo hijo".

JIVAN (Hindú) "Vida". Variante: *Jivin.*

JOAB (Hebreo) "Alabado sea el Señor".

JOAQUÍN (Hebreo) "Dios determinará". Variantes: *Chimo, Joachim, Quim, Ximo.*

JOB (Hebreo) "Oprimido".

JOEL (Hebreo) "Dios es Señor".

JOERGEN (Escandinavo) "Granjero".

JOFRE Nombre catalán, probablemente equivalente a Wifredo.

JONÁS (Hebreo) "Paloma". Nombre bíblico. Variantes: *Jonah, Yonah, Yonas, Yunus.*

JONATÁN (Hebreo) "Regalo de Dios". Nombre bíblico. Jonatán fue el hijo mayor del rey Saúl y el mejor amigo del rey David. Variante: *Johnathan.*

JORDÁN (Hebreo) Este nombre evoca el río donde fue bautizado Jesús. Durante las Cruzadas, el nombre se hizo famoso al traer los soldados, de vuelta a casa, agua del río Jordán para bautizar a sus hijos. Variantes: *Jordan, Jorden, Jordy, Jori, Jorrin.*

JORGE (Griego) "Agricultor, granjero". Jorge es un nombre de todas las épocas. Entre los Jorge famosos podemos mencionar a Jorge Negrete o a Jorge Semprún. Con variantes de este nombre, encontramos a los siguientes personajes: George Washington, George Patton, Giorgio Armani y George Bush. Variantes: *Georg, George, Georges, Georgi, Georgios, Georgy, Giorgio, Giorgos, Jorgen.*

JOSAFAT (Hebreo) "Dios juzga".

JOSÉ (Hebreo) "Dios aumentará". José es conocido, ante todo, por ser el esposo de María, madre de Jesús. Es de los nombres más oídos en España, como nombre solo, como parte de un nombre compuesto, como nombre de mujer con el María delante o en el famoso Pepe. Variantes: *Jodi, Jodie, Jody, Jose, Joseba, Josef, Joselito, Joseph, Josephus, Josip, Josito, Pepe.*

JOSHA (Hindú) "Satisfacción".

JOSHUA (Hebreo) Variante de Josué.

JOSUÉ (Hebreo) "Dios es mi salvación". Josué fue el sucesor de Moisés al frente del pueblo hebreo. Variantes: *Josh, Joshuah.*

JUAN (Hebreo) "Dios es bueno". Si se cuentan todas las variantes, formas de escribirlo y el uso de los distintos idiomas en el mundo, seguro que es de los nombres más empleados. Con este prestigio y la gran variedad de Juanes donde elegir, seguro que Juan, en cualquiera de sus variantes, nunca pasará de moda. Variantes: *Jack, Jackie, Jacky, Jean, Joan, Joao, Jock, Jockel, Johan, Johann, Johannes, John, Johnie, Johnnie, Johnny, Jon, Jonam, Jone, Jonukas, Jonutis, Jovan, Jovanus, Jovi, Jovin.*

JUDAS (Hebreo) "Alabado sea Dios". Variantes: *Juda, Judah, Jude, Judd, Judson.*

JULIÁN (Latín) Versión de Julio. Nombre muy común en España. Variantes: *Julen, Julien, Julion, Julyan.*

JULIO (Latín) "De la familia romana Julius". Nombre de clan romano. Variante: *Giulio, Julius.*

JUNIOR (Inglés) "Joven".

JURGEN (Germánico) "Agricultor". Variante de Jorge.

JURI (Eslavo) "Agricultor". Variante de Jorge.

JUSTINO (Latín) "Honesto". Variantes: *Justen, Justin, Justo, Juston, Justus, Justyn.*

JUSTO (Latín) "Que obra con justicia".

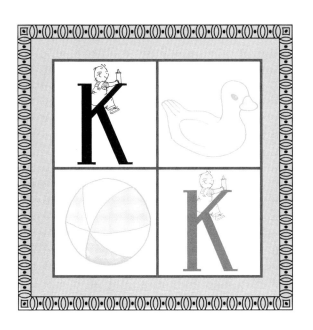

KABIR (Hindú) "Líder espiritual".
KADIN (Árabe) "Amigo".
KADIR (Árabe) "Verde".
KADMIEL (Hebreo) "Dios es primero".
KAELAN (Gaélico) "Soldado poderoso". Variantes: *Kalan, Kalen, Kalin.*
KAEMON (Japonés) "Diestro".
KAHIL (Turco) "Joven". Kahil es un nombre popular en muchos países, no sólo en Turquía. En hebreo significa "perfecto". En Grecia, significa "precioso". Variantes: *Cahil, Kahlil, Kaleel, Khaleel, Khalil.*
KAI (Hawaiano) "Mar".
KAIPO (Hawaiano) "Amante".
KAISER (Búlgaro) "Peludo".

KALE (Hawaiano) "Hombre". Variantes: *Kalolo, Karolo.*
KALEPA (Hawaiano) "Fiel". Variante: *Kaleba.*
KALIL (Hebreo) "Guirnalda". Variante: *Kailil.*
KALINO (Hawaiano) "Brillante".
KALMIN (Escandinavo) "Hombre".
KALU (Hindú) Nombre del fundador de la religión sikh.
KAMAL (Árabe) "Perfecto". Variantes: *Kameel, Kamil.*
KAMAU (Africano: Keniata) "Guerrero".
KANAI (Hawaiano) "Ganador".
KANE (Galés) "Precioso". (Japonés) "Dorado". Una variante con mucha fuerza es la

introducida por el actor Keanu Reeves. Variantes: *Kain, Kaine, Kayne, Keanu.*

KANIEL (Hebreo) "Caña". Variantes: *Kan, Kani, Kanny.*

KANTU (Hindú) "Feliz".

KANU (Hindú) "Precioso".

KAREL (Checo) "Hombre". Variantes: *Karlicek, Karlik, Karlousek, Karol, Karoly.*

KARIM (Árabe) "Generoso". Su significado, es una de las noventa y nueve cualidades adscritas a Dios en el Corán.

KARL (Germánico) "Hombre". Variantes: *Karlen, Karlens, Karlin.*

KARNEY (Irlandés) "El ganador". Variantes: *Carney, Carny, Karny.*

KASIB (Árabe) "Fértil".

KASIM (Árabe) "Dividido".

KASIMIR (Eslavo) "Anunciador de paz".

KASPAR (Persa) "Protector de la riqueza". Variante: *Kasper.*

KASS (Germánico) "Mirlo". Variantes: *Kasch, Kase.*

KAUL (Árabe) "Fiable". Variantes: *Kahlil, Kalee, Khaleel, Khalil.*

KAVINDRA (Hindú) "Dios de los poetas".

KAY (Galés) "Alegría".

KAYAM (Hebreo) "Firme".

KEANE (Inglés) "Afilado". Variantes: *Kean, Keen, Keene.*

KEATON (Inglés) "Nido de halcón". Variantes: *Keeton, Keiton, Keyton.*

KEB (Egipcio) Dios egipcio.

KEDAR (Hindú) "Dios de montañas".

KEEFER (Irlandés) "Amado". Variantes: *Keefe, Keifer.*

KEEGAN (Irlandés) "Pequeño y apasionado". Además de ser el nombre perfecto para un niño que siempre esté metido en alborotos, es el signo astrológico del fuego que incluye a Sagitario, Leo y Aries.

KEELAN (Irlandés) "Pequeño y delgado".

KEELEY (Irlandés) "Agraciado". Variantes: *Kealey, Kealy, Keelie, Keely.*

KEFIR (Hebreo) "Cachorro de león".

KEIR (Irlandés) "De piel oscura; moreno". Variantes: *Keiron, Kerr, Kieran, Kieron.*

KEITARO (Japonés) "Bendito".

Los nombres de los años sesenta

Si nos fijamos en los nombres de las personas nacidas en otras décadas, en los años cuarenta, por ejemplo, se puede comprobar que la elección del nombre era más bien una cuestión práctica, no le dedicaban mucho tiempo a esta tarea. Si tenemos en cuenta que fue la época de la posguerra española, comprendemos que había cosas más importantes en que pensar y que, probablemente, la preocupación fundamental era ganarse el pan. ¡Cómo vas a pensar en un posible nombre para tu hijo si ni siquiera sabes si lo vas a poder alimentar!

Hasta los años sesenta y principios de los setenta no se produjo el cambio. Fue entonces cuando la gente notó cierta estabilidad económica, que se tradujo en el baby boom. Una vez superados los problemas de décadas anteriores, las preocupaciones eran otras. La situación también se refleja en una mayor preocupación en la elección de los nombres de los niños y niñas de esa generación. Se atrevían con nombres que, aunque ahora no nos lo parezca, entonces suponía un gran cambio.

NOMBRES DE NIÑOS	NOMBRES DE NIÑAS
Jaime	María
Javier	Patricia
Roberto	Eva María
Guillermo	Begoña
José Luis	Marta
David	Natalia
Alejandro	Susana
Ignacio	Bárbara

KEITH (Escocés) "Bosque".

KELALA (Hawaiano) "Líder con una lanza".

"KELBY (Germánico) Granja junto a una fuente". Variantes: *Kelbey, Kelbie, Kelby.*

KELE (Nativo americano: hopi) "Gorrión".

KEMAL (Turco) "Honor".

KEMP (Inglés) "Luchador".

KENAN (Hebreo) "Lograr". Variante: *Cainan.*

KENDRICK (Inglés) "Héroe real". Variantes: *Kendricks, Kendrik, Kendryck.*

KENJI (Japonés) "Segundo hijo".

KENN (Galés) "Agua resplandeciente".

KENNEDY (Irlandés) "Cabeza de casco; cabeza fea". En los años sesenta Kennedy era un nombre que se ponía a los niños americanos en honor a la famosa familia de Massachusetts.

KENNETH (Irlandés) "Apuesto; salido del fuego". Ayudado por la imagen masculina del novio de Barbie, Ken, este nombre personificó la masculinidad durante los años cincuenta y sesenta. Hoy en día, sin embargo, evoca imágenes de la Inglaterra medieval y de los caballeros de la tabla redonda, por ser uno de los nombres de los personajes de una novela de Sir Walter Scott. Variantes: *Ken, Kendall, Kenney, Kennie, Kennith, Kenny, Kenyon.*

KENT (Inglés) Condado de Inglaterra.

KEON (Irlandés) "Bien nacido". Variantes: *Keyon, Kion.*

KEONI (Hawaiano) "Dios es bueno".

KEPA (Vasco) Equivalente al castellano Pedro.

KEREL (Africano) "Hombre joven".

KEREM (Hebreo) "Huerto".

KERILL (Irlandés) Significado. desconocido. Variante: *Coireall.*

KERMIT (Irlandés) "Libre de celos". La rana Gustavo de Barrio Sésamo se llama Kermit en inglés y, a pesar de ello, hay padres osados que le ponen a su bebé este nombre.

KERS (Hindú) "Planta".

KERSEN (Indonesio) "Cereza".

KERWIN (Irlandés) "Oscuro". Variantes: *Kerwen, Kerwinn, Kerwyn, Kirwin.*

KESTER (Inglés) "El que lleva a Cristo en su corazón". Variante de Cristóbal.

KEVIN (Irlandés) "Apuesto". Kevin es un nombre elegido por muchos padres en Estados Unidos, e incluso en España. A esta elección ha contribuido la fama de actores como Kevin Kline,

¡ES NIÑO!

Kevin Bacon y Kevin Costner. San Kevin es el patrón de Dublín. Variantes: *Kavan, Kev, Kevan, Keven, Kevon, Kevyn.*

KHALDUN (Árabe) "Eterno".

KHALID (Árabe) "Eterno". Variantes: *Khaled, Khaleed.*

KHAN (Hindú) "Esperado".

KHAYRAT (Árabe) "Acto beneficioso". Variante: *Khayri.*

KIBBE (Nativo americano) "Pájaro nocturno".

KILLIAN (Irlandés) "Conflicto". Variantes: *Kilian, Killie, Killy.*

KIM (Vietnamita) "Oro".

KIMBALL (Inglés) "Líder en la guerra". Variantes: *Kim, Kimbal, Kimbell, Kimble.*

KINCAID (Celta) "Líder en la guerra".

KIRAL (Turco) "Rey".

KIRAN (Hindú) "Rayo de luz".

KIRBY (Inglés) "Pueblo de la iglesia". Variantes: *Kerbey, Kerbi, Kerbie, Kirbey, Kirbie.*

KIRIL (Griego) "El Señor". Variantes: *Kirillos, Kyril.*

KIRK (Escandinavo: noruego) "Iglesia". Kirk se convirtió en un nombre muy atractivo, debido al actor Kirk Douglas. Variantes: *Kerk, Kirke.*

KITO (Africano: swahili) "Joya".

KLAUS (Germánico) "Personas victoriosas". Variante de Nicolás. Entre los personajes más populares con este nombre están el actor Klaus Kinski y el omnipresente Santa Claus. Variantes: *Claes, Claus, Clause, Klaas, Klaes.*

KLEMENS (Polaco) "Tierno, compasivo". Variante: *Klement.*

KOFI (Africano: ghanés) "Nacido en viernes".

KOI (Nativo americano: choctaw) "Pantera".

KOJI (Japonés) "Niño".

KOLDO (Germánico) Forma vasca de Luis.

KONUR (Escandinavo) Antigua figura mitológica.

KORB (Germánico) "Cesta".

KOREN (Hebreo) "Resplandeciente".

KORNEL (Checo) "Cuerno". Variantes: *Kornek, Nelek.*

KORT (Escandinavo) "Sabio consejero".

KOSMY (Polaco) "Universo".

KOVAR (Checo) "Herrero".

KRISHNA (Hindú) "Agradable". Variantes: *Krisha, Krishnah.*

KUBA (Checo) "El segundo". Variante de Jacobo. Variante: *Kubo.*

KUMAR (Hindú) "Hijo".

KUN (Chino) "Universo".

KUPER (Hebreo) "Pelo rojo".

KYAN (Afroamericano) Variante de Ryan.

KYROS (Griego) "Maestro, señor".

LABÁN (Hebreo) "Blanco".

LADD (Inglés) "Hombre joven".

LADISLAO (Eslavo) "Señor glorioso".

LAEL (Hebreo) "Pertenece a Dios".

LAIRD (Escocés) "Líder de la tierra".

LAIS (Este de la India) "León".

LAL (Hindú) "Adorable".

LALLO (Nativo americano: kiowa) "Niño pequeño".

LAMBERTO (Germánico) "Tierra ilustre". Variantes: *Lambard, Lambert, Lampard.*

LANCELOT (Francés) "Sirviente". Variantes: *Lance, Lancelott, Launcelot.*

LANDELINO (Germánico) "Amante de su país".

LANDON (Inglés) "Prado de hierba".

LANDRY (Inglés) "Líder".

LANG (Nórdico) "Alto".

LANI (Hawaiano) "Cielo".

LAP (Vietnamita) "Independiente".

LARRY (Inglés) Originalmente es un apodo de Lawrence (Lorenzo), pero ya se considera un nombre independiente.

LARS (Escandinavo) "Coronado con laurel". Variante: *Larse.*

LASAIRIAN (Irlandés) "Llama". Variantes: *Laisrian, Laserian.*

LASZLO (Húngaro) "Famoso líder". Variantes: *Laslo, Lazuli.*

LATIMER (Inglés) "Intérprete".
Variantes: *Latymer*.

LAUREANO (Latín) "Coronado de laurel, triunfador".

LAVI (Hebreo) "León".

LÁZARO (Hebreo) "Ayuda de Dios". Variantes: *Eleazer, Laza, Lazare, Lazarus, Lazzro*.

LEANDRO (Griego) "Hombre león". Variantes: *Leander, Leandre, Leandros*.

LEBEN (Hebreo) "Vida".

LEE (Inglés) "Prado". Al parecer, el nombre de Lee siempre ha sido muy popular en los países anglosajones. Hoy en día, los padres que piensan que está un poco anticuado eligen la variante Leigh. Variante: *Leigh*.

LEI (Chino) "Trueno".

LEIBEL (Hebreo) "Mi león". Variante: *Leib*.

LEIF (Escandinavo: noruego) "Amado".

LEITH (Escocés) "Río ancho".

LEMUEL (Hebreo) "Devoto de Dios".

LEN (Nativo americano: hopi) "Flauta".

LENI (Polinesio) "Ahora".

LENNON (Irlandés) "Cabo".

LENNOX (Escocés) "Muchos olmos". Variante: *Lenox*.

LEO (Polinesio) "Protege". Variantes: *Leokau, Leontios, Leopold*.

LEÓN (Griego) "León". Variantes: *Leo, Leonas, Leone, Leonek, Leonidas, Leosko*.

LEONARDO (Germánico) "Intrépido como un león". Variantes: *Len, Lenard, Lennard, Lenny, Leonard, Leonek, Leonhard, Leonhards, Leonid, Leontes, Lienard, Linek, Lon, Lonnie, Lonny*.

LEÓNIDAS (Griego) "Valiente".

LEOPOLDO (Germánico) "Pueblo valiente". Variantes: *Leo, Leupold*.

LEOR (Hebreo) "Tengo luz".

LERON (Hebreo) "Mi canción". Variantes: *Lerone, Liron, Lirone, Lyron*.

LEROY (Francés) "El rey".

LESLIE (Escocés) "Prado bajo". Un Leslie famoso, que conservó su nombre, fue el actor Leslie Howard. Sin embargo, Bob Hope, que también se llamaba así, se lo cambió. Variantes: *Les, Leslea, Lesley, Lesly, Lezly*.

Nombres escandinavos y tradiciones culturales

Muchos de los nombres que elegimos para nuestros hijos derivan de nombres similares, y en ocasiones idénticos, de otras culturas.

Los nombres escandinavos son ciertamente originales, aunque no tan diferentes en muchos casos.

Aquí hay algunos de los nombres escandinavos más populares para niños y niñas, por orden alfabético.

NOMBRES DE NIÑO	NOMBRES DE NIÑA
Anders	Anna
Bjorn	Astrid
Dag	Berta
Eric	Britta
Gunnar	Christina
Gustaf	Dagmar
Hans	Eisabeth
Ingvar	Erna
Jens	Eva
Karl	Grete
Lars	Heide
Nils	Inga
Olaf	Ingrid
Oskar	Kari
Per	Karin
Rolf	Margareta
	Merete
	Siane
	Ulla
	Ulrika

LEVÍ (Hebreo) "Pegado".
Variantes: *Levey, Levin, Levon, Levy.*

LEWIN (Inglés) "Querido amigo".

LEX (Inglés) Lex es una versión abreviada de Alexander que se ha convertido en un nombre por sí mismo.

LI (Chino) "Fuerza".

LIANG (Chino) "Bueno".

LIBERTO (Latín) "Libre".

LIBORIO (Latín) "Libertad".

LIEM (Vietnamita) "Honesto".

LI-LIANG (Chino) "Poderoso".

LINTON (Inglés) "Ciudad de tilos".

LINO (Griego) "Lino".

LIONEL (Latín) "Pequeño león". Variantes: *Leonel, Lionell, Lionello, Lonell, Lonnell.*

LISIATE (Polinesio) "Rey valeroso".

LISTER (Inglés) "Tintorero".

LIU (Africano) "Voz".

LLOYD (Galés) "Gris" o "sagrado". Variante: *Loyd.*

LOCHAN (Hindú) "Ojos".

LODUR (Escandinavo) Antigua figura mitológica.

LOGAN (Irlandés) "Hoyo en un prado".

LONG (Vietnamita) "Dragón".

LOPAKA (Hawaiano) "Brillante y famoso".

LORENZO (Latín) "Coronado de laurel". San Lorenzo fue un mártir del siglo III. Variantes: *Larry,*

Laurance, Laurence, Laurencio, Laurens, Laurent, Laurenz, Laurie, Lauris, Laurus, Lawrance, Lawrence, Lawrey, Lawrie, Lawry, Loren, Lorence, Lorencz, Lorens, Lorin, Lorry, Lowrance.

LORING (Germánico) "Hijo de un famoso soldado". Variante: *Lorring.*

LOT (Hebreo) "Oculto".

LOWELL (Inglés) "Lobo joven". Variante: *Lowel.*

LUBORNIR (Checo) "Gran amor". Variantes: *Luba, Lubek, Lubor, Luborek, Lubornirek, Lubos, Lubosek, Lumir.*

LUBOSLAW (Polaco) "Amante de gloria".

LUCAN (Irlandés) "Luz".

LUCAS (Latín) "Iluminado". Variantes: *Loukas, Luc, Lukas, Luke.*

LUCIANO (Latín) Variante de Lucas.

LUCIO (Latín) "Luz". Variantes: *Luca, Lucan, Lucca, Luce, Lucian, Luciano, Lucias, Lucien, Lucius.*

LUDOMIR (Checo) "Gente famosa". Variante: *Ludek.*

LUDVIK (Checo) "Famoso en la guerra".

LUDWIG (Germánico) "Famoso soldado".

LUIS (Germánico) "Famoso guerrero". Los reyes franceses son el mejor ejemplo de

¡ES NIÑO!

personajes ilustres con este nombre. Es un nombre tradicional que nunca cansa y que también gusta a los padres actuales. Variantes: *Lew, Lewe, Lotario, Lothair, Lothar, Lotario, Lou, Louis, Luigi.*

LUISTER (Africano) "El que escucha".

LUNN (Irlandés) "Fuerte; belicoso". Variantes: *Lon, Lonn.*

LUTALO (Africano: ugandés) "Guerrero".

LYMAN (Inglés) "El que vive en el prado". Variantes: *Leaman, Leyman.*

LYNCH (Irlandés) "Marino".

LYNDEN (Inglés) "Colina con tilos". Variantes: *Linden, Lyndon, Lynne.*

LISANDRO (Griego) "Liberador". Variante: *Lysander.*

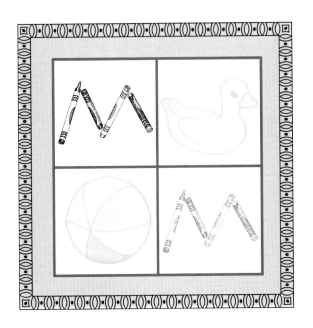

MACARIO (Griego) "Bendito". Variantes: *Macarios, Macario, Maccarios, Makar, Makarius.*

MACAULAY (Escocés) "Hijo del honrado".

MACKENZIE (Irlandés) "Hijo de un líder sabio". Variantes: *Mack, MacKenzie, Mackey, Mackie, McKenzie.*

MADDOX (Galés) "Generoso". Variantes: *Maddock, Madock, Madox.*

MADHAV (Hindú) "Joven".

MAFI (Polinesio) "Ganador".

MAGÍN (Latín) Nombre de etimología incierta, quizá derivado de "mago"o de "maximus".

MAGNUS (Irlandés) "Grande". Variantes: *Maghnus, Manus.*

MAHESH (Hindú) "Gran gobernante".

MAHIR (Árabe) "Capaz".

MAHMOUD (Hindú) "Merecedor".

MAIMUN (Árabe) "Afortunado".

MAJID (Hindú) "Magnífico". Variantes: *Magid, Majeed.*

MALAKI (Hawaiano) "Sirviente".

MALAQUÍAS (Hebreo) "Mensajero". Malaquías es un nombre bíblico y el nombre de un santo irlandés.

MALCOLM (Inglés) "Sirviente".

MALEKO (Hawaiano) "Belicoso".

MALIK (Hindú) "Rey". Variantes: *Maliq, Mallik.*

MALKAM (Hebreo) "Dios es su rey".

MALKI (Hebreo) "Mi rey".

MALUC (Hebreo) "Líder".

MAMUN (Árabe) "Fiel".

MANDEL (Germánico) "Almendra". Variante: *Mandell.*

MANFRED (Inglés) "Hombre de paz".

MANOA (Hebreo) "Descansar". Variantes: *Manoach, Manoah.*

MANSFIELD (Inglés) "Campo junto a un río".

MANSUR (Árabe) "Divina asistencia". Variante: *Mansour.*

MANUEL (Hebreo) "Dios está con nosotros". Variante de Emmanuel. Es el nombre dado al Mesías. Variantes: *Emmanuel, Emmanuil, Immanuel, Manny.*

MARCELINO Nombre derivado de Marcos.

MARCELO (Latín) "Joven guerrero". Diminutivo de Marcos. Este nombre nos recuerda al atractivo actor italiano protagonista de *La dolce vita:* Marcello Mastroianni. Variantes: *Marceau, Marcel, Marcelin, Marcellus.*

MARCIAL (Latín) "Guerrero".

MARCOS (Latín) "Belicoso". Es un nombre bastante frecuente en nuestro país y en Italia, como casi todos los nombres bíblicos. Variantes: *Marc, Marco, Marcos, Marcus, Marko, Markos..*

MARDEN (Inglés) "Valle con un estanque".

MAREK (Checo) "Belicoso". Variantes: *Marecek, Mares, Marik, Marousek.*

MARIANO (Latín) "Relativo de María".

MARID (Árabe) "Desafiante".

MARINO (Latín) "Del mar".

MARIO (Italiano) Variante masculina de María.

MARLEY (Inglés) "Prado junto a un lago". Variantes: *Marlea, Marleigh, Marly.*

MARLON (Francés) "Pequeño halcón". Variante: *Marlin.*

MARO (Japonés) "Yo mismo".

MART (Turco) "Nacido en el mes de marzo".

MARTÍN (Latín) "Relativo a Marte; belicoso". Martín siempre ha sido mucho más popular como apellido que como nombre. Entre los famosos con este nombre encontramos a Martin Luther King, quien irónicamente fue bautizado primero con el nombre de Michael. Variantes: *Mart, Martan, Martel, Marten, Martey, Martie, Martinas, Martiniano, Martinka, Martino, Martinos, Martins, Marto, Marton, Marty, Martyn, Mertin.*

MARVIN (Inglés) "Marino". Variantes: *Marv, Marvyn.*

MASAHIRO (Japonés) "Sabio".

MASAO (Japonés) "Sagrado".

MASUD (Árabe) "Afortunado". Variante: *Masiud.*

¡ES NIÑO!

MATAIO (Hawaiano) "Regalo de Dios". Variante: *Makaio.*

MATENI (Polinesio) "Guerrero".

MATEO (Hebreo) "Regalo del Señor". Nombre bíblico. Mateo es un nombre corriente tanto hoy en día como hace 2.000 años. Mateo es, quizá, el menos común de los nombres bíblicos tradicionales. En inglés, hay muchos actores llamados así: Matthew Broderick y Matt Dillon, por ejemplo. Variantes: *Mateus, Mathe, Mathew, Matthew, Mathia, Mathias, Mathieu, Matias, Matt, Matteo, Matthaus, Matthia, Matthias, Mattias, Matty.*

MATÍAS (Hebreo) Igual etimología que Mateo.

MATOK (Hebreo) "Dulce".

MAUI (Hawaiano) "El dios descubridor del fuego".

MAURICIO (Latín) "De piel oscura". Variantes: *Maurey, Maurice, Maurie, Mauris, Maurise, Maury, Morey, Morice, Morie, Moris, Moriss, Morrice, Morrie, Morris, Morriss, Morry.*

MAURO Igual etimología que Mauricio.

MAVERICK (Americano) "Inconformista".

MAXIMILIANO (Latín) "El más grande". Diminutivo de Máximo, aunque también podría derivar de la unión de Máximo y Emiliano.

Variantes: *Maksim, Maksimka, Maksum, Maximiliano, Massimo, Max, Maxi, Maxie, Maxim, Máxime, Maximilano, Maximillian, Maximino, Máximo, Máximos, Maxy.*

MÁXIMO (Latín) "El más grande"

MAYNARD (Inglés) "Gran fuerza". Variantes: *Maynhard, Meinhard, Menard.*

MAZI (Africano: nigeriano) "Señor".

MAZIN (Árabe) "Nube".

MECISLAV (Checo) "Padre glorioso". Variantes: *Mecek, Mecik, Mecislavek.*

MEDWIN (Germánico) "Amigo poderoso".

MEIR (Hebreo) "Brillante". Variantes: *Mayer, Meyer, Myer.*

MELCHOR (Hebreo) "Rey de la luz".

MELDON (Inglés) "Molino sobre una colina". Variante: *Melden.*

MELEC (Hebreo) "Gobernante".

MELVIN (Irlandés) "Gran jefe".

MENDEL (Hebreo) "Sabiduría". Variantes: *Mendeley, Mendell.*

MERED (Hebreo) "Rebelión".

MERFIN (Galés) Rey galés del siglo IX.

MERLÍN (Inglés) "Halcón". Merlín es el profeta y mago del universo artúrico. Es curioso destacar que Merlín surgió como nombre de niña, en la forma Merle, aunque poco a poco se fue haciendo más habitual su uso para los niños. La mujer más famosa con este nombre es la actriz Merle Oberon. Variantes: *Marlin, Marlon, Merle, Merlen, Merlinn, Merlyn, Merlynn.*

MERRICK (Inglés) "De piel oscura". Variante: *Merryck.*

MERVIN (Galés) "Colina marina". Variantes: *Mervyn, Murvin, Murvyn.*

METODIO (Griego) "Compañero de viaje."

MEYER (Germánico) "Granjero". Variante: *Mayer.*

MIGUEL (Hebreo) "¿Quién es como Dios?" Junto con Juan y José, Miguel es seguramente uno de los nombres de niño más populares en el mundo, en cualquier idioma. Es un nombre bíblico y también se menciona en el Corán. Famosos con este nombre encontramos miles: Miguel Ríos, Miguel Molina, Miguelito y, en inglés, Michael J. Fox, Michael Jackson, Michael Jordan y Michael Douglas, además de otros que usan variantes del nombre: Mickey Rourke, Mickey Rooney y Mick Jagger. Variantes: *Makis, Micah, Micha, Michail, Michak, Michal, Michalek, Michau, Michael, Micheal, Michel, Michele, Mick, Mickel, Mickey, Mickie, Micky, Mihail, Mihailo, Mihkel, Mikaek, Mikael, Mikala, Mike, Mikelis, Mikey, Mikhail, Mikhalis, Micos, Mikkel, Mico, Mischa, Misha, Mitch, Mitchel, Mitchell.*

MIKASI (Nativo americano: omaha) "Coyote".

MIKOLAS (Checo) "Pueblo victorioso". Variante: *Mikuls.*

MILAN (Hindú) "Reunión". En nuestro país es conocido con este nombre el escritor Milan Kundera, autor de *La insoportable levedad del ser.*

MILES (Inglés) "Soldado". Variantes: *Milo, Myles.*

MILLÁN Equivalente a Emiliano.

MILLER (Inglés) "El que muele cereal".

MILO (Germánico) "Generoso".

MILOSLAV (Checo) "Amor glorioso". Variantes: *Milda, Milon, Milos.*

MILOSLAW (Polaco) "Amante de gloria". Variantes: *Milek, Milosz.*

MILTON (Inglés) "Ciudad del molino".

MINH (Vietnamita) "Brillante".

MIQUEAS (Hebreo) "Quién como Yahvé".

MIROSLAV (Checo) "Gloria famosa". Variante: *Mirek.*

MIROSLAW (Polaco) "Gran gloria" Variantes: *Mirek, Miroslawy.*

MISAEL (Hebreo) "Lo que es de Dios".

MISU (Nativo americano: miwok) "Agua que fluye".

¡ES NIÑO!

Nombres
del Antiguo Testamento

Los nombres de los libros del Antiguo Testamento han supuesto una fuente de gran riqueza a la que han acudido muchos padres a la hora de elegir los nombres para sus hijos. Josué, Samuel, Joel, Malaquías, Ruth y Daniel son sólo algunos de esos nombres que representan siglos de historia y de respeto por el pasado.

Hoy, los nombres que eligen las familias judías para sus hijos están a menudo determinados por la corriente del judaísmo que practican. Los judíos ortodoxos suelen elegir el nombre bíblico exacto para sus hijos e hijas. Los de la corriente reformista y los no practicantes suelen elegir variantes de esos nombres, aunque a veces optan por un nombre compuesto por dos, y en estos casos el segundo es un nombre judío tradicional pero el primero no.

Algo que tienen en común tanto los judíos ortodoxos como los reformistas es la idea de que el nombre del bebé es el modo perfecto de honrar a un pariente fallecido. Los judíos ortodoxos tienden a reciclar el mismo nombre; los reformistas eligen con frecuencia un nombre moderno que empiece por la misma letra que el nombre del pariente.

Los judíos sefarditas del oeste de Europa y de Oriente Medio para elegir nombre suelen emplear una práctica que es común en Egipto: nombran a sus recién nacidos con el nombre de algún pariente que sigue vivo. Creen que así añaden años a la vida del adulto y aumentan la del bebé.

NOMBRES DE NIÑO

Abel: Hijo de Adán.
Adán: El primer hombre.

Daniel: Profeta.
Eleazar: Hijo de Aarón.
Elías: Profeta.
Gedeón: Héroe de los israelitas.
Isaac: Hijo de Abraham, marido de Rebeca.
Jafet: Hijo de Noé.
Jonás: Profeta engullido por una ballena.
José: Hijo de Jacob y Raquel.
Leví: Hijo de Jacob y Lea.
Mordecai: Tío de Esther.
Natán: Profeta.
Noé: Constructor del arca.
Set: Hijo de Adán.
Urías: Marido de Betsabé.

NOMBRES DE NIÑAS

Abigail: Esposa de David.
Betsabé: Esposa de Urías y luego de David.
Dalila: Amante de Sansón.
Eva: Esposa de Adán.
Hagar: Madre de Ismael.
Lea: Primera esposa de Jacob.
Noemí: Suegra de Ruth.
Raquel: Esposa de Jacob, madre de José y Benjamín.
Rebeca: Esposa de Isaac.
Ruth: Esposa de Booz.
Sara: Esposa de Abraham.

¡ES NIÑO!

MITSU (Nativo americano: osage) "Oso pardo".

MODESTO (Latín) "Modesto".

MOHAMMED (Árabe) "Muy alabado". Si hay un nombre popular en los países musulmanes, ése es Mohammed. Mohammed es el nombre del profeta del Islam, Mahoma, y la popularidad del nombre se explica seguramente con un antiguo proverbio musulmán: "Si tienes cien hijos, llámales a todos Mohammed". Uno de los más famosos portadores de este nombre es el boxeador Mohammed Alí. Variantes: *Ahmad, Amad, Amed, Hamdrem, Hamdum, Hamid, Hammad, Hammed, Humayd, Mahmed, Mahmoud, Mamad, Mehemet, Mehmet, Mohamad, Mohamed, Mohamet, Mamad, Mamad.*

MOHAN (Hindú) "Encantador".

MOISÉS (Hebreo) "Salvado de las aguas". Variantes: *Moise, Moisey, Mose, Moses, Mosese, Mosha, Moshe, Moss, Moyse, Moze, Mozes.*

MONTGOMERY (Inglés) "La montaña del hombre rico". Variantes: *Monte, Montgomerie, Monty.*

MORDECAI (Hebreo) Nombre que se suele dar a los niños nacidos durante la fiesta del Purim. Variantes: *Mordche, Mordechai, Mordi, Motche.*

MORGAN (Galés) "Grande y brillante". Variantes: *Morgen, Morrgan.*

MORI (Hebreo) "Mi guía". Variantes: *Morie, Moriel.*

MORLEY (Inglés) "Prado sobre un páramo". Variantes: *Moorley, Moorly, Morlee, Morleigh, Morly, Morrley.*

MORTIMER "Aguas tranquilas". Si Walt Disney hubiese seguido adelante con su primera idea de llamar Mortimer al ratón Mickey, habría muchos más Mortimer hoy.

MORTON (Inglés) "Ciudad junto a un páramo". Variante: *Morten.*

MOSI (Africano: swahili) "Primogénito".

MOSTYN (Galés) "Fuerte en un campo".

MUBARAK (Árabe) "Bendito".

MUHSIN (Árabe) "Generoso".

MUNGO (Escocés) "Amistoso".

MUNIM (Árabe) "Caritativo".

MUNIR (Árabe) "Luz brillante".

MURDOCH (Escocés) "Marinero". Variantes: *Murdo, Murdock, Murtagh.*

MUSAD (Árabe) "Afortunado".

MUSTAFÁ (Árabe) "Elegido". Variante: *Mustapha.*

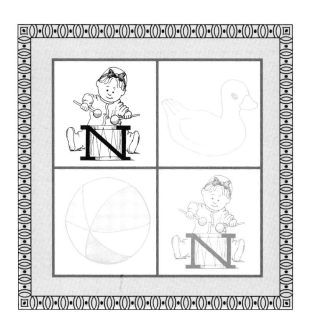

NABIL (Árabe) "Noble".

NADIM (Hindú) "Amigo".

NADIR (Hebreo) "Promesa".

NAHOR (Hebreo) "Luz". Variantes: *Nahir, Nahur, Nehor.*

NAIM (Árabe) "Feliz".

NAJIB (Árabe) "Listo". Variantes: *Nagib, Najeeb.*

NALIN (Hindú) "Loto".

NAMID (Nativo americano) "Bailarín de las estrellas".

NAMIL (Árabe) "Conseguir".

NAMIR (Hebreo) "Leopardo".

NARAIN (Hindú) "El dios hindú Visnú".

NARCISO (Griego) "Narciso".

NAREN (Hindú) "Hombre superior".

NARESH (Hindú) "Soberano de hombres".

NATALIO (Español) "Día del nacimiento". Es un nombre que en España se usa con frecuencia en femenino y apenas se oye en masculino. Variantes: *Natal, Natale.*

NATANE (Polinesio) "Regalo".

NATANAEL (Hebreo) "Regalo de Dios". Este nombre en inglés es Nathan y es un nombre habitual en los países anglosajones. Variantes: *Nat, Natan, Nataniele, Nate, Nathanial, Nathaniel, Nathen, Nathon, Natt, Natty.*

NAULEO (Polinesio) "Observador".

NAV (Húngaro) "Nombre".
NAVIN (Hindú) "Nuevo".
NAYATI (Nativo americano) "Luchador".
NAZARIO (Hebero) "Flor".

NEHEMÍAS (Hebreo) "Consuelo de Dios".
NEEL (Hindú) "Azul". Variantes: *Neelendra, Neelmani*.
NEHRU (Este de la India) "Canal".
NEIL (Irlandés) "Campeón". Entre los Neil famosos se incluye Neil Simon y Neil Young. Variantes: *Neal, Neale, Neall, Nealle, Nealon, Neile, Nelly, Neille, Neils, Nels, Niadh, Nial, Niall, Nialle, Niel, Niels, Nigel, Niles, Nilo*.
NELSON (Inglés) "Hijo de Neil". Un personaje muy conocido con este nombre es Nelson Mandela. Variantes: *Nealson, Neilson, Nilson, Nilsson*.

NEMESIO (Latín) "Justiciero".
NEMO (Hawaiano) "Suave".
NEN (Egipcio) "Espíritu".
NERÓN (Latín) "Fuerte". Variantes: *Nero, Nerone*.
NÉSTOR (Griego) "Viajero".
NEVIN (Irlandés) "Sagrado". Variantes: *Nev, Nevan, Nevins, Niven*.
NICANOR (Griego) "Victorioso".
NICOLÁS (Griego) "Vencedor del pueblo". Nicolás ha estado de moda durante las dos últimas décadas. San Nicolás es el patrón de los niños, conocido también como Santa Claus. Es un nombre que encaja con cualquier edad. Variantes: *Nic, Niccolo, Nichol, Nicholas, Nick, Nickolas, Nickolaus, Nicky, Nico, Nicolaas, Nicolai, Nikita, Nikki, Nikky, Niklas, Niklos, Niko, Nikolai, Nikolais, Nicolás, Nikolaus, Nikolo, Nikolos, Nikos, Nikula*.
NICODEMO (Griego) "Victoria del pueblo". Variante: *Nicodemus, Nikodemos*.
NICOMEDES (Griego) "Sopesar la victoria". Variante: *Nikomedes*.
NIGEL (Irlandés) "Campeón". Variante de Neil. Variantes: *Nigal, Nigiel, Nigil*.
NILO Río egipcio del mismo nombre.
NIMROD (Hebreo) "Rebelde".

La tendencia hacia los nombres étnicos

Si se busca un nombre para el bebé que suene algo exótico, pero que no sea más que una ligera variación de un nombre verdaderamente español, se puede elegir una variante del nombre de alguna nacionalidad en particular.

Por ejemplo, la variante inglesa de Guillermo es William, mientras que Paul se convierte en Pavel en polaco. Jane es Juana en español y es Jana en húngaro.

Claro que también se puede elegir un nombre perteneciente a nuestro propio origen étnico y que no se corresponda necesariamente con ningún equivalente español. Los nombres sudamericanos son relativamente frecuentes en la actualidad, así como algún nombre de origen árabe. También se puede elegir un nombre de algún grupo étnico con el que no compartamos raíces, pero que sencillamente nos guste.

Lo bueno de elegir un nombre étnico para el bebé es que no existen reglas: si te gusta el nombre, adelante. Como los españoles han tenido que emigrar en décadas anteriores y, como cada vez hay más extranjeros que vienen a vivir y trabajar a España, seguiremos expuestos a una creciente variedad de comunidades que provocarán mayor variedad entre los nombres que se elijan para los niños que van a crecer en ese país.

Además, estos nombres, antes exóticos, se oirán cada vez con más frecuencia, empezarán a formar parte de la lista de nombres corrientes y no destacarán tanto en los próximos años.

NIRAM (Hebreo) "Prado fértil".

NITIS (Nativo americano) "Buen amigo". Variante: *Netis*.

NOAM (Hebreo) "Delicia".

NOÉ (Hebreo) "Descanso". Variantes: *Noach, Noah, Noak, Noi, Noy*.

NOEL (Francés) "Nacimiento, Navidad".

NOLAN (Irlandés) "Pequeño orgulloso". Variantes: *Noland, Nolen, Nolin, Nollan, Nuallan*.

NORBERTO (Germánico) "Famoso norteño". Variante: *Norbert*.

NORMAN (Inglés) "Hombre del norte".

NORVAL (Escocés) "Pueblo del norte". Variantes: *Norvil, Norvill, Norville, Norvylle*.

NORVIN (Inglés) "Amigo del norte". Variantes: *Norvyn, Norwin, Norwinn, Norwyn, Norwynn*.

NOY (Hebreo) "Belleza".

NUMA (Árabe) "Amabilidad". Forma masculina de Naomí.

NUR (Árabe) Luz.

NUREN (Hindú) Brillantez.

NUÑO Nombre castellano de etimología incierta.

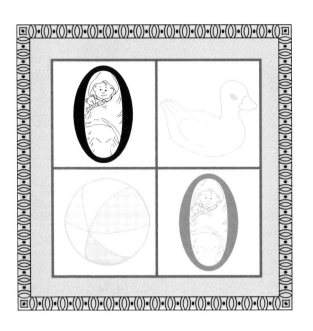

OBERON (Germánico) "Noble y parecido a un oso". Variantes: *Auberon, Auberron.*

OBERT (Germánico) "Rico y brillante".

OCTAVIO (Latín) "Octavo". Variantes: *Octave, Octavion, Octavien, Octavius, Octavo, Ottavio.*

ODELL (Inglés) "Colina arbolada". Variantes: *Ode, Odey, Odi, Odie.*

ODHRAN (Irlandés) "Verde pálido". Variantes: *Odran, Oran.*

ODIN (Escandinavo) Dios nórdico de un ojo.

OISIN (Irlandés) "Joven ciervo". Variantes: *Ossian, Ossin.*

OLAF (Escandinavo) "Antepasado". Olaf, o su variante castellana Olavo, es un nombre habitual en Noruega. A pesar de su prestigiosa historia –ha sido el nombre de al menos cinco reyes de Noruega–, no creo que se extienda este nombre en nuestro país. Variantes: *Olaff, Olav, Olave, Olen, Olin, Olof, Olov, Olyn.*

OLDRICH (Checo) "Rey noble". Variantes: *Olda, Oldra, Oldrisek, Olecek, Olik, Olin, Olouvsek.*

OLEG (Ruso) "Sagrado". Variante: *Olezka.*

OLEGARIO (Germánico) "Pueblo ilustre". Variante: *Othniel.*

ÓLIVER (Latín) "Olivo". Variantes: *Oliverio, Oliverio, Olivier, Olivor, Olley, Ollie, Olliver, Ollivor.*

Significados extraños al combinar el primer nombre, el segundo y el apellido

Existen personas que tienen la necesidad de ser diferentes. A veces intentan serlo poniendo un nombre quizá inadecuado a sus hijos.

Al elegir el nombre para un bebé debemos tener cuidado con el apellido, pues es fácil que, si no le prestamos un poco de atención, terminemos poniendo un nombre que tenga que sufrir nuestro hijo toda la vida. Todos hemos oído hablar de los casos más graciosos, como el de "Dolores Fuertes".

Algunas personas se dedican a buscar y a anotar nombres que en sí mismos son totalmente inocentes, pero que al combinarlos con el segundo nombre o con el apellido dan resultados bastante extraños.

Antes de poner el nombre a tu hijo, ten esto en cuenta. De todas formas puede resultar divertido encontrar algún ejemplo como curiosidad.

OMAR (Hebreo) "Elocuente". El más conocido es Omar Sharif. Variantes: *Omar, Omer.*

OMRI (Hebreo) "Sirviente de Dios".

ONÉSIMO (Griego) "Útil".

ONUR (Turco) "Dignidad".

ORAN (Irlandés) "Verde". Variantes: *Orin, Orran, Orren, Orrin.*

OREN (Hebreo) "Fresno". Variantes: *Orin, Orrin.*

ORESTES (Griego) "Montaña". Variantes: *Aresty, Oreste.*

OREV (Hebreo) "Cuervo".

ORIOL (Latín) "Dorado". Nombre muy popular en Cataluña.

ORIÓN (Griego) "Hijo de fuego o de luz; amanecer". Hijo mitológico de Poseidón.

ORLANDO (Germánico) "Tierra famosa". Variantes: *Ordando, Orland, Orlande, Orlo.*

ORMAN (Germánico) "Marinero". Variantes: *Ormand, Ormond, Ormonde.*

ORON (Hebreo) "Luz".

ORSON (Latín) "Como un oso". Variantes: *Orsen, Orsin, Orsini, Orsino.*

ORVIN (Inglés) "Amigo con una lanza". Variantes: *Orwin, Orwynn.*

ÓSCAR (Inglés) "Lanza divina". Es un nombre muy bonito y bastante frecuente entre nosotros. Variantes: *Oskar, Osker, Ossie.*

OSEI (Africano: ghanés) "Noble".

OSMAN (Polaco) "Dios protege".

OSMAR (Inglés) "Divino y maravilloso".

OSMOND (Inglés) "Divino protector". Variantes: *Osman, Osmand, Osmonde, Osmund, Osmunde.*

OSWALDO (Inglés) "Divino poder". Variantes: *Ossie, Osvald, Oswaldo, Oswall, Oswell.*

OSWIN (Inglés) "Divino amigo". Variantes: *Osvin, Oswinn, Oswyn, Oswynn.*

OTHMAN (Germánico) "Hombre rico".

OTIS (Inglés) "Hijo de Otto".

OTNIEL (Hebreo) "León de Dios". Variante: *Othniel.*

OTOKAR (Checo) "El que vigila su riqueza".

OTÓN (Germánico) "Adinerado". La variante Otto es popular sobre todo en Hungría, Alemania, Suecia y Rusia. Otra variante es Odón.

OVIDIO (Latín) "Oveja".

OWEN (Galés) "Bien nacido". Variantes: *Owain, Owin.*

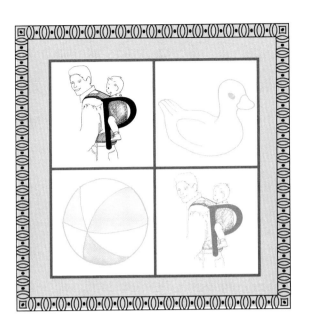

PABLO (Latín) "Pequeño". Otro de los grandes nombres españoles que pertenece al grupo de los más frecuentes, junto con José y Juan. Variantes: *Paul, Paulin, Paulino, Paulis, Paulo, Pauls, Paulus, Pauly, Pavel, Pavils, Pavlicek, Pavlik, Pavlo, Pavlousek, Pawel, Pawl, Pol, Poul.*

PACO (Español) Variante familiar de Francisco. Variantes: *Pacorro, Paquito.*

PADDY (Irlandés) Apodo de Patrick. Variantes: *Paddey, Paddie.*

PAGIEL (Hebreo) "Adora a Dios".

PALMER (Inglés) "Que lleva palmas".

PANCRACIO (Griego) "Poderoso, fuerte".

PANOS (Griego) "Roca".

PARRY (Galés) "Hijo de Harry".

PARVEZ (Hindú) "Feliz". Variantes: *Parvaiz, Parviz, Parwiz.*

PASCUAL (Latín) "De la Pascua". Variantes: *Pascal, Pascale, Pascalle, Paschal, Pascoe, Pascow, Pasqual, Pasquale.*

PATRICIO (Latín) "Noble." San Patricio (Patrick) es el patrón de Irlanda. Variantes: *Paddey, Paddie, Paddy, Padraic, Padraig, Padruig, Pat, Patek, Patric, Patrice, Patricius, Patrick, Patrik, Patricio, Patrizius, Patryk.*

PATXI Equivalente al castellano Francisco.

PAULINO Derivado de Paulo.

PEDRO (Griego) "Roca". Pedro es un nombre que pertenece

Nombres de Santos

Hasta las personas más ateas eligen para su bebé nombres de un santos.

Aunque los nombres de santos son habituales en los Estados Unidos, generalmente lo son sin tener en cuenta las proezas del santo en cuestión. En los países en los que la religión predominante es la católica, como Italia y España, la gente pone a sus bebés nombres de santos precisamente por estar relacionados con la religión, aunque muchos también los eligen por otros motivos: porque les gusta el nombre sin más, porque suena bien, porque se llamaba así su abuelo, etc.

En España se busca a menudo inspiración entre los santos para elegir un nombre. Sin embargo, cada región del país también tiene sus propios santos, bastante desconocidos en el resto del país, lo que significa que un nombre de santo que sea popular en Madrid, por ejemplo, puede ser raro en Valencia.

Aquí se ofrece una lista de santos seleccionados:

NOMBRES DE NIÑOS

Antón: Patrón de los animales domésticos.
Bernardo: Patrón de los fabricantes de velas.
Cristóbal: Patrón de los conductores.
Francisco: Patrón de los sordos.
Jorge: Patrón de los scouts.
Jerónimo: Patrón de los libreros.
Judas: Patrón de las causas perdidas.

¡ES NIÑO!

Martín: Patrón de los peluqueros.
Mateo: Patrón de los banqueros y contables.
Nicolás: Patrón de las novias.
Sebastián: Patrón de los arqueros y soldados.
Esteban: Patrón de los albañiles.
Vito: Patrón de los comediantes y bailarines.

NOMBRES DE NIÑAS

Inés: Patrona de las niñas.
Anastasia: Patrona de las tejedoras.
Ana: Patrona de las amas de casa y de las parturientas.
Apolonia: Patrona de los dentistas.
Brígida: Patrona de los escolares.
Catalina: Patrona del arte.
Cecilia: Patrona de los cantantes y los músicos.
Marta: Patrona de los cocineros.
Mónica: Patrona de las mujeres casadas y las madres.
Paula: Patrona de las viudas.

también al grupo de nombres más frecuentes en España. Mundialmente conocido es Pedro Almodóvar. Este nombre parece

ser uno de los más antiguos que existen. Entre los actores que llevan este nombre en la variante inglesa podemos citar a Peter O'Toole, Peter Sellers y Peter Ustinov. Pedro nunca ha sido un nombre moderno, pero es sólido como una roca, como su propio nombre indica. Variantes: *Pearce, Pears, Pearson, Pearsson, Peat, Peder, Peers, Peet, Peter, Peeter, Peirce, Petey, Petie, Petras, Petro, Petronio, Petros, Petter, Pierce, Piero, Pierre, Pierrot, Pierrson, Piers, Pierson, Piet, Pieter, Pietro, Piotr, Pyotr.*

PELAYO (Griego) "Hombre del mar". Variante de Pelagio.
PELLO Forma vasca de Pedro.
PERCEVAL (Inglés) "Perforar el valle". Variante: *Percival.*

PERCY (Inglés) "Prisionero del valle". Variantes: *Pearce, Pearcey, Pearcy, Percey.*
PERRY (Inglés) "Viajero".
PHINEAS (Hebreo) "Oráculo". Variante: *Pinchas.*
PINCHAS (Hebreo) "Boca de serpiente". Variantes: *Phineas, Phinehas, Pinchos, Pinhas.*
PÍO (Latín) "Pío, devoto".
PIRRO (Griego) "Pelo rojo".
PLÁCIDO (Latín) "Pacífico, tranquilo". El cantante Plácido Domingo ha sacado a la luz este nombre. Variante: *Placid, Placidus, Placyd, Plácydo.*
PLATÓN (Griego) "Ancho de hombros".
PÓLUX (Griego) "Corona". Variantes: *Pol, Pollack, Polloch, Pollock.*
POMPEYO (Latín) "Solemne".
PONCIO (Latín) "Mar".

PORFIRIO (Griego) "Piedra morada".
PRADOSH (Hindú) "Luz por la noche".

¡ES NIÑO!

PRAMOD (Hindú) "Alegría".

PRAVIN (Hindú) "Capaz".

PREMSYL (Checo) "Primero". Variantes: *Myslik, Premek, Premousek.*

PRESLEY (Inglés) "Prado del cura". Variantes: *Presleigh, Presly, Pressley, Prestley, Priestley, Priestly.*

PRESTON (Inglés) "Ciudad del cura".

PRIBISLAV (Checo) "Ayudar a glorificar". Variantes: *Priba, Pribik, Pribisek.*

PRICE (Galés) "El hijo de un hombre ardiente". Variante: *Pryce.*

PRIMO (Italiano) "Primer hijo". Variantes: *Preemo, Premo.*

PRÓSPERO (Latín) "Afortunado". Variante: *Prosper.*

PRUDENCIO (Latín) "Prudente".

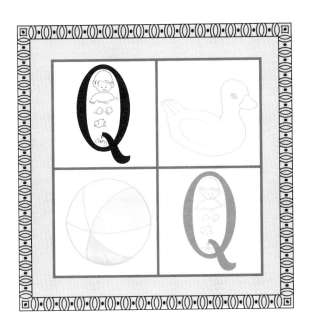

QABIL (Árabe) "Capaz".
QADIM (Árabe) "Antiguo".
QADIR (Árabe) "Talentoso".
QASIM (Árabe) "Proveedor".
QUIGLEY (Irlandés) "De pelo alborotado".
QUINLAN (Irlandés) "Hombre fuerte". Variantes: *Quindlen, Quinley, Quinlin, Quinly.*
QUINN (Irlandés) "Sabio". Variante: *Quin.*
QUINTÍN (Latín) "Quinto". Variantes: *Quent, Quentin, Quenten, Quenton, Quint, Quinten, Quintín, Quinton, Quito.*
QUIRICO Nombre mitológico griego.
QUIRIN (Inglés) "Conjuro mágico".
QUIRINO (Latín) Nombre dado a Rómulo tras su muerte. También, sobrenombre de Marte, dios romano de la guerra.
QUIRZE (Griego) Forma catalana de Quirico.
QUSAY (Árabe) "Distante". Variante: *Qussay.*

RABÍ (Hebreo) "Mi maestro".
RACHIM (Hebreo) "Compasión". Variantes: *Racham, Rachmiel, Raham, Rahim.*
RAD (Árabe) "Trueno".
RADCLIFF (Inglés) "Acantilado rojo". Variantes: *Radcliffe, Radclyffe.*
RADEK (Checo) "Famoso gobernante". Variantes: *Radacek, Radan, Radik, Radko, Radouvsek, Radovs.*
RADMAN (Eslavo) "Alegría".
RADOMIR (Checo) "Feliz y famoso". Variantes: *Radim, Radimir.*
RAFAEL (Hebreo) "Dios ha sanado". Es un nombre muy común en España y en Italia. El pintor italiano Rafael quizá sea el más conocido portador de este nombre. Variantes: *Rafel, Rafello, Raffaello.*
RAFAT (Árabe) "Misericordioso".
RAFFERTY (Irlandés) "Próspero". Variantes: *Rafe, Rafer, Raferty, Raff, Raffarty, Raffer, Raffi, Raffy.*
RAFIQ (Hindú) "Amigo". Variantes: *Rafee, Rafi, Rafiki.*
RAGHID (Árabe) "Alegre".
RAGNAR (Escandinavo) "Guerrero del juicio". Variantes: *Ragnor, Regner.*
RAGNER (Nórdico) "Poder". Variantes: *Rainer, Rainier, Rayner, Raynor.*
RAHIM (Hindú) "Compasivo".

RAHMAN (Árabe) "Compasivo". Variante: *Rahmet.*

RAIDEN (Japonés) "Dios del trueno".

RAIMUNDO (Sajón) "El que aconseja". La forma catalana es Raimon.

RAINIERO (Germánico) "Consejo".

RAMIRO (Germánico) "Consejo ilustre".

RAMÓN (Germánico) "Consejo ilustre". Es otro de nuestros nombres más comunes. Los escritores Ramón Gómez de la Serna y Juan Ramón Jiménez son dos ejemplos de este nombre. San Ramón Nonato es el patrón de las embarazadas. Variantes: *Raimondo, Raimund, Raimunde, Raimundo, Rajmund, Ramond, Ramone, Ray, Rayment, Raymond, Raymonde, Raymondo, Raymund, Raymunde, Raymundo, Reimond.*

RANDOLPH (Inglés) "Lobo con un escudo". Variantes: *Randal, Randall, Randel, Randell, Randey, Randie, Randil, Randle, Randol, Randolf, Randy.*

RANEN (Hebreo) "Canción alegre". Variante: *Ranon.*

RANIER (Inglés) "Poderoso ejército".

RANIT (Hebreo) "Canción".

RANJIT (Hindú) "Encantador".

RASHID (Turco) "Recto". Variantes: *Rasheed, Rasheid, Rashyed.*

RAÚL (Francés) "El consejo del lobo". El futbolista Raúl es probablemente el primero que nos viene a la mente y también es probable que a la mayoría de los padres y madres les gustaría que su hijo tuviera el éxito de este personaje. Variantes: *Ralph, Ralphie, Raoul, Raulas, Raulo. Rolf, Rolph.*

RAV (Hindú) "Dios del sol".

RAVINDRA (Hindú) "Poder solar".

RAY (Inglés) "Real". Variantes: *Rayce, Raydell, Rayder, Raydon, Rayford, Raylen, Raynell.*

RAYHAN (Árabe) "Favorecido por Dios".

REECE (Galés) "Fiero, celoso". Variantes: *Rees, Reese, Rhys.*

REGAN (Irlandés) "Pequeño rey". Variantes: *Reagan, Reagen, Regen.*

¡ES NIÑO!

Nombres del este de Europa y tradiciones culturales

Los nombres que ponen a sus hijos los padres de Rusia, Polonia, República Checa y otros países del este de Europa evocan maravillosas imágenes de niños y niñas con acentos guturales y exóticos.

Los nombres de Irina e Igor también me traen a la mente hombres y mujeres ancianos y sabios, sentados alrededor de una mesa de roble.

Hoy en día, los nombres eslavos siguen impregnados de romanticismo. Muchos nombres del este de Europa llevan el sufijo -slav o –slava, que en polaco se convierte en -slaw o -slawa. Slav y slaw significan "glorioso". Miroslaw significa "paz gloriosa", Jaroslava significa "primavera gloriosa" y Vaslav se traduce como "gloriosas riquezas".

Desde luego, no todos los nombres eslavos llevan este sufijo; otros nombres populares son Ludmilla, Pavel, Bela y Karel.

Estos son los diez nombres más populares del Este de Europa para niños y niñas:

NOMBRES DE NIÑOS	NOMBRES DE NIÑAS
Alexi	Galina
Dimitri	Irina
Feodor	Larisa
Igor	Lyudmila
Ivan	Marina
Konstantin	Natalia
Nicolai	Olga
Oleg	Sofia
Vladimir	Tatiana
Yuri	Yelena

REGIN (Escandinavo) "Juicio".

REGINALD (Inglés) "Gran consejero". Lo más frecuente es que los famosos nacidos como Reggie o Reginald se cambien el nombre por otro que les parezca más adecuado (como es el caso de Rex Harrison y Elton John). Variantes: *Reg, Reggie, Reginalt.*

REHOR (Checo) "Despertar". Variantes: *Horek, Horik, Rehak, Rehorek, Rehurek.*

REI (Japonés) "Ley".

REINALDO (Germánico) "Aquel cuya inteligencia gobierna". Variantes: *Ranald, Renald, Renaldo, Renauld, Renault,* *Reynold, Reynaldos, Reynolds, Rinaldo.*

REMIGIO (Latín) "Remero, navegante".

REMINGTON (Inglés) "Familia de cuervos". En España conocemos este nombre por la serie *Remington Steele.* Variantes: *Rem, Remee, Remi, Remie, Remmy.*

REMO (Latín) "Rápido".

RENATO (Latín) "Que ha vuelto a nacer". Variantes: *Renat, Renato, Renatus, René, Renne, Rennie, Renny.*

RENJIRO (Japonés) "Puro".

RENNY (Irlandés) "Pequeño y poderoso".

REUEL (Hebreo) "Amigo de Dios". Variante: *Ruel.*

REX (Latín) "Rey".

REXFORD (Inglés) Vado del rey.

REYES (Latínl) Nombre alusivo a la fiesta de la Epifanía. Es también, y con más frecuencia, nombre femenino.

REZ (Húngaro) "Pelo rojo".

RHETT (Galés) "Fiero". Variante: *Rhys.*

RICARDO (Germánico) "Fuerte gobernante". Variantes: *Dic, Dick, Dickie, Dicky, Ricard, Riccardo, Ricciardo, Rich, Richard, Richardo, Richards, Richart, Richerd, Richi, Richie, Rick, Rickard, Rickert, Rickey, Rickie, Ricky, Rico, Rihards, Riki, Riks, Riocard, Riqui, Risa, Ritch, Ritchard, Ritcherd, Ritchie, Ritchy, Rostik, Rostislav, Rostya, Ryszard.*

RIDLEY (Inglés) "Prado rojo". Variantes: *Riddley, Ridlea, Ridleigh, Ridly.*

RIGEL (Árabe) "Pie".

RILEY (Irlandés) "Valiente". Variantes: *Reilly, Ryley.*

RIORDAN (Irlandés) "Trovador". Variantes: *Rearden, Reardon.*

RITTER (Germánico) "Caballero".

RIVAI (Hebreo) "Conflicto".

RIYAD (Árabe) "Jardín".

ROALD (Germánico) "Famoso líder".

ROBERTO (Germánico) "Fama resplandeciente". Roberto es uno de los nombres más populares del mundo. Posee innumerables variantes en todos los idiomas. Entre los Robert famosos está Robert Kennedy, Robert Taylor, Robert Wagner, Robert Redford y Robert de Niro. Variantes: *Bob, Bobbey, Bobbie, Bobby, Riobard,*

Rob, Robb, Robbi, Robbie, Robbin, Robby, Robbyn, Rober, Robers, Robert, Roberts, Robi, Robin, Robinet, Robyn, Rubert, Ruberto, Rudbert, Ruperto, Ruprecht.

ROBINSON (Inglés) "Hijo de Roberto" Variantes: *Robbinson, Robeson, Robson, Robynson.*

ROCCO (Italiano) "Descanso". Este nombre nos puede recordar a la película italiana de Visconti *Rocco y sus hermanos.* Variantes: *Rock, Rockie, Rocky.*

ROCK (Inglés) "Roca". Variantes: *Rockford, Rockie, Rocky.*

RODNEY (Inglés) "Claro en la isla". Variantes: *Rodnee, Rodnie, Rodny.*

RODOLFO (Germánico) "Famoso lobo". El que quiera estar seguro de que su niño será un gran

seductor, puede ponerle este nombre. Todos recordarán al gran Rodolfo Valentino cuando lo llamen. El gran bailarín ruso Rudolph Nureyev también ha contribuido a extender este nombre. Variantes: *Rodolph, Rodolphe, Rolf, Rolfe, Rolle, Rollo, Rolph, Rolphe, Rudey, Rudi, Rudie, Rudolf, Rudolfo, Rudolph, Rudolpho, Rudolphus, Rudy.*

RODRIGO (Garmánico) "Famoso gobernante". Es un nombre relativamente frecuente en nuestro país. El nombre del Cid era Rodrigo Díaz de Vivar. En inglés también hay muchos personajes con este nombre: el actor Roddy McDowell y el

cantante Rod Stewart han atraído la atención sobre este nombre. Variantes: *Rod, Rodd, Roddie, Roddy, Roderic, Roderich, Roderick, Roderigo, Rodique, Rodrich, Rodrick, Rodrique, Rurich, Rurik.*

ROE (Inglés) "Corzo".

ROGAN (Irlandés) "Pelirrojo".

ROGELIO (Germánico) "Célebre lancero". Variantes: *Rodger, Roger, Rogerio, Rogerios, Rogers, Ruggerio, Ruggero, Rutger, Ruttger.*

ROGER Forma catalana del nombre anterior.

ROLDÁN (Germánico) "Tierra famosa". Variantes: *Roland, Rolando, Rolle, Rolli, Rollie, Rollin, Rollins, Rollo, Rollon, Rolly, Rolo, Rolon, Row, Rowe, Rowland, Rowlands, Rowlandson.*

ROMÁN (Latín) "De Roma". Variantes: *Romain, Romano, Romanos, Rómulo, Romulos, Romulus.*

ROMEO (Italiano) "Peregrino de visita en Roma".

RONALDO (Germánico) "Poderoso consejero". Recordemos con este nombre al futbolista Ronaldo. Variantes: *Ranald, Ron, Ronald, Ronn, Ronney, Ronnie, Ronny.*

RONEL (Hebreo) "Canción de Dios".

Los nombres más populares de los años 1970

Los nombres de los años setenta sí muestran ya con toda claridad el cambio producido en la sociedad española. Son nombres más atrevidos, nombres de orígenes diversos, más nombres judíos y en algunos casos se arriesgaban incluso a poner nombres ingleses.

Los años setenta son años de apertura, especialmente en la segunda mitad de la década.

NOMBRES DE NIÑO

Miguel	Pablo
Roberto	Gregorio
David	Ronaldo
Richard	Eduardo
Darío	Alberto
Esteban	Patricio
Cristóbal	Andrés
Marcos	Jorge
Guillermo	Ramiro
Eric	Ramón
José	Pedro
Daniel	Gerardo
Tomás	Francisco
Antonio	Jonathan
Ricardo	Lorenzo
Carlos	Aarón
Mateo	Felipe

NOMBRES DE NIÑAS

Susana	Sandra
Jennifer	Natalia
Linda	Teresa
Lisa	Melisa
Ángela	Vanessa
Pamela	Patricia
Cristina	Begoña
Débora	Erica
Lorena	Raquel
Julia	Ruth
María	Bárbara
Laura	Jacqueline
Maribel	Andrea
Estefanía	Rebeca
Carolina	Paula

ROONEY (Irlandés) "Pelirrojo". Variantes: *Roone, Roonie, Roony.*

ROQUE (Latín) "Roca".

RORY (Irlandés) "Rojo". Variantes: *Ruaidri, Ruairi, Ruaraidh.*

ROSCOE (Escandinavo) "Bosque de ciervos".

ROSENDO (Germánico) "Directo a la fama".

ROSS (Escocés) "Capa".

ROSTISLAV (Checo) "Atrapa la gloria". Variantes: *Rosta, Rostecek, Rostek.*

ROVER (Inglés) "Vagabundo".

ROWAN (Irlandés) "Rojo". Variante: *Rowen.*

ROY (Irlandés) "Rojo".

RUBÉN (Hebreo) "Dios ha visto mi aflicción". La mayoría de la gente considera el nombre de Rubén como un nombre bonito y adecuado para un niño. Pensemos en el Rubén bíblico, en el cantante Rubén Blades y en el poeta Rubén Darío. Variantes: *Reuban, Reuben, Reubin, Reuven, Reuvin, Rube, Rubin, Rubu.*

RUFINO (Latín) "Pelirrojo". Variantes: *Ruffus, Rufous Rufus.*

RUNE (Escandinavo) "Ciencia secreta".

RUPERTO (Germánico) "Fama brillante". Forma antigua de Roberto. Variantes: *Rupert, Ruprecht.*

RURIK (Escandinavo) "Famoso rey". Variantes: *Roar, Rorek, Roth, Rothrekr.*

RUUD (Escandinavo) "Famoso lobo".

RYAN (Irlandés) La creciente popularidad de Ryan pareció coincidir con la de Ryan O'Neill. Una vez más, un buen motivo para su popularidad es que se trata de un nombre irlandés y un apellido, todo en uno. Variantes: *Ryne, Ryon, Ryun.*

SABAS Nombre de origen desconocido. Antiguo nombre de Arabia.

SABINO (Latín) Nombre de un antiguo clan romano. Variantes: *Sabine, Sabin.*

SABIR (Árabe) "Paciente". Variantes: *Sabri.*

SAID (Árabe) "Feliz". Variantes: *Saeed, Saied, Saiyid, Sayeed, Sayid, Syed.*

SAJAN (Hindú) "Amable".

SAKHIR (Árabe) "Roca".

SALADINO (Árabe) "Virtuoso". Variantes: *Saladdin, Saladin, Salah, Saldin, Saleh, Salih.*

SALIM (Árabe) "Tranquilidad". Variantes: *Saleem, Salem, Salima, Selim.*

SALOMÓN (Hebreo) "Apacible". Variantes: *Salamen, Salamon, Salamun, Salaun, Salman, Salmon, Salom, Salomo, Salomón, Salomone, Selim, Shelomoh, Shlomo, Sol, Solaman, Sollie, Solly, Soloman, Solomo, Solomonas, Solomone.*

SALVADOR (Latín) "El que salva". Variantes: *Sal, Salvator, Salvatore.*

SAMAL (Hebreo) "Símbolo".

SAMARU (Japonés) "Sol".

SAMUEL (Hebreo) "Dios escucha". Variantes: *Sam, Sammie, Sammy, Samouel, Samuele, Samuello.*

SANCHO (Latín) "Sagrado". Variante de Santos. En España es nombre de reyes. El actor Sancho

Gracia es otro personaje conocido con este nombre.

SANDRO Variante italiana de Alejandro.

SANJAY (Hindú) "Ganador".

SANSÓN (Hebreo) "Sol". Variantes: *Sampson, Samson, Sansone.*

SANTIAGO (Hebreo) "El que suplanta". Variante de Jaime.

SANTOS (Español) "Santo". Nombre alusivo a la festividad de todos los santos.

SARIK (Hindú) "Pájaro".

SATURIO Variante de Sáturo, equivalente de Saturno.

SATURNINO (Español) "Relativo a Saturno". Variantes: *Sadurní.*

SATURNO Dios mitológico romano invocado para la siembra y la cosecha.

SAÚL (Hebreo) "El deseado".

SCOTT (Inglés) "Originario de Escocia". Entre los famosos llamados Scott destacan F. Scott Fitzgerald. Variantes: *Scot, Scottie, Scotto, Scotty.*

SEABERT (Inglés) "Mar resplandeciente". Variantes: *Seabright, Sebert, Seibert.*

SEAMUS (Irlandés) "El que suplanta". Variante de James. Variante: *Shamus.*

SEAN (Irlandés) "Dios es bueno". Variante de John. Hubo un momento en que empezó a hacerse popular también para niñas, aunque escrito de otras maneras, sobre todo Shawn. Los actores Sean Penn y Sean Connery pueden decir algo sobre ello. Variantes: *Seann, Shaine, Shane, Sahún, Shaun, Shawn, Shayn, Shayne.*

SEBASTIÁN (Latín) "De Sebastia, una antigua ciudad romana". Variantes: *Sebas, Sebbie.*

SEGISMUNDO (Germánico) "Que protege para la victoria".

SEGUNDO (Latín) "El segundo".

SEKAN (Africano: Zimbabwe) "Risa". Variante: *Sekani.*

SEKAR (Hindú) "Cima". Variante: *Shekhar.*

SELAH (Hebreo) "Canción".

SELBY (Inglés) "Casa solariega en el pueblo". Variante: *Shelby.*

Nombres famosos del rock and roll

Cada año, a medida que cambian los gustos musicales, cambia el nombre de millones de bebés. Pero con todos los diferentes tipos de música que han evolucionado desde el auge del rock and roll en los años cincuenta y sesenta, hay una nueva tendencia que no tiene nada que ver con los cantantes que triunfan: se trata de los nombres de los grupos con los que cantan.

También muchos artistas españoles se ponían el nombre de las estrellas del rock o elegían la variante inglesa o francesa de su nombre como nombre artístico.

Algunos de los nombres que destacaron entonces son Mariah, Whitney, Melissa, Enya y Alanis para las niñas. Pero curiosamente los nombres de niños relacionados con la música pop suelen ser bastante raros, ya que los chicos que alcanzan el éxito en este tipo de música suelen formar parte de un grupo, más que cantar en solitario.

NOMBRES DE NIÑOS	NOMBRES DE NIÑAS
Elton John	Alanis Morrisette
Elvis Presley	Annie Lennox
Ferddie Mercury	Bonnie Raitt
George Harrison	Chrissie Hynde
Jimmy Buffet	Janis Joplin
John Lennon	Joan Osborne
Kurt Cobain	Melissa Etheridge
Paul McCartney	Natalie Merchant
Robert Palmer	Sophie B. Hawkins
Bruce Springsteen	Tina Turner

SELDON (Inglés) "Valle de los sauces". Variantes: *Selden, Sellden.*

SELIG (Germánico) "Bendito". Variantes: *Seligman, Seligmann.*

SEM (Hebreo) "Famoso".

SENÉN Nombre de etimología dudosa.

SERAFÍN (Griego) "Ángel". (Hebreo) "Celoso". Variantes: *Serafino, Seraphim, Seraphimus.*

SERGIO (Latín) "Sirviente". Es un nombre frecuente en España. Variantes: *Serg, Serge, Sergei, Sergey, Sergi, Sergie, Sergius.*

SERVANDO (Latín) "El que respeta la ley".

SET (Hebreo) "Designado, elegido". Set fue el tercer hijo de Adán y Eva, y nació después de la muerte de sus hermanos mayores, Caín y Abel.

SETON (Inglés) "Ciudad marina". Variante: *Seaton.*

SEVERIANO (Latín) "Relativo a Severino".

SEVERINO (Latín) "Severo; de la familia de Severo". Variante: *Severen.*

SEVERO (Latín) "Serio, severo".

SHADI (Árabe) "Cantante".

SHAI (Hebreo) "Regalo".

SHAKIL (Hindú) "Apuesto". Variante: *Shakeel.*

SHAKIR (Árabe) "Agradecido". Variante: *Shukri.*

SHALEV (Hebreo) "Calma".

SHALMAI (Hebreo) "Paz".

SHALOM (Hebreo) "Paz". Variante: *Sholom.*

SHAMIN (Árabe) "Oloroso".

SIXTO (Latín) "Sexto". Es el nombre de muchos papas. Variante: *Sixtus.*

SHANDAR (Hindú) "Orgulloso".

SHANI (Hebreo) "Rojo".

SHANON (Hebreo) "Pacífico". Variante: *Shanan.*

SHARAD (Hindú) "Otoño".

SHARIF (Hindú) "Respetado". Variantes: *Shareef, Shereef, Sherif.*

SHELBY (Inglés) "Pueblo en un saliente". Variantes: *Shelbey, Shelbie.*

SHELDON (Inglés) "Valle empinado". Variantes: *Shelden, Sheldin.*

SHERIDAN (Irlandés) "Hombre salvaje". Variantes: *Sheredan, Sheridon, Sherridan.*

Los nombres de hombre compuestos

Es frecuente en España y Sudamérica que los nombres de hombre sean compuestos. Sin embargo, esta costumbre ha retrocedido mucho en España, al poder elegir entre una mayor variedad de nombres.

Francisco Javier
José Manuel
José María
Juan José
José Ramón
José Carlos
Juan Antonio
Juan Carlos
Luis Alberto
José Antonio

SHERLOCK (Inglés) "Pelo brillante". Variante: *Sherlocke, Shurlock.*

SHIMRI (Hebreo) "Mi protector".

SHIN (Coreano) "Confianza".

SHING (Chino) "Victoria".

SHIRO (Japonés) "Cuarto hijo".

SIAKI (Polinesio) "Dios es misericordioso". Variantes: *Sione, Soane, Sone.*

SIGFRIDO (Germánico) "Victoria y paz". Variantes: *Siegfried, Sigfredo, Sigfrid, Sigfroi, Sigifredo, Sigvard.*

SIGMUND (Germánico) "Escudo de victoria" El padre del psicoanálisis, Sigmund Freud, es el personaje más conocido con este nombre. Variantes: *Siegmund, Sigmond.*

SIGURD (Escandiavo) "Guardián de victoria". Variante: *Sjurd.*

SILVANO (Latín) "De la selva". Variantes: *Silas, Silva, Silvain, Silvan, Silvanus, Silvio, Sylas, Sylvain, Sylvan, Sylvanus.*

SILVESTRE (Latín) "Arbolado, selvático". Desde Stallone hasta el gato Silvestre este nombre es una verdadera fuente de imágenes y asociaciones. Variantes: *Silvester, Silvestro, Sly, Sylvester.*

SILVIO (Latín) "Selva".

SIMA (Hebreo) "Tesoro".

SIMBA (Africano: swahili) "León".

SIMEÓN (Hebreo) "Dios ha escuchado". Variante: *Shimon.*

SIMÓN (Hebreo) "Dios ha escuchado". Derivado de Simeón.

SIOR (Galés) "Granjero". Variantes: *Siors, Siorys.*

SIXTO (Latín) "Sexto".

SLAVOMIR (Checo) "Grande y famoso".

SLOAN (Irlandés) "Soldado". Variante: *Sloane.*

SÓCRATES (Griego) "Sano y fuerte". Nombre del gran filósofo griego. Variantes: *Socratis, Sokrates.*

SOFRONIO (Griego) "Prudente".

SOHAN (Hindú) "Encantador".

SON (Vietnamita) "Montaña."

SONGAN (Nativo americano) "Fuerte".

SONNY (Inglés) "Hijo". Variante: *Sonnie.*

SPENCER (Inglés) "Vendedor de mercancías". El más conocido es el actor Spencer Tracy. Variantes: *Spence, Spense, Spenser.*

STANLEY (Inglés) "Prado rocoso". El Stanley más famoso es el actor cómico Stan Laurel, de "el gordo y el flaco". Variantes: *Stan, Stanlea, Stanlee, Stanleigh, Stanly.*

STEPHEN (Griego) "Coronado". Posee la distinción de ser el nombre del protomártir cristiano san Esteban. En sus distintas variantes, encontramos a Steve McQueen, Stephen King y Steven Spielberg. La versión menos formal, Stevie, es reclamada por un músico muy conocido: Stevie Wonder. Variantes: *Esteban, Stefan, Stefano, Stefanos, Stefans, Steffan, Steffel, Steffen, Stefos, Stepa, Stepan, Stepanek, Stepek, Stephan, Stephane, Stephanos, Stephanus, Stephens, Stephenson, Stepka, Stepusek, Stevan, Steve, Steven, Stevenson, Stevie.*

STEWART (Inglés) "Administrador". Variantes: *Stew, Steward, Stu, Stuart.*

STIG (Escandinavo) "Vagabundo". Variantes: *Styge, Stygge.*

SUDHIR (Hindú) "Sabio".

SUHAYL (Hindú) "Estrella". Variante: *Suhail.*

¡ES NIÑO!

SUJAY (Hindú) "Victoria exitosa".

SULEIMÁN (Árabe) "Pacífico". Variantes: *Shelomon, Sililman, Sulaiman, Sulayman, Suleiman, Suleyman.*

SULLIVAN (Irlandés) "De ojos negros". Variantes: *Sullavan, Sullevan, Sulliven.*

SULLY (Inglés) "Prado del sur". Variantes: *Sulleigh, Sulley.*

SULWYN (Galés) "Sol brillante".

SUMAN (Hindú) "Listo".

SUNIL (Hindú) "Azul oscuro".

SURAJ (Hindú) "Sol".

SVATOSLAV (Checo) "Glorioso y santo".

SVEINN (Escandinavo) "Fuerte juventud". Variantes: *Svein, Sven, Svend, Svends.*

SWEENEY (Irlandés) "Pequeño héroe". Variante: *Sweeny.*

SWIETOSLAW (Polaco) "Gloria santa".

SYON (Hindú) "Feliz".

TABBAI (Hebreo) "Bueno".

TABIB (Turco) "Doctor".

TAD (Galés) "Padre". Variante: *Tadd*.

TADEO (Arameo) "El que alaba".
En España podemos encontrarlo
también como apellido. Variantes:
*Taddeo, Tadio, Thad, Thaddaus,
Thaddeus*.

TADI (Nativo americano: omaha)
"Viento".

TAHI (Polinesio) "Océano".

TAHIR (Árabe) "Puro, sin tacha".

TAI (Vietnamita) "Habilidad".

TAKESHI (Japonés) "Bambú".

TAL (Hebreo) "Lluvia". Variante:
Talor.

TALFRYN (Galés) "Colina
elevada".

TALMAI (Hebreo) "Surco".
Variante: *Talmi*.

TALOR (Hebreo) "Rocío de la
mañana".

TAMAN (Serbo-croata) "Negro".

TAMMANY (Nativo americano:
delaware) "Afable". Variante:
Tamaned.

TAN (Vietnamita) "Nuevo".

TANAY (Hindú) "Hijo".

TANI (Japonés) "Valle".

TARIK (Hindú) "Aldabón".
Variantes: *Taril, Tarin, Tariq*.

TARO (Japonés) "Primer varón".

TARSICIO (Griego) "Valiente".

TARUN (Hindú) "Joven".

TAU (Africano: Botswana) "León".

TAVI (Hebreo) "Bueno".

TAVISH (Irlandés) "Gemelo". Variantes: *Tavis, Tevis.*

TAYIB (Árabe) "Bueno".

TAYLOR (Inglés) "Sastre". Taylor ha ganado terreno en Estados Unidos, tanto para niños como para niñas. Variantes: *Tailer, Taylor, Tayler, Taylour.*

TEJOMAY (Hindú) "Glorioso". Variante: *Tej.*

TELEM (Hebreo) "Surco".

TELESFORO (Griego) "Mensajero a distancia".

TELMO Sobrenombre de San Pedro González, santo español del siglo XIII.

TEMAN (Hebreo) "A la derecha".

TEO (Polinesio) "Regalo de Dios".

TEOBALDO (Germánico) "Pueblo valiente". Variantes: *Thebaud, Thebault, Thibault, Thibaut, Tibold, Tiebold.*

TEODORICO (Germánico) "Líder del pueblo". Variante: *Thierry.*

TEODORO (Griego) "Regalo de Dios". Variantes: *Teodor, Ted, Tedd, Teddey, Teddie, Teddy, Tedor, Teodor, Theo, Theodor, Theodore.*

TEÓFILO (Griego) "Amigo de Dios". Variantes: *Teofil, Theophile.*

TERENCIO (Latín) Gentilicio romano. Terenci Moix llevaría la versión catalana de este nombre. La variante Terry es una variante de este nombre que empezó siendo exclusivamente masculina, pero con el tiempo se ha hecho igualmente popular para niños y niñas. Variantes: *Tarrance, Terence, Terance, Terenci, Terrence, Terrey, Terri, Terry.*

TERRILL (Germánico) "Seguidor de Thor". Variantes: *Terrall, Terrel, Terrell, Terryl, Terryll, Tirrell, Tyrrell.*

TESEO (Griego) Antigua figura mitológica.

THIASSI (Escandinavo) Antigua figura mitológica. Variantes: *Thiazi, Thjazi.*

THONG (Vietnamita) "Listo".

THOR (Escandinavo: noruego) "Trueno". Es uno de los nombres más populares de Dinamarca. Variantes: *Tor, Torr.*

THORALD (Escandinavo: noruego) "El que sigue a Thor". Variantes: *Thorold, Torald.*

THORER (Escandinavo) "Guerrero de Thor". Variante: *Thorvald.*

THUY (Vietnamita) "Tierno".

Nombres de animales y plantas de todo el mundo

Si nos fijamos bien en todos los nombres de este libro, parece que casi todas las culturas poseen sus nombres preferidos de la naturaleza para poner a los recién nacidos.

En Estados Unidos, por ejemplo, Fawn, que en inglés significa "cervato", ha sido muy popular para niñas y Leo –"león"– se ha empleado a menudo para niños. En Francia, Linette, que es un tipo de pájaro pequeño, es un nombre popular para niñas, y Numair, "pantera" en árabe, goza de gran popularidad entre los niños de la creciente población musulmana de Francia.

Los insectos no se suelen emplear, excepto en muchas tribus nativas americanas. En cambio, la fruta, la verdura y otras plantas son fuente habitual de nombres para niños y niñas en todo el mundo. Rimon es "granada" para los judíos y Ringo, "manzana" para los japoneses; los dos son nombres habituales de niños. Bakula es un tipo de flor en hindi y Algoma significa "valle de las flores" para los nativos americanos; ambos son nombres de niña.

Al ojear los miles de nombres de este libro, comprobarás que muchos de los nombres elegidos tienen su origen en una planta o un animal de una cultura determinada.

TIBOR (Eslavo) "Lugar sagrado". Variante: *Tiebout, Tybald, Tybalt, Tybault.*

TIBURCIO (Latín) "Habitante del Tibur".

TILDEN (Inglés) "Valle fértil".

TILFORD (Inglés) "Vado fértil".

TILL (Germánico) "Líder del pueblo".

TIMOTEO (Griego) "El que honra a Dios". Es un nombre que nos suena algo antiguo y en la actualidad es poco frecuente. Variantes: *Tim, Timothy, Timmothy, Timmy, Timo, Timofeo, Timon, Timote, Timoteo, Timotheus, Timothey, Tymmothy, Tymothy.*

TIMUR (Hebreo) "Alto".

TIPU (Hindú) "Tigre".

TITO (Latín) "El defensor".

TIVON (Hebreo) "Amante de la naturaleza".

TOAL (Irlandés) "Pueblo fuerte". Variantes: *Tuathal, Tully.*

TOBÍAS (Hebreo) "Dios es bueno". Variantes: *Tobe, Tobey, Tobia, Tobia, Tobie, Tobin, Toby.*

TODD (Inglés) "Zorro". Variante: *Tod.*

TOMÁS (Arameo) "Gemelo". Hoy en día, Tomás es un nombre tradicional popular en todo el mundo. Variantes: *Tam, Tameas, Thom, Thoma, Thomas, Thompson, Thomson, Thumas, Thumo, Tom, Tomaso, Tomasso,*

Tomaz, Tomcio, Tomek, Tomelis, Tomi, Tomie, Tomislaw, Tomm, Tommy, Tomsen, Tomson, Toomas, Tuomas, Tuomo.

TOMER (Hebreo) "Alto".

TOMLIN (Inglés) "Pequeño gemelo". Variante: *Tomlinson.*

TONI (Latín) Abreviatura de Antonio. Variantes: *Tony.*

TORCUATO (Latín) "Adornado con un collar".

TORIBIO (Griego) "Ruidoso".

TORIN (Irlandés) "Jefe".

TOROLF (Escandinavo) "El lobo de Thor". Variantes: *Thorolf, Tolv, Torolv, Torulf.*

TORU (Japonés) "Océano".

TOSHIRO (Japonés) "Habilidoso".

TOV (Hebreo) "Bueno". Variantes: *Tovi, Toviel, Toviya, Tuvia, Tuviah, Tuviya.*

TRAVIS (Francés) "Cobrador de peaje". Aunque es de origen francés, Travis suena a británico y se oye frecuentemente en Gran Bretaña. Variantes: *Traver, Travers, Travus, Travys.*

TREVOR (Galés) "Hacienda amplia". Variantes: *Trefor, Trev, Trevor, Trever, Trevis.*

TREY (Inglés) "Árbol".

TRISTÁN (Galés) Famoso personaje del folclore galés. Variante: *Tris, Tristam.*

TROY (Irlandés) "Soldado". Variantes: *Troi, Troye.*

TRUMAN (Inglés) "Leal". Variantes: *Trueman, Trumaine, Trumann.*

TULLY (Irlandés) "Pacífico". Variantes: *Tull, Tulley, Tullie.*

TULSI (Hindú) "Albahaca".

TURNER (Inglés) "Carpintero".

TYCHO (Escandinavo) "Sobre la huella". Variantes: *Tyge, Tyko.*

TYKE (Nativo americano) "Capitán".

TYLER (Inglés) "Fabricante de tejas". Variantes: *Ty, Tylar.*

TYNAN (Irlandés) "Oscuro".

TYR (Escandinavo) "Resplandeciente".

TYRONE (Irlandés) "Tierra de Owen". Variantes: *Tiron, Tirone, Ty, Tyron.*

TYSON (Inglés) "Tea". Variantes: *Tieson, Tison, Tysen.*

TZADIK (Hebreo) "Virtuoso". Variantes: *Tzadok, Zadik, Zadoc, Zadok, Zaydak.*

TZURIEL (Hebreo) Dios es mi roca. Variante: *Zuriel.*

UALTAR (Irlandés) "Gobernante del ejército". Variantes: *Uaitcir, Ualteir.*

UBALDO (Germánico) "Espíritu audaz".

UDAY (Hindú) "Aparecer". Variante: *Udayan.*

UDELL (Inglés) "Arboleda de tejos". Variantes: *Dell, Eudel, Udall, Udel.*

UDOLFO (Inglés) "Lobo adinerado". Variantes: *Udolf, Udolph.*

ULISES (Latín) "Colérico".

ULMER (Inglés) "Lobo famoso". Variantes: *Ullmar, Ulmar.*

ULPIANO Derivado de Vulpiano.

ULRIC (Germánico) "Fuerza de lobo". Variantes: *Ulrich, Ulrick, Ulrik, Ulrike.*

UMAR (Árabe) "Florecer".

UMBERTO Ver *Humberto*.

UNER (Turco) "Famoso".

UNKAS (Nativo americano: mohegan) "Zorro". Variantes: *Uncas, Wonkas.*

UNWIN (Inglés) "Enemigo". Variantes: *Unwinn, Unwyn.*

URBANO (Latín) "Hombre de la ciudad". Variantes: *Urbain, Urbaine, Urban, Urbane, Urbanus, Urvan.*

URI (Hebreo) "La luz de Dios". Variantes: *Uria, Uriah, Urias, Urie, Uriel.*

URIAN (Griego) "Cielo".
URIEL (Hebreo) "Mi luz es Dios".
URIEN (Galés) "Nacimiento privilegiado".
URVIL (Hindú) "Mar".
USAMA (Árabe) "León".

USTIN (Ruso) "Justo".
UTHMAN (Árabe) "Pájaro".
Variantes: *Othman, Usman.*
UTTAM (Hindú) "El mejor".
UZIEL (Hebreo) "Poderoso".
Variante: *Uzziel.*

VALDEMAR (Germánico) "Famoso líder".

VALENTÍN (Latín) "Fuerte". Variantes: *Val, Valentine, Valentino, Valentyn.*

VALERIO (Latín) "Fuerte, valiente".

VALERIANO (Latín) "Perteneciente a la familia Valerio". Variantes: *Valerie, Valerien, Valerio, Valery, Valeryan.*

VALIN (Hindú) "Soldado poderoso". En la religión hindú, Valin es el rey mono.

VANCE (Inglés) "Tierra pantanosa". Variantes: *Van, Vancelo, Vann.*

VANDA (Lituano) "Pueblo soberano". Variante: *Vandele.*

VANYA (Ruso) "Dios es bueno". Variante de Juan. Variantes: *Vanek, Vanka.*

VAREN (Hindú) "Superior".

VARESH (Hindú) "Dios es superior".

VARIL (Hindú) "Agua".

VARTAN (Armenio) "Rosa".

VARUN (Hindú) "Dios del agua". Variantes: *Varin, Varoon.*

VASIL (Checo) "Real". Forma de Basilio. El pintor Vasili Kandinsky quizá sea el más conocido con este nombre. Variantes: *Vasile, Vasilek, Vasili, Vasilios, Vasilis, Vasilos, Vasily, Vassily.*

VAUGHAN (Galés) "Pequeño". Quizá el personaje más famoso con este nombre fue el compositor británico Ralph Vaughan Williams. Variante: *Vaughn*.

VELESLAV (Checo) "Gran gloria". Variantes: *Vela, Velek, Velousek*.

VENANCIO (Latín) "Que caza".

VENCEL (Húngaro) "Guirnalda".

VENCESLAO (Checo) "Glorioso gobierno".

VENTURA (Latín) "Lo que tiene que ocurrir".

VICENTE (Latín) "El que conquista, el que vence". El nombre parece hoy un poco pasado de moda, pero creo que es un nombre atractivo para que los futuros padres lo tengan en cuenta. Variantes: *Vikent, Vikenti, Vikesha, Vin, Vince, Vincente, Vincenz, Vincenzio, Vincenzo, Vinci, Vinco, Vinn, Vinnie, Vinny*.

VÍCTOR (Latín) "Vencedor". Por su significado, Víctor era uno de los nombres más populares en época de los romanos y volvió a resurgir a principios de siglo XX. En España siempre ha sido uno de esos nombres que siempre están presentes. Variantes: *Vic, Vick, Victoir, Victorien, Victorino, Victorio,*

Víctor, Vitenka, Vitor, Vittore, Vittorio, Vittorios.

VICTORIANO Igual etimología que el anterior.

VIDAL (Latín) "Que tiene vida".

VIDOR (Húngaro) "Feliz".

VIRGILIO (Latín) Es el nombre del autor de *La Eneida*.

VILIAMI (Polinesio) "Protector".

VILJO (Escandinavo: finlandés) "Guardián".

VIMAL (Hindú) "Puro".

VINAY (Hindú) "Cortés".

VIRGILIO (Latín) Nombre de clan romano. Variantes: *Vergil, Virgil*.

VITAL (Latín) "Vida". Variante: *Vitalis*.

VITO (Latín) "Vivo".

VIVEK (Hindú) "Sabiduría". Variantes: *Vivekanand, Vivekananda*.

VLADIMIR (Eslavo) "Famoso príncipe". Variantes: *Vlad, Vladamir, Vladimeer, Vladko, Vladlen*.

VLADISLAV (Checo) "Glorioso gobernante". Variante: *Ladislav*.

VOLKER (Germánico) "Protector del pueblo".

VUI (Vietnamita) "Alegre".

WADE (Inglés) "Cruzar un río". Margaret Mitchell lo utilizó para su novela *Lo que el viento se llevó*.

WAGNER (Germánico) "Fabricante de vagones". Variante: *Waggoner*.

WAHTSAKE (Nativo americano: osage) "Águila."

WAIL (Árabe) "El que vuelve a Alá".

WAJIH (Árabe) "Extraordinario". Variante: *Waits, Wayte*.

WAKELEY (Inglés) "Prado húmedo". Variantes: *Wakelea, Wakeleigh, Wakely*.

WALCOTT (Inglés) "Cabaña junto a la pared". Variante: *Wallcot, Wallcott, Wolcott*.

WALDEN (Inglés) "Valle arbolado". Variante: *Waldon*.

WALDO (Germánico) "Ilustre gobernante".

WALERIAN (Polaco) "Fuerte". Variante: *Waleran*.

WALFRED (Germánico) "Gobernante pacífico".

WALID (Árabe) "Recién nacido". Variante: *Waleed*.

WALLACE (Escocés) "De Gales". Variantes: *Wallach, Wallie, Wallis, Wally, Walsh, Welch, Welsh*.

WALTER (Germánico) "Soberano del pueblo". Los Walter famosos incluyen a Walt Disney y al poeta Walt Whitman. Variantes: *Walt, Walter, Waltr, Watkin*.

WARDELL (Inglés) "Colina del vigilante".

WARREN (Germánico) "Amigo protector". El actor Warren Beatty ha insuflado un aire mundano a este nombre. Variantes: *Warrin, Warriner.*

WASIM (Árabe) "Atractivo".

WATSON (Inglés) "Hijo de Walter".

WAYA (Nativo americano: cherokee) "Lobo".

WEBLEY (Inglés) "Prado del tejedor." Variantes: *Webbley, Webbly, Webly.*

WEBSTER (Inglés) "Tejedor". Variantes: *Web, Webb, Weber.*

WELBY (Inglés) "Granja ribereña". Variantes: *Welbey, Welbie, Wellbey, Wellby.*

WELLS (Inglés) "Fuente de agua".

WEN (Armenio) "Nacido en invierno".

WENCESLAO Ver *Venceslao.*

WENDELL (Germánico) "Viajero". Variantes: *Wendel, Wendle.*

WERNER (Germánico) "Ejército defensor". Variantes: *Warner, Wernher.*

WESHLEY (Inglés) "Prado del oeste". Variantes: *Wes, Wesly, Wessley, Westleigh, Westley.*

WHALLEY (Inglés) "Bosque junto a una colina". Variante: *Whallie.*

WHITNEY (Inglés) "Isla blanca".

WHITAKER (Inglés) "Campo blanco". Variantes: *Whitacker, Whitaker.*

WIELISLAW (Polaco) "La gloria es grande". Variantes: *Wiesiek, Wiesiulek, Wiestaw.*

WILBUR (Germánico) "Brillante". Variantes: *Wilber, Wilbert, Wilburt, Willbur.*

WILDON (Inglés) "Valle salvaje".

WILFORD (Inglés) "Cruce del río junto a los sauces".

WILFREDO (Germánico) "Paz decidida". Variantes: *Wifredo, Wilfred, Wilfrid, Wilfried, Wilfrido, Wilfryd.*

WILNY (Nativo americano) "Águila que grita".

WILSON (Inglés) "Hijo de Will". Variante: *Willson.*

WIT (Polaco) "Vida".

WOLFGANG (Germánico) "Lucha entre lobos". Variante: *Wolfgango.*

WUNAND (Nativo americano) "Dios es bueno".

WYNN (Inglés) "Amigo". Variantes: *Win, Winn, Wynne.*

XAVIER (Inglés) "Casa nueva". Es la forma catalana de Javier.

XENÓN (Griego) "Invitado".

XENOPHON (Griego) "Voz extranjera".

XESCO Variante catalana de Francisco.

XIAOPING (Chino) "Batalla pequeña".

XIMO Variante catalana de Joaquín, sobre todo popular en Valencia.

XISCO Variante catalana de Francisco.

YAAR (Hebreo) "Bosque".
YADID (Hebreo) "Amado".
YADIN (Hebreo) "Dios juzgará". Variante: *Yadon*.
YAGO (Hebreo) "El que agarra por el talón". Es una de las variantes de Santiago. Yago un nombre muy frecuente, especialmente en Galicia, pues el día de Santiago (santo cuyo sepulcro se encuentra en la catedral de esta ciudad) es el día de esa Comunidad y también el día de las letras gallegas. De todas formas es un nombre que se oye en todas partes y en muchas lenguas: Yago era el malo de la obra de Shakespeare *Otelo*, pero quizá hoy se conozca más por ser el nombre del loro de la película de Walt Disney, *Aladdin*.
YAIR (Hebreo) "Dios enseñará". Variante: *Jair*.
YAKAR (Hebreo) "Querido". Variante: *Yakir*.
YAKIM (Hebreo) "Dios desarrolla". Variante: *Jakim*.
YAMAL (Hindú) "Uno de gemelos".
YAMIN (Hebreo) "Mano derecha". Variante: *Jamin*.
YANKA (Ruso) "Dios es bueno".
YANNIS (Griego) "Dios es bueno". Variante de Juan. Variantes: *Yannakis, Yanni, Yiannis*.
YARDLEY (Inglés) "Prado cercado". Variantes: *Yardlea, Yardlee, Yardleigh, Yardly*.

La importancia del segundo nombre en los compuetos

Si observamos los nombres compuestos anteriormente citados, podemos ver que ninguno de ellos es más importante o posee un carácter o una cualidad diferente. Ambos son nombres igual de tradicionales, y a veces igual de aburridos. Lo más probable es que hayan puesto los dos nombres por ser nombres de dos familiares; pero terminarán llamando al niño por el primero, por el segundo o por una abreviatura, pero sólo con un nombre.

YARIN (Hebreo) "Entender".

YASAR (Árabe) "Riqueza". Variantes: *Yacer, Yasir, Yasser, Yassir.*

YASUO (Japonés) "Calma".

YAZID (Africano: swahili) "Aumentar".

YEHOSHUA (Hebreo) "Dios es salvación". Variante: *Yeshua.*

YEHUDI (Hebreo) "Alabanza". El virtuoso violinista Yehudi Menuhin ha conseguido que este nombre sea familiar para muchos de nosotros. Variantes: *Yechudi, Yechudil, Yehuda, Yehudah.*

YEMON (Japonés) "Guardián".

YERIEL (Hebreo) "Fundado por Dios". Variante: *Jeriel.*

YERIK (Ruso) "Dios es exaltado". Variante de Jeremías. Variante: *Yeremey.*

YISRAEL (Hebreo) "Israel".

YITRO (Hebreo) "Abundancia". Variante: *Yitran.*

YMIR (Escandinavo) Antigua figura mitológica.

YONATAN (Hebreo) "Regalo de Dios".

YOSEF (Hebreo) "Dios aumenta". Variantes: *Yoseff, Yosif, Yousef, Yusef, Yusif, Yusuf, Yuzef.*

YOSHA (Hebreo) "Sabiduría".

YOSHI (Japonés) "Tranquilidad".

YUCEL (Turco) "Noble".

YUL (Chino) "Más allá del horizonte".

YUMA (Nativo americano) "Hijo del jefe".

YUNIS (Árabe) "Paloma". Variantes: *Younis, Yunus.*

YURI (Hindú) "Azucena".

YUSTYN (Ruso) "Justo".

¡ES NIÑO!

YUSUF (Árabe) "Dios aumentará".
Variantes: *Youssef, Yousuf, Yusef, Yusif, Yussef.*

YUVAL (Hebreo) "Arroyo".
Variante: *Jubal.*

YVES (Francés) "Madera de tejo". El diseñador Yves St. Laurent añadió glamour y elegancia a este distinguido nombre francés. Ivonne, la versión femenina de Yves, siempre ha sido más popular que la forma masculina del nombre. Variante: *Yvon.*

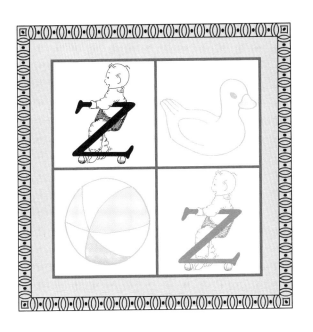

ZABULÓN (Hebreo) "Exaltar". Variantes: *Zebulon, Zebulun.*

ZACARÍAS (Hebreo) "El Señor ha recordado". Es un nombre que, aunque poco frecuente, todos conocemos por ser un nombre bíblico. Variantes: *Zacaria, Zach, Zacharia, Zachariah, Zacharias, Zacharie, Zachary, Zachery, Zack, Zackariah, Zackerias, Zackery, Zak, Zakarias, Zakarie, Zako, Zeke.*

ZAHIR (Hebreo) "Brillante". Variantes: *Zaheer, Zahur.*

ZAIM (Árabe) "General".

ZAKAI (Hebreo) "Puro". Variantes: *Zaki, Zakkai.*

ZALMAN (Hebreo) "Pacífico".

ZAMIEL (Germánico) "Dios ha oído". Variante de Samuel.

ZAMIR (Hebreo) "Canción".

ZANE (Inglés) "Dios es bueno". Variante de Juan. Variantes: *Zain, Zayne.*

ZAQUEO (Hebreo) "Puro".

ZAREK (Polaco) "Que Dios proteja al rey".

ZAVDIEL (Hebreo) "Regalo de Dios". Variantes: *Zabdiel, Zebedee.*

ZAYD (Árabe) "Aumentar". Variantes: *Zaid, Zayed, Ziyad.*

ZEBADIAH (Hebreo) "Regalo de Dios". Variantes: *Zeb, Zebediah.*

ZEDEKIAH (Hebreo) "Dios es justo". Variantes: *Tzedekia,*

El uso del diminutivo

A la mayoría de las personas nos cuesta hablar a los bebés con las mismas palabras y en el mismo tono de voz que empleamos para hablar, por ejemplo, con el jefe. Seguramente imitamos palabras infantiles, o cambiamos determinadas palabras porque creemos que esto hará que el bebé nos entienda mejor.

Los españoles simplemente añadimos el sufijo -ito (para niños) o -ita (para niñas) al final de la palabra.

Por ejemplo, Carlos se convierte en Carlitos y Pepa en Pepita. Del mismo modo, esa preciosa mano pasa de mano a manita por el mero hecho de pertenecer a un bebé.

El uso del diminutivo, por supuesto, no es exclusivo del idioma español. Sin embargo, si algo es cierto es que no importa el idioma en que se hable: las madres seguirán usando el diminutivo con sus hijos ya crecidos, para vergüenza de éstos.

Tzidikiya, Zed, Zedechiah, Zedekia, Zedekias.

ZEHEB (Turco) "Oro".

ZEKI (Turco) "Listo".

ZELIMIR (Eslavo) "Desea la paz".

ZENDA (Checo) "Bien nacido".

ZENÓN (Griego) "Generoso". Variantes: *Zenas, Zeno.*

ZEUS (Griego) "Viviente". Rey de lo dioses.

ZHUANG (Chino) "Fuerte".

ZINDEL (Hebreo) "Protector de la humanidad". Variante de Alejandro.

ZITOMER (Checo) "Ser famoso". Variantes: *Zitek, Zitousek.*

ZIVAN (Checo) "Vivo". Variantes: *Zivanek, Zivek, Zivko.*

ZOILO (Griego) "Vivo".

ZOLTIN (Húngaro) "Vida". Variante: *Zoltan.*

ZURIEL (Hebreo) "El Señor es mi roca".

¡ES NIÑA!

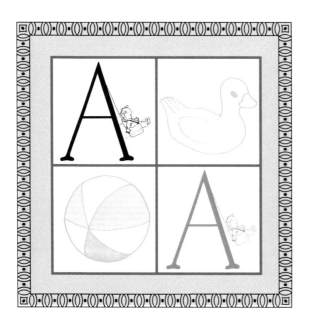

ABA (Africano: ghanés) "Nacida en jueves".

ABEGALIA (Hawaiano) "La alegría del padre". Versión hawaiana de Abigail. Variantes: *Abigaila, Apikaila.*

ABELIA (Hebreo) "Suspiro". Versión femenina de Abel. Variantes: *Abella, Abelle.*

ABENA (Africano: ghanés) "Nacida en jueves". Variantes: *Aba, Abana, Abina.*

ABEY (Nativo americano: omaha) "Hoja".

ABHA (Hindú) "Luz". Variantes: *Aabha, Aabhaa, Abhaa.*

ABIA (Árabe) "Grande".

ABIAH (Hebreo) "Dios es mi padre". Variantes: *Abiela, Abiella, Avia, Aviah, Aviela, Aviella, Aviya.*

ABIGAIL (Hebreo) "La alegría del padre". Abigail es un nombre de niña maravilloso. En la Biblia, es el nombre de la esposa del rey David. Variantes: *Abagael, Abagail, Abagale, Abbey, Abbi, Abbie, Abbigael, Abbigail, Abbigale, Abby, Abbye, Abbygael, Abbygail, Abbygale, Abigale, Abigayle, Avigail.*

ABIR (Árabe) "Aroma".

ABISHA (Hebreo) "Dios es mi padre". Variantes: *Abijah, Abishah.*

ABLA (Árabe) "Llena". Variante: *Ablah.*

ABRA (Hebreo) "Madre de muchos hijos". Variante femenina de *Abraham.*

ABRIL (Latín) "Abril". Nombre del mes.

ACACIA (Griego) "Honesta, sin malicia".

ACADIA (Nativo americano: micmac) "Pueblo".

ACANTHA (Griego) "Espina".

ACCALIA (Latín) Figura mitológica romana.

ADA (Hebreo) "Belleza".

ADALIA (Hebreo) "Dios como protector".

ADAMINA (Hebreo) Versión femenina de Adán. Dios hizo a Adán con tierra roja, por lo que el nombre también puede significar "tierra roja".

ADAMMA (Africano: nigeriano) "Criatura bonita".

ADANNA (Africano: nigeriano) "La hija del padre".

ADARA (Hebreo) "Noble". Variantes: *Adena, Adene, Adina, Adra.*

ADELA (Germánico) "Noble".

ADELAIDA (Gemánico) "De noble linaje".

ADELINA (Germánico) Diminutivo de Adela.

ADEOLA (Africano: nigeriano) "Corona". Variantes: *Adola, Dola.*

ADIA (Africano: swahili) "Regalo de Dios".

ADIBA (Árabe) "Cultivada, refinada". Variante: *Adibah.*

ADILA (Árabe) "Justa". Variante: *Adilah.*

ADINA (Hebreo) "Amable, delicada". Variantes: *Adeana, Adin, Adine.*

ADITI (Hindú) "Libre". Aditi es la madre mitológica de los dioses hindúes. Los hindúes la rezan a menudo para que bendiga el ganado y para pedir perdón.

ADIVA (Árabe) "Amable".

ADONIA (Griego) "Belleza". También es el nombre de un festival que se celebraba tras la cosecha anual. Nombre femenino del dios griego Adonis.

ADORACIÓN (Latín) "Veneración". Variantes: *Adoree, Adoria, Adorlee, Dora, Dori, Dorie, Dorrie.*

ADRASTEA (Griego) La ninfa que cuidó a Zeus cuando era un bebé.

¡ES NIÑA!

ADRIANA (Latín) Nombre de familia romana. Variantes: *Adriane, Adrianna, Adriannah, Adrianne, Adrien, Adriena, Adrienah, Adrienne.*

ADYA (Hindú) "Domingo".

AFRA (Latín) "Africana".

AFRAIMA (Hebreo) "Fértil".

ÁFRICA Continente del mismo nombre. Variante: *Afrika.*

AFRODITA (Griego) La diosa del amor y de la belleza.

AGALIA (Griego) "Feliz".

AGAPI (Griego) "Amor". Variantes: *Agape, Agappe.*

ÁGATA (Griego) "Buena". Ágata es la patrona de los bomberos y de las enfermeras pero, salvo por los aficionados a las novelas de Agatha Christie, la mayoría de los padres todavía arrugan la nariz si se les sugiere que elijan el nombre para sus hijas. Variantes: *Aga, Agace, Agacia, Agafia,*

Agasha, Agate, Agathe, Agathi, Agatta, Ageneti, Aggi, Aggie, Aggy, Akeneki.

AGAVE (Griego) "Noble".

AGLAYA (Griego) Antigua figura mitológica.

AGRIPINA (Latín) Si le pones este nombre a tu hija, debes asegurarte de que nació de pie, pues esto es lo que significa exactamente el nombre. Variantes: *Agrafina, Agripa, Agripine.*

ÁGUEDA Ver *Ágata.*

AGUSTINA (Latín) "Venerable".

AHULANI (Hawaiano) "Altar celestial".

AI (Japonés) "Amor".

AIBBLIN (Irlandés) "Niña brillante, resplandeciente". Variantes: *Aibhlin, Ailbhe.*

AÍDA (Árabe) "Recompensa". También es el título de la conocida ópera del compositor italiano Giuseppe Verdi.

AIDAN (Irlandés) "Fuego". Aidan es un nombre andrógino, aunque más habitual para niños que para niñas. Variantes: *Aidana, Aydana, Edana.*

AIDEEN (Irlandés) Significado desconocido. Variantes: *Adene, Etain.*

AIKO (Japonés) "Pequeña".

AILA (Escandinavo: finlandés) "Luz brillante". Variantes: *Aile, Ailee, Ailey, Aili, Ailie, Ailis, Ailse.*

AILAINA (Escocés) "Roca".
Variantes: *Alaine, Alanis.*
AILBHE (Irlandés) "Blanco".
Variante: *Oilbhe.*
AILINE (Polinesio) "Paz". Variante:
Elina.
AILSA (Escocés) Nombre de
lugar; hay una isla en Escocia
llamada Ailsa Craig.

AIMILIONA (Irlandés)
"Trabajadora".
AIN (Árabe) "Tesoro".
AINA (Africano: nigeriano) "Parto
difícil".
AINE (Irlandés) "Alegre".
AINHOA (Vasco) Advocación
mariana del País Vasco.
AINTZANE (Vasco) Versión vasca
de Gloria.
AISONE (Vasco) Versión vasca de
Asunción.

ALAZNE (Vasco) Versión vasca
de Milagros.
AIRLEA (Griego) "Ligera, frágil".
Variante: *Airlia.*
AISHA (Árabe) "Vida". Quizá la
primera vez que los americanos
oyeron este nombre fue en la
canción *Isn't she lovely,* que Stevie
Wonder escribió en honor de su
hija Aisha. Variantes: *Aishah, Aisia,
Aisiah, Asha, Ashah, Ashia, Ashiah,
Asia, Asiah, Ayeesa, Ayeesah,
Ayeesha, Ayeeshah, Ayeisa.*
AIYANA (Nativo americano)
"Florecer eternamente".
AKELA (Hawaiano) "Noble".
AKILAH (Árabe) "Avispada".
AKIVA (Hebreo) "Refugio".
Variantes: *Kiba, Kibah, Kiva, Kivah.*
ALA (Hawaiano) "Olorosa".
ALAIA (Árabe) "Virtuosa".
ALAINE (Gaélico) "Roca". Versión
femenina de Alan.
ALALA (Griego) En la mitología
griega, Alala es la hermana de
Ares, el dios de la guerra.
ALAMEDA "Bosque de álamos".
ALANA (Hawaiano) "Flotar".
Variantes: *Alaina, Alani, Alanna,
Alayne, Alene, Alenne, Allane.*
ALANI (Hawaiano) "Naranja".
ALARICA (Griego) "Noble".
Variante: *Alarice.*
ALBA (Latín) "Amanecer".
Variantes: *Albane, Albina, Albine,
Albinia, Albinka, Alva.*

Nombres asiáticos y tradiciones culturales

En un país tan antiguo como China es de esperar que la práctica de nombrar a los bebés refleje el modo en que la gente tiende a honrar su pasado, determinados aspectos de su cultura o incluso antiguas supersticiones.

Por ejemplo, los padres chinos deciden a menudo ponerle al niño un nombre anodino para que los espíritus malignos pasen de largo precisamente por eso, porque su nombre es tan aburrido que no llamará la atención. Las niñas, sin embargo, suelen recibir el nombre de plantas o de criaturas de la naturaleza. En la cultura china, como en otras, los niños son mucho más apreciados que las niñas, sobre todo desde la ley del hijo único. Desgraciadamente, quizá los padres piensen que las niñas con nombres bonitos puedan atraer a esos espíritus malignos, lo que les permitiría intentar tener otro hijo y que, con suerte, fuera un niño.

En Japón, los padres ponen determinados nombres a sus hijos por otras razones. Pero, al igual que los padres chinos, las madres y padres japoneses tienden a poner nombres más descriptivos a las niñas que a los niños. Los niños japoneses reciben a menudo el nombre según el número que ocupan en la familia o por el deseo de los padres de que vivan una larga vida: Chi, que significa "mil" en japonés, es uno de esos nombres.

Las niñas japonesas reciben a menudo nombres que reflejan la actitud de la cultura japonesa hacia el sexo más hermoso: Kazu, que significa "dócil y leal", es uno de los favoritos. Las niñas también reciben nombres inspirados en la naturaleza, pero que reflejan las actitudes morales de la sociedad: Miyuki, o "nieve pura", es un ejemplo de ello.

ALBERTA (Germánico) "Noble". Alberto, su versión masculina, es un nombre habitual, pero Alberta no es corriente en español.

ALBINA (Italiano) "Blanca". Variantes: *Alba, Albertine, Albertyna, Albinia, Albinka, Alverta, Alvinia, Alwine, Elberta, Elbertina, Elbertine, Elbi, Elbie, Elby.*

ALCINA (Griego) "Bruja". Variantes: *Alcine, Alcinia, Alsina, Alsinia, Alsyna, Alzina.*

ALDA (Germánico) "Venerable". Variantes: *Aldabella, Aldea, Aldina, Aldine, Aleda, Alida.*

ALDARA (Griego) "Un regalo alado". Variante: *Aldora.*

ALDONZA (Español) "Dulce". El personaje de Aldonza Lorenzo, la Dulcinea de *El Quijote,* es tal vez la única que conozcamos muchos de nosostros.

ALEA (Árabe) "Honorable". Variante: *Aleah.*

ALEEN (Holandés) "Luz brillante". Variantes: *Aleena, Aleene, Aleezah, Aleine, Alena, Alene, Alisa, Alitza, Aliza, Alizah.*

ALEGRÍA (Español) Variantes: *Alegra, Allegria.*

ALEI (Hebreo) "Hoja".

ALEJANDRA (Griego) "La que defiende". Versión femenina de Alejandro. Alejandra y sus múltiples variantes siempre parecen haber tenido un aire elitista y altivo. En los años ochenta, la presencia de Alejandra y sus derivados estaba sin duda animada por el personaje Alexia, una de las variantes de este nombre, representado por Joan Collins en *Dinastía*. El nombre se ha asociado también desde hace mucho tiempo con la realeza, incluida la reina Victoria de Inglaterra, cuyo verdadero nombre era Alexandrina, y a la princesa Alexandra de Dinamarca. Variantes: *Alejandrina, Aleka, Aleksasha, Aleksey, Aleksi, Alesia, Aleska, Alessandra, Alessa, Alessi, Alex, Alexa, Alexanderia, Alexanderina, Alexena, Alexene, Alexi, Alexia, Alexie, Alexina, Alexiou, Alexis.*

ALEKA (Hawaiano) "Noble".

ALEMA (Hawaiano) "Alma".

ALESA (Hawaiano) "Noble". Variantes: *Aleka, Alika.*

¡ES NIÑA!

ALETHEA (Griego) "Verdad".
Variantes: *Alathea, Alathia, Aleethia, Aleta, Aletea, Aletha, Alethia, Aletta, Alette, Alithea, Alithia.*

ALEYDA (Griego) "Que es como Atenea".

ALFONSINA (Alemán) "Noble". Versión femenina de Alfonso. Variantes: *Alfonsia, Alonza, Alphonsine.*

ALFREDA (Inglés) "Consejera de ancianos". Versión femenina de Alfredo. De todas las versiones, quizá la más bonita sea Frida. Variantes: *Alfre, Afredah, Alfredda, Alfreeda, Alfrieda, Alfryda, Allfredda, Allfrie, Allfrieda, Allfry, Allfryda, Elfre, Elfrea, Elfredah, Elfredda, Elfreeda, Elfrida, Elfrieda, Elfryda, Elfrydah, Elva, Elvah, Freda, Freddi, Freddie, Freddy, Fredi, Fredy, Freeda, Freedah, Frida, Frieda, Friedah, Fryda, Frydah.*

ALHENA (Árabe) "Anillo".

ALICIA (Griego) "Verdad". Alicia sigue siendo un nombre popular. También se considera variante de Adela. La Alicia más importante para todos es el personaje del maravilloso cuento *Alicia en el País de las Maravillas*. Variantes: *Alesha, Alesla, Alisha, Alissa, Alycia, Alysha, Alyshia, Alysia, Llysha.*

ALIDA Variante de Hélida.

ALIMA (Árabe) "Fuerte". Variante: *Ahlima.*

ALINA (Ruso) "Nobleza; luz". Variantes: *Aleen, Aleena, Alenah, Aline, Alline, Allyna, Alyna, Alynah, Alyne, Leena, Leenah, Lena, Lenah, Lina, Lyna, Lynah.*

ALISA (Hebreo) "Felicidad". Aunque no existe mucha diferencia a primera vista entre Alicia y Alisa, el origen de cada nombre es completamente diferente. Los padres cristianos suelen preferir Alicia, mientras que los judíos eligen Alisa, porque sus orígenes están en el idioma hebreo. Variantes: *Alisah, Alisanne, Alissa, Alissah, Aliza, Allisa, Allisah, Allissa, Allissah, Allyea, Allysah, Alyssa, Alyssah.*

ALISON (Alemán) Diminutivo de Alice. Variantes: *Alisann, Alisanne, Alisoun, Alisun, Allcen, Allcenne,*

Allicen, Allicenne, Allie, Allisann, Allisanne, Allison, Allisoun, Ally, Allysann, Allysanne, Allyson, Alyeann, Alysanne, Alyson.

ALKA (Hindú) "Joven".

ALMA (Latín) "Criadora". Variantes: *Allma, Almah.*

ALMUDENA (Árabe) "Ciudad pequeña".

ALOHI (Hawaiano) "Brillante".

ALONA (Hebreo) "Roble". Variantes: *Allona, Allonia, Alonia, Eilona.*

ALONSA (Español) Variante: *Alonza.*

ALTAIR (Árabe) "Pájaro".

ALTEA (Griego) "Sanadora". Es un nombre suave y femenino. En España es el nombre de un agradable pueblo de Alicante. Variantes: *Altha, Althaea, Althea, Althaia, Altheta, Althia.*

ALVINA (Inglés) "Consejera de ancianos". Variantes: *Alvedine,*

Alveena, Alveene, Alveenia, Alverdine, Alvine, Alvineea, Alvinia, Alwinna, Alwyna, Alwyne, Elveena, Elvena, Elvene, Elvenia, Elvina, Elvine, Elvinia.

ALZBETA (Checo) "Consagrada".

AM (Vietnamita) "Luna".

AMA (Africano: ghanés) "Nacida en sábado". Variante: *Amma.*

AMADA (Latín) "Querida". Este nombre se oye mucho más, aunque tampoco demasiado, en su forma masculina.

AMADEA (Latín) Versión femenina de Amadeo, que significa "amante de Dios". Variantes: *Amadee, Amedee.*

AMAIA (Vasco) "Final".

AMAL (Árabe) "Esperanza". Variantes: *Amahl, Amahla, Amala.*

AMALA (Hindú) "Pura". Variante: *Amalaa.*

AMALIA (Germánico)"Mujer trabajadora".

AMALTEA (Griego) Antigua cabra mitológica.

AMANDA (Latín) "Digna de ser amada". Variantes: *Amandi, Amandie, Amandine, Amandy, Amata, Manda, Mandaline, Mandee, Mandi, Mandie, Mandy.*

AMARA (Griego) "Encantadora, niña inmortal". Variantes: *Amarande, Amaranta, Amarante, Amarantha, Amarinda, Amarra, Amarrinda, Mara, Marra.*

Cambios de nombre con el tiempo

Al ojear este libro, lógicamente pensamos en los nombres que nos llaman la atención por ser adecuados para nuestro bebé.

Pero ¿qué sucede si el bebé no está de acuerdo veinte años después, cuando ya sea adulto o adulta? ¿Y si cambiamos de idea más adelante? Muchas más personas de las que imaginamos deciden que ya han soportado bastante su viejo nombre y lo cambian, con todo el papeleo que eso supone.

En el caso de cambios de nombre en un niño, hay padres que adoptan un niño de otra nacionalidad y deciden darle un nombre que sea más español o que tenga alguna conexión con la tradición de la familia adoptiva. Las personas que adoptan bebés no suelen tener este problema, ya que el bebé normalmente cambia de nombre cuando se hacen cargo de él los nuevos padres.

Independientemente de la razón del cambio, en la mayoría de los casos se necesita un permiso judicial para cambiar el nombre de una persona legalmente. Para cambiar el nombre de un niño a veces basta con firmar un documento notarial que autorice el cambio.

A pesar de todos los trastornos que esto provoca hay personas que deciden cambiar de nombre y en la mayoría de los casos son muy reacias a revelar sus antiguos nombres.

AMARANTA (Latín) "Inmarchitable".

AMARILIS (Griego).

AMARIS (Hebreo) "Alianza de Dios". Variantes: *Amaria, Amariah*.

AMAYA (Aymará) "La hija muy querida". También es forma castellanizada de Amaia.

ÁMBAR (Inglés) "Piedra semipreciosa". Variantes: *Amber, Amberetta, Amberly, Ambur*.

AMBARISH (Hindú) "Santa".

Amalie, Amelcia, Ameldy, Amelie, Amelina, Amelinda, Amelita, Amella.

AMENTI (Egipcio) "Diosa del oeste". Variantes: *Ament, Iment*.

AMIDAH (Hebreo) "Moral". Variante: *Amida*.

AMIELA (Hebreo) "Pueblo de Dios". Variante: *Ammiela*.

AMINA (Árabe) "Honesta". Variantes: *Ameena, Aminah, Amine, Amineh, Amna*.

AMBROSINA (Griego) "Inmortal". Variantes: *Ambrosia, Ambrosine, Ambrosinetta, Ambrosinette, Ambroslya, Ambrozetta, Ambrozia, Ambrozine*.

AMELIA (Germánico) "Trabajadora". Variantes: *Amalea,*

AMINTA (Latín) "Guardiana". Variante: *Amynta*.

AMIRA (Árabe) "Líder". Variantes: *Ameera, Ameerah, Amira, Mera, Mira*.

AMISSA (Hebreo) "Amiga". Variantes: *Amisa, Amita*.

AMITA (Hindú) "Infinita". Variante: *Amiti.*

AMMA (Hindú) "Diosa madre". (Escandinavo) "Abuela".

AMOR (Latín) "Amor".

AMPARO (Latín) "Protección".

AMY (Inglés) "Amada". La autora Louisa May Alcott fue la primera americana en utilizar el nombre de Amy para su novela *Mujercitas*. Quizá por esta asociación, siempre pienso en Amy como en el nombre de una niña pequeña, y no una mujer adulta. Variantes: *Aimee, Aimie, Amada, Amata, Ami, Amice, Amie, Amil.*

ANA (Hebreo) "Gracia". Es el nombre de la madre de la virgen María. Ana y sus múltiples variantes fue uno de los nombres más habituales como primero o como segundo nombre, hasta que comenzó la locura por los nombres originales a finales de los años sesenta. Algunas conocidas con este nombre son Ana Belén, el personaje de *Don Juan Tenorio* doña Ana de Pantoja, Ana Karenina, Ana de Austria, Ana Bolena. Variantes: *Anita, Anitra, Anitte, Anna, Annah, Anne, Annie, Annita, Annitra, Annitta, Hannah.*

ANABEL (Inglés) "Adorable". Variantes: *Anabele, Anabell, Anabelle, Annabel, Annabell, Annabelle.*

ANAÍS (Hebreo) "Graciosa". Variante de Ana. Según la leyenda, fue una reina guaraní que dio la vida por su pueblo.

ANALA (Hindú) "Fuego". Variante: *Analoa.*

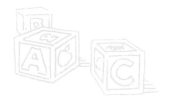

ANASTASIA (Griego) "Que resucita". Todos conocemos la película *Anastasia,* magníficamente interpretada por Yul Bryner e Ingrid Bergman. Variantes: *Anastace, Anastacia, Anastacie, Anastase, Anastasie, Anastasija, Anastasiya, Anastassia, Anastatia, Anastazia, Anastice, Anastyce.*

ANDELA (Checo) "Ángel". Variantes: *Andel, Andelka.*

ANDREA (Griego) "Mujer viril". Versión femenina de Andrés. Andrea siempre ha sido un nombre muy especial. Se utilizan también algunas de sus variantes, sobre todo Andie, por la actriz Andie MacDowell. Variantes: *Andera, Andra, Andreana, Andree,*

Estrechar el cerco de la elección

Si te has puesto a ojear en serio este libro y has marcado algunos de los nombres que te resultan especialmente atractivos, vas muy bien.

Algunos padres echarán un vistazo a un nombre y sabrán de inmediato que es el perfecto para el bebé. Sin embargo, la mayoría de los futuros padres no lo harán. Algunos suenan estupendamente, mientras que otros son una posibilidad entre miles. Otros padres piensan que hay tanto donde elegir que es prácticamente imposible llegar a alguna conclusión.

¿Qué hacer? ¿Cómo elegir entre cientos de nombres el del bebé?

Lo primero que hay que hacer es escribir los nombres que suenan bien junto con el apellido. Una vez que el padre y la madre hayan terminado esta tarea, lo pondrán en común para ver si por casualidad coinciden en algún nombre: ésta podría ser una señal para elegirlo.

Una vez elaborada la lista, el paso siguiente es pronunciar el nombre completo en voz alta para comprobar cómo suena. Después de todo, la criatura oirá ese nombre miles de veces durante toda su vida. Hay que asegurarse de que el nombre y los apellidos forman un todo.

Puede que hayas pensado en un segundo nombre. Aunque no sea tan importante como el primero elegido, sigue siendo una buena idea que vuelvas a comprobar cómo suenan juntos. Así pues, después de tener unas cuantas opciones de peso para el primer nombre, es hora de seleccionar algún segundo nombre que encaje en el conjunto.

¡ES NIÑA!

Andrea, Andrene, Andrette, Andria, Andriana, Andrianna, Andrienne, Andrietta, Andrina, Andrine.

ANDRÓMEDA (Griego) "La que medita".

ANDULA (Checo) "Gracia de Dios". Variante: *Andulka*.

ANEKA (Hawaiano) "Gracia". Variante: *Aneta*.

ANELA (Hawaiano) "Ángel".

ANESH (Checo) "Virginal, pura". Variantes: *Anesa, Anezk, Neska*.

ÁNGELA (Griego) "Mensajera de Dios, ángel". Es el nombre de un personaje de la obra de teatro de Calderón *La dama duende*. Las actrices Ángela Molina, Angie Dickinson y Anjelica Huston nos han proporcionado tres versiones diferentes del nombre. Variantes: *Aingeal, Ange, Ángel, Angele, Angelene, Angelia, Angélica, Angelika, Angelina, Angeline, Angelique, Angelita, Angie, Angiola, Angélica, Anjelica, Anngilla.*

ÁNGELES Advocación mariana.

ANGÉLICA Igual etimología que Ángela.

ANGUSTIAS Advocación mariana.

ANI (Hawaiano) "Preciosa".

ANILA (Hindú) "Niños del viento".

ANIMA (Hindú) "Pequeña".

ANINA (Hebreo) "Respuesta a una oración".

ANISAH (Árabe) "Amistosa". Variantes: *Anisa, Anise, Anisha, Anissa, Annissa.*

ANTIA (Griego) "Flor". Hera, la diosa romana del Olimpo, era llamada a menudo Antia. Variantes: *Ante, Annthea, Anthea.*

ANTÍGONA (Griego) Hija de Edipo y de Yocasta.

ANTONIA (Latín) "Inestimable". Versión femenina de Antonio. Es un nombre que fue muy frecuente en generaciones pasadas. El verdadero nombre de Sara Montiel es María Antonia Abad. Variantes: *Antoinette, Antonella, Antonetta, Antonette, Antonie, Antonieta, Antonieta, Antonina, Antonine, Tonelle, Tonette, Toney, Toni, Tonia, Tonie, Tony.*

ANUNCIACIÓN (Latín) "Anuncio". Pertenece al grupo de nombres de mujer relacionados con aspectos de la religión que son tan frecuentes en nuestro país. Variantes: *Annunciata, Annunziate, Anonciada, Anunciata, Anunziata.*

ANYA (Lituano) "Gracia de Dios". Variante: *Anyuta.*

ANZU (Japonés) "Albaricoque".

AOI (Japonés) "Malva".

AOLANI (Hawaiano) "Una nube en el cielo".

AONANI (Hawaiano) "Preciosa luz".

APOLONIA Versión femenina de Apolo. Variantes: *Abbelina, Abbeline, Abelone, Apolline, Apollinia, Appoline, Appolinia.*

APRIL (Inglés) "Abril". Muchos padres anglosajones eligen el nombre de April para las hijas nacidas en ese mes. Tal vez resulte demasiado obvio. Variantes: *Abrial, April, Aprilete, Aprilette, Aprili, Aprille, Apryl, Averil, Avril.*

AQUILINA (Griego) "Águila". Variantes: *Akilina, Acquilina.*

ARA (Árabe) "Lluvia". Variantes: *Ari, Aria, Arria.*

ARABELLA (Inglés) "En oración". Variantes: *Arabel, Arabela, Arbell, Arbella, Bel, Bella, Belle, Orabella, Orbella.*

ARACELI (Latín) "Altar en el cielo".

ARAMINTA (Inglés) Nombre literario creado en el siglo XVIII.

ARÁNTZAZU (Vasco) "¿Vos entre espinos?" Hace referencia a las palabras que, según la leyenda, pronunció el pastor a quien se apareció esta virgen.

ARCADIA (Griego) "Pastoril".
Variante: *Arcadie.*
ARELLA (Hebreo) "Ángel".
Variante: *Arela.*
ARETA (Griego) "Virtuosa".
Variantes: *Arete, Aretha, Arethi,
Arethusa, Aretina, Arteta, Arete.*
ARETHUSA (Griego) Ninfa del
bosque.
ARGENTINA (Latín) "De plata".
ARIANA (Galés) "Plata". Variantes:
Ariane, Arianie, Arianna, Arianne.
ARIADNA Nombre mitológico:
hija de Minos y Pasifae que se
enamoró de Teseo.
ARIEL (Hebreo) "Leona de Dios".
El nombre de Ariel irrumpió en
escena a principios de los años
noventa con la película *La sirenita*
de Disney. Ariel era conocida
anteriormente como un duende
del agua, así como un duende
masculino en *La tempestad* de
Shakespeare. Variantes: *Aeriel,
Aeriela, Ari, Ariela, Ariella, Arielle,
Ariellel.*
ARISTA (Griego) "Cosecha".
ARIZA (Hebreo) "Hecha de
madera de cedro".
ARLENE (Inglés) "Promesa". Allá
por los años cuarenta y cincuenta,
Arlene era uno de los nombres de
niña más populares en Estados
Unidos. Actualmente el nombre
sonará a la mayoría de los padres
como anticuado. Variantes: *Arleen,*

*Arlie, Arliene, Arlina, Arline, Arlise,
Arlys.*
ARNA (Hebreo) "Cedro".
(Escandinavo) "Águila". Variantes:
Arni, Arnice, Arnit.

AROA (Germánico) "Buena".
ARTEMISA (Griego) Diosa de la
caza. Variante: *Artemesia.*
ARTURINA (Gaélico) "Roca;
nobleza". Variantes: *Artheia,
Arthelia, Arthene, Arthuretta,
Arthurine, Artina, Artis, Artri.*
ASA (Japonés) "Mañana".
Variante: *Asako.*
ASCENSIÓN (Español)
"Elevación". Este nombre hace
referencia al episodio bíblico en
que Jesús asciende a los cielos.
ASHA (Hindú) "Deseo". Variante:
Ashia.
ASHIRA (Hebreo) "Adinerada".
ASHLEY (Inglés) "Fresno". Ashley
comenzó siendo un nombre de

niño, y se hizo popular con el personaje de Ashley Wilkes en *Lo que el viento se llevó.* Pero a partir de ese momento, Ashley pareció destinado a ser nombre de niña, seguramente debido a la sensibilidad del personaje de Margaret Mitchell. Poner hoy el nombre de Ashley a un niño es exponerle, casi con toda certeza, al ridículo diario, ya que Ashley es uno de los nombres de niña más populares en Estados Unidos. Variantes: *Ashely, Ashla, Ashlan, Ashlea, Ashlee, Ashleigh, Ashlie, Ashly, Ashton.*

ASIMA (Árabe) "Protectora".

ASPASIA (Griego) "Bienvenida". Variantes: *Aspa, Aspia.*

ASTERA (Hebreo) "Estrella". Variantes: *Asta, Asteria, Asteriya, Astra.*

ASTRAEA (Griego) "Cielo estrellado". Variante: *Astrea.*

ASTRID (Escandinavo) "Fuerza y belleza de un dios". Astrid es una gran alternativa a otro de los nombres noruegos de niña: Ingrid. Astrid, sin embargo, tiene un aire más dulce. Los padres deberían tenerlo en cuenta. Variantes: *Astrud, Astryd.*

ASUNCIÓN (Latín) "Acción de atraer hacia sí".

ATENEA (Griego) Diosa de la sabiduría. Variante: *Athena, Athene.*

ATHALIA (Hebreo) "Alabado sea el Señor". Variantes: *Atalia, Ataliah, Atalya, Athalee, Athalie, Athalina.*

ATIRA (Hebreo) "Oración".

ATRINA (Hawaiano) "Pacífica".

AUDREY (Inglés) "Nobleza y fuerza". Sin duda la actriz Audrey Hepburn fue responsable de popularizar este nombre a finales de los años cincuenta. Variantes: *Audey, Audi, Audie, Audra, Audre, Audree, Audreen, Audri, Audria, Audrie, Audry, Audrye, Audy.*

AUGUSTA (Latín) "Majestuosa". Versión femenina de agosto y Augusto. Variantes: *Agusta, Augustia, Augustina, Augustine, Augustyna, Augustyne, Austina, Austine, Austyna, Austyne.*

ÁUREA (Griego) "Dorada". Variantes: *Aura, Aure, Auria.*

AURELIA (Latín) "Como el oro". Variantes: *Arela, Arella, Aurene, Aureola, Aureole, Auriel, Aurielle.*

AURORA (Latín) Diosa romana del amanecer.

AVA (Inglés) "Como un pájaro". Al igual que Audrey, el nombre de Ava está para siempre ligado a una actriz: Ava Gardner. Variantes: *Aualee, Avah, Avelyn, Avia, Aviana, Aviance, Avilina, Avis, Aviva.*

AVANI (Hindú) "Tierra".

AVERY (Inglés) "Consejera de elfos".

AVI (Hebreo) "Mi padre". Variantes: *Avey, Avie, Avy.*

AYA (Hebreo) "Pájaro".

AYAH (Africano: swahili) "Brillante".

AYALAH (Hebreo) "Gacela". Variante: *Ayala.*

AYASHA (Árabe) "Esposa".

AYDA (Árabe) "Ayuda".

AYESHA (Persa) "Niña pequeña".

AYLA (Hebreo) "Roble". Variante: *Ayala.*

AYOKA (Africano: nigeriano). "Alegre".

AZA (Árabe) "Comodidad".

AZALEA (Latín) "Flor". Variante: Azalia.

AZRA (Hindú) "Virgen".

AZUCENA Advocación mariana.

AZZA (Árabe) "Gacela".

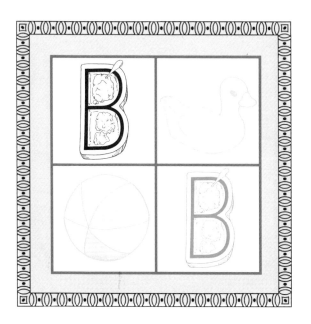

BAHATI (Africano: swahili) "Afortunada".

BALBINA (Latín) "Tartamuda".

BAO (Chino) "Preciosa".

BÁRBARA (Griego) "Extranjera". Bárbara es uno de los nombres de niña que empezaron a elegir para sus hijas los padres en los años setenta-ochenta; es más atrevido que los nombres que hasta entonces se elegían para las niñas. En España, tenemos a Bábara Rey. Otras Bárbara famosas son Barbara Stanwyck y Barbra Streisand. En cualquier caso y como parte de su legado, Bárbara ha dejado tras de sí numerosas variantes: *Babb, Babbett, Babbette, Babe, Babett, Babette, Babita, Babs, Barb, Barbary, Barbe, Barbette, Barbey, Barbi, Barbie, Barbra, Barby, Basha, Basia, Vaoka, Varenka, Varina.*

BASIA (Hebreo) "Hija de Dios". Variantes: *Basha, Basya.*

BASILIA (Griego) "Reina".

BASIMA (Árabe) "Sonreír". Variantes: *Basimah, Basma.*

BAT (Hebreo) "Hija". Variante: *Bet.*

BATHIA (Hebreo) "Hija de Dios".

BEATA (Latín) "Feliz, bienaventurada".

BEATRIZ (Latín) "Ella trae alegría". Quizá la Beatriz de Dante en *La Divina comedia* nos haga decidirnos por Beatriz si queremos un nombre muy literario para nuestra hija. Variantes: *Bea,*

Beatrice, Beatrisa, Beatrise, Beatrix, Beattie, Bebe, Bee, Beitris, Beitriss.

BEDRISKA (Checo) "Soberana pacífica".

BEGOÑA (Vasco) "Lugar del cerro dominante".

BEHIRA (Hebreo) "Luz brillante".

BEL (Hindú) "Madera de manzano".

BELÉN (Hebreo) "Casa del pan".

BELINDA (Inglés) "Dragón". Variante: *Belynda*.

BENEDICTA (Latín) "Bendita". Variante de Benita. Variantes: *Benedetta, Benedicte, Benedikta, Benedikte, Benetta, Benita, Benni, Benoite*.

BENA (Hebreo) "Sabia".

BENITA (Latín) "Bendita." Variantes: *Bena, Benitri, Bennie, Binnie*.

BERDINE (Griego) "Doncella resplandeciente".

BERENICE (Griego) "Ella trae la victoria". Variantes: *Bema, Beranice, Berenice, Bernelle, Bernetta, Bernette, Bernicia, Bernie, Bernyce*.

BERIT (Escandinavo) "Brillante".

BERNARDA (Germánico) "Valiente como un oso". Recordamos *La casa de Bernarda Alba*, de Federico García Lorca, cuando oímos este nombre. Por eso mismo puede que no sea el nombre adecuado para nuestra pequeña y dulce niña. Las variantes de este nombre quizá sean más apropiadas. Variantes: *Berna, Bernadene, Bernadett, Bernadette, Bernadina, Bernadine, Bernardina, Bernardine, Bernetta, Bernette, Berni, Bernie, Bernita, Berny*.

BERTA (Germánico) "Brillante". El nombre de "Gran Berta", dado a los cañones alemanes durante la Primera Guerra Mundial, ayudó a impregnar este nombre de connotaciones negativas en algunos países. Incluso mi abuela lo odiaba en el año 1930. Variantes: *Bertha, Berthe, Berti, Bertie, Bertilda, Bertilde, Bertina, Bertine, Bertuska, Bird, Birdie, Birdy, Birtha*.

BETA (Checo) "Gracia de Dios". Variantes: *Betka, Betuska*.

BETSABÉ (Hebreo) Nombre bíblico de la esposa de Urías y después de David. Variantes: *Bathseva, Batsheba, Batsheva, Batshua, Sheba*.

BETUEL (Hebreo) "Hija de Dios". Variante: *Bethuel*.

BETULA (Hebreo) "Mujer joven". Variantes: *Bethula, Bethulah, Betulah*.

BEVERLY (Inglés) "Arroyo del castor". Beverly es el ejemplo perfecto de un nombre que antes

Los verdaderos nombres de los famosos de Hollywood

Hollywood ha modulado por completo nuestra percepción de los nombres de los famosos.

Todavía recuerdo la risa que me entró al enterarme que Judy Garland se llamaba realmente Frances Gumm, y que Michael Caine era Maurice Micklewhite.

Aquí está el antes y el después de algunas conocidas celebridades:

ANTES	DESPUÉS
Allen Konigsberg	Woody Allen
Charles Buchinsky	Charles Bronson
Frederick Austerlitz	Fred Astaire
Betty Joan Perski	Lauren Bacall
Edna Rae Gillooly	Ellen Burstyn
Anthony Dominick	Tony Bennett
Cherilyn La Pierre	Cher
Vincent Damon Cramton	Alice Cooper
Doris Kappelhoff	Doris Day
Pauline Mathews	Kiki Dee
Joseph Levitch	Jerry Lewis
Marvin Lee Aday	Meat Loaf
Ferdinand Lewis	Kareem Abdul-Jabbar
Walter Palanuik	Jack Palance
Raquel Tejada	Raquel Welch

era exclusivamente masculino. En cuanto empezó a ponerse a las niñas, los padres lo abandonaron como nombre para sus hijos. Beverly fue un nombre muy popular para niñas durante la primera mitad del siglo XX en Estados Unidos. Variantes: *Bev, Beverelle, Beverle, Beberle, Beverley, Beverlie, Beverlye.*

BHARATI (Hindú) "Cuidada".
BHUMA (Hindú) "Tierra". Variante: *Bhumika.*
BIBIANA (Latín) "Activa".
BIDELIA (Irlandés) "Fuerte". Variantes: *Bedilla, Biddy, Bidina.*
BIENVENIDA (Español) "Bien recibida".
BILLIE (Inglés) "Protectora constante". Versión femenina de William. Billie Holiday es la persona más recordada con ese nombre. Variantes: *Billa, Billee, Billey, Billi, Billy.*
BINA (Hebreo) "Conocimiento". Variantes: *Bena, Binah, Byna.*
BINTI (Africano) "Hija".
BIRA (Hebreo) "Fortaleza". Variantes: *Biria, Biriya.*
BITHIA (Hebreo) "Hija de Dios".
BLANCA (Germánico) "De color blanco". Es un nombre frecuente en España. Es un nombre sencillo y muy bonito, tan adecuado para una niña como para una mujer adulta. Variantes: *Beanka, Bianca, Biancha, Bionca, Bionka, Blancha.*
BLASA (Latín) "Tartamuda".
BLIMA (Hebreo) "Florecimiento". Variantes: *Blimah, Blime.*
BLOSSOM (Inglés) "Flor".
BO (Chino) "Preciosa".
BOGDANA (Polaco) "Regalo de Dios". Variantes: *Boana, Bocdana, Bogna, Bohdana, Bohna.*
BOGUMILA (Polaco) "Gracia de Dios."
BOLESLAWA (Polaco) "Fuerte gloria".
BONNIE (Inglés) "Buena". Ha gozado de cierta popularidad gracias a las películas *Lo que el viento se llevó* y *Bonnie and Clyde.* Variantes: *Boni, Bonie, Bonne, Bonnebell, Bonnee, Bonni, Bonnibel, Bonnibell, Bonnibelle, Bonny.*

¡ES NIÑA!

BOSKE (Húngaro) "Azucena".

BRANCA (Portugués) "Blanca".

BREANA (Celta) "Fuerte". Versión femenina de Brian. Variantes: *Breann, Breanna, Breanne, Briana, Briane, Briann, Brianna, Brianne, Briona, Bryanna, Bryanne.*

BRENDA (Inglés) "En llamas". Versión femenina de Brendan. Variantes: *Bren, Brendalynn, Brenn.*

BRÍGIDA (Irlandés) "Fuerza". Variantes: *Birgit, Birgitt, Birgitte, Breeda, Brid, Bride, Bridgett, Bridgette, Bridgitte, Brigantia, Brighid, Brigid, Brigit, Brigitt, Brigitta, Brigitte, Brygitka.*

BRINA (Eslavo) "Defensora". Variantes: *Breena, Brena, Brinna, Bryn, Bryna, Brynn, Brynna, Brynne.*

BRIT (Celta) "Pecosa".

BRITANNY (Inglés) Es uno de los nombres de niña más populares en Estados Unidos desde mediados de los años ochenta. Variantes: *Brinnee, Britany, Britney, Britni, Brittan, Brittaney, Brittani, Brittania, Brittanie, Brittannia, Britteny, Brittni, Brittnie, Brittny.*

BROOKE (Inglés) "El que vive junto a un arroyo". La actriz y modelo infantil Brooke Shields inició la moda de este nombre para niñas en los años setenta. Variante: *Brook.*

BRUNILDA (Alemán) "Doncella con armadura que cabalga en la batalla". Variantes: *Brunhild, Brunhilde, Brunnhilda, Brunnhilde, Brynhild, Brynhilda.*

BRYN (Galés) "Montaña". Variantes: *Brinn, Brynn, Brynne.*

BUMMI (Africano: nigeriano) "Mi regalo".

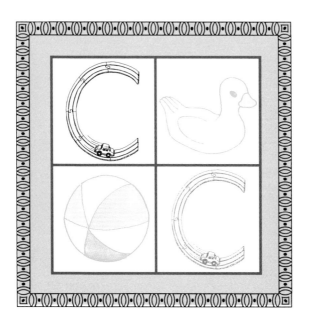

CAI (Vietnamita) "Niña".

CAILIN (Escocés) "Pueblo triunfador". Variantes: *Caelan, Caileen, Cailyn, Calunn, Cauleen, Caulin.*

CAITLIN (Irlandés) "Pura". Caitlin, formado al combinar Katherine y Lynn, se convirtió en un nombre muy popular en los años noventa. Variantes: *Caitlin, Caitlan, Caitlion, Caitlon, Caitlyn, Caitlynne, Catlin, Kaitlin, Kaitlyn, Kaitlynn, Kaitlynne, Katelin, Katelynn.*

CALA (Árabe) "Fortaleza".

CALANDRA (Griego) "Alondra". Variantes: *Cal, Calandria, Calendre, Calinda, Callee, Callie.*

CALATEA (Griego) Antigua figura mitológica.

CALÍOPE (Griego) Musa de la elocuencia y la poesía, su nombre significa "de la más bella voz".

CALISTA (Griego) "Preciosa". Variantes: *Cala, Calesta, Cali, Caliza, Calisto, Callie, Callista, Callista, Calysta, Kala, Kallie.*

CALLIDORA (Griego) "Belleza".

CALTHA (Latín) "Flor amarilla". Variante: *Kaltha.*

CALUMINA (Escocés) "Paloma". Variante: *Calaminag.*

CALIPSO (Griego) "Niña que se esconde". Ninfa griega.

CAMILA (Latín) "Joven que ayuda en la iglesia". El nombre de Camille solía tener un aura de desesperación por el personaje interpretado por Greta Garbo en

La dama de las camelias.
Variantes: *Cam, Cama, Camala, Cami, Camile, Camilia, Camilla, Camille, Cammi, Cammie, Cammy, Cammylle, Camila, Kamila, Kamika.*

CAMINO Advocación mariana.

CANDELARIA (Latín) "Vela".

CÁNDIDA (Latín) "Blanca". Variante: *Candide.*

CANDRA (Latín) "Radiante".

CAREY (Galés) "Cerca de un castillo". Carey también es habitual como nombre de niño. Variantes: *Caree, Carree.*

CARI (Turco) "Corriente suave".

CARIDAD (Latín) "Amor". Puede que en otro tiempo este nombre, junto con los nombres de Prudencia y Fe, haya causado sensación, pero en la actualidad es raro encontrarlo. Variantes: *Charita, Charitee, Charitey, Sharitee.*

CARINA (Griego) "Graciosa, amable". (Escandinavo) "Quilla de un barco". La cantante Karina lleva la variante escrita con k. Variantes: *Carena, Cariana, Carin, Carinna, Karina.*

CARISA (Griego) "Refinada". Variantes: *Carissa, Carisse.*

CARLA (Latín) "Mujer fuerte". Versión femenina de Carlos. Variantes: *Carli, Carlie, Carly, Carlye.*

CARLOTA (Alemán) "Mujer".

CARMEN (Hebreo) "Huerto". Nombre de advocación mariana muy español y muy frecuente en todas las épocas. Desde nuestras abuelas y tatarabuelas hasta ahora es probable encontrar más de una Carmen en cada familia. Entre las más conocidas podemos citar la Carmen de la ópera de Bizet, convertida en todo un símbolo. Otras conocidas con este nombre en la actualidad son Carmen Maura y Carmen Martín Gaite. Son frecuentes las variantes familiares Carmela y Carmina.

CAROL Variante de Carla. Variantes: *Carel, Carey, Cari, Carleen, Carlene, Carley, Carlin, Carlina, Carline, Carlita, Carlotta, Carlyn, Carlynn, Caro, Carol, Carola, Carole, Carolee, Caroll, Carri, Carrie, Carroll, Carry, Caru, Cary, Caryl, Caryle, Caryll, Carylle, Kari, Karie, Karri, Karrie, Karry, Karrye.*

CAROLINA Variante de Carla. Las más célebres son la princesa

¡ES NIÑA!

Carolina de Mónaco y la diseñadora Carolina Herrera. Con este nombre en inglés podemos encontrar a Caroline Kennedy.

CARON (Galés) "Amor". Una forma poco usual de escribir el nombre de Karen. Variantes: *Carren, Carrin, Carron, Carrone, Caryn, Carynn.*

CARYS (Galés) "Amada".

CASANDRA (Griego) "Protectora". Antigua figura mitológica. Variantes: *Casandera, Cass, Cassandre, Cassaoundra, Casson, Cassondra, Kasandera, Kasandra, Kass, Kassandra, Kassandre, Kassaundra, Kassie, Kasson, Kassondra.*

CASIA (Latín) "Casco".

CASILDA (Árabe) "Cantar".

CASTALIA (Griego) Ninfa mitológica.

CATALINA (Griego) "Pura". Catalina es un nombre rotundo y bonito pero poco frecuente, quizá porque es demasiado largo y difícil de abreviar en castellano. Catalinas famosas han sido Catalina de Aragón, Santa Catalina de Alejandría y la santa, mística y política Catalina de Siena. Variantes: *Catarina, Catarine, Cateline, Catharin, Catharine, Catharyna, Catharyne, Cathe, Cathee, Cathelin, Cathelina, Cathelle, Catherin, Catherina,* *Cathi, Cathie, Cathy, Catrin, Catrina, Catrine, Catryna, Caty.*

CECILIA (Latín) "Ciega". La canción *Cecilia* de Paul Simon seguramente hizo más por la fama de este nombre que la santa. Variantes: *C'Ceal, Cacilia, Cecely, Ceci, Cecia, Cecile, Cecilie, Cecille, Cecilyn, Cecyle, Cecilia, Ceil, Cele, Celenia, Celia, Celie, Celina, Celinda, Celine, Celinna, Celle, Cesia, Cespa, Cicely, Cicilia, Cycyl, Sessaley, Seelia, Seelie, Seely, Seslia, Sesseelya, Sessile, Sessilly, Sheelagh, Sheelah, Sheila, Sheilagh, Sheilah, Shela, Shelah, Shelia, Shiela, Sile, Sileas, Siseel, Sisely, Siselya, Sisilya, Sissela, Sissie, Sissy.*

CELESTE (Latín) "Del cielo". Variantes: *Cela, Celesse, Celesta, Celestia, Celestiel, Celestina, Celestine, Celestyn, Celestina, Celinka, Celisse, Cesia, Inka, Selinka.*

CELESTINA (Griego) "Que pertenece al cielo".

CELIA Variante de Cecilia.

CERES (Latín) Diosa romana de la agricultura.

CERYS (Galés) "Amor".

CESÁREA (Latín) "Vellosa". Versión femenina de César. Variantes: *Cesarie, Cesarin, Cesarine.*

CHAHNA (Hindú) "Amor".

Nombres populares de famosos

Los famosos siempre han sido creadores de modas. Mucha gente admira tanto la belleza, el glamour, la masculinidad o el talento cómico de algunos actores, que esperan que sus hijos posean esas cualidades sólo por llevar el mismo nombre. Otras veces, estos artistas pueden sacar a la luz un nombre que no se había escuchado antes pero, una vez oído, mucha gente se atreve a elegirlo para su hijo, aunque todo depende de lo atractivo que le resulte el personaje.

De todas formas, éste es un fenómeno que sucede especialmente con actores americanos, pues son las películas que llegan a todos los países y están protagonizadas por actores admirados en todas partes.

Quizá con el tiempo los actores españoles despierten la misma admiración, pero hasta ahora sólo los que han conseguido llegar hasta Hollywood han provocado el mismo entusiasmo que los actores americanos.

La siguiente lista de actores y actrices han convertido su nombre en palabras muy familiares que pueden inspirar a los nuevos padres.

NOMBRES DE NIÑOS

Antonio Banderas	Denzel Washington
Brad Pitt	Eddie Murphy
Christopher Reeve	Eduardo Noriega
Clint Eastwood	Eloy Azorín
Danny Devito	Gabriel Byrne
Dennis Quaid	Harvey Keitel

¡ES NIÑA!

NOMBRES DE NIÑOS

Imanol Arias
Jack Nicholson
James Dean
Javier Bardem
Jimmy Stewart
Johnny Depp
Jordi Mollà
Juan Diego Botto
Keanu Reeves
Kevin Costner

Liberto Rabal
Macaulay Culkin
Matt Dillon
Mel Gibson
Robert Downey, Jr.
Sammy Davis, Jr.
Stephen Segal
Tristán Ulloa
Wesley Snipes
William Baldwin

NOMBRES DE NIÑAS

Ana Belén
Andie MacDowell
Ariadna Gil
Bette Davis
Carmen Maura
Demi Moore
Emma Thompson
Geena Davis
Glenn Close
Goya Toledo
Halle Berry
Holly Hunter
Ingrid Bergman
Jennifer Jason Leigh
Joan Crawford
Julia Roberts
Katharine Hepburn

Kathleen Turner
Laia Marull
María Conchita Alonso
Marisa Tomei
Meg Ryan
Meryl Streep
Michelle Pfeiffer
Nicole Kidman
Paz Vega
Penélope Cruz
Sandra Bullock
Sharon Stone
Silvia Abascal
Sissy Spacek
Susan Sarandon
Vanesa Redgrave
Winona Ryder

CHAITALI (Hindú) "Activa".
CHAMELI (Hindú) "Jazmín".
CHANDAA (Hindú) "Luna".
Variantes: *Chandra, Chandrakanta.*
CHANDANI (Hindú) "Luz de luna". Variantes: *Chandni, Chandree, Chandrika, Chandrima, Chandrimaa, Chandrjaa.*
CHANIA (Hebreo) "Campamento". Variantes: *Chaniya, Hania, Haniya.*

CHANTAL (Francés) "Zona rocosa". Variantes: *Chantale, Chantalle, Chante, Chantele, Chantelle, Shanta, Shantae, Shantal, Shantalle, Shantay, Shante, Shanteigh, Shantel, Shantell, Shantella, Shantelle, Shontal, Shontalle, Shontelle.*
CHANTOU (Camboyano) "Flor".
CHANTREA (Camboyano) "Luz de luna".
CHANYA (Hebreo) "La gracia de Dios". Variante: *Hanya.*
CHARIS (Griego) "Gracia". Variantes: *Charissa, Charisse.*

CHARO (Español) Forma popular de Rosario.
CHEIFA (Hebreo) "Refugio". Variantes: *Chaifa, Haifa, Heifa.*
CHELSEA (Inglés) "Puerto". Actualmente es un nombre popular que posee un aire británico y además es el nombre de un barrio de Londres. La hija de Clinton es la Chelsea más popular. Variantes: *Chesa, Chelsee, Chelsey, Chelsi, Chelsie, Chelsy.*
CHEMDA (Hebreo) "Encanto". Variante: *Hemda.*
CHENIA (Hebreo) "Gracia de Dios". Variantes: *Chen, Chenya, Hen, Henia, Henya.*
CHENOA (Nativo americano) "Paloma blanca". La cantante española, cuyo verdadero nombre es Laura, ha puesto de moda este nombre. Variante: *Shonoa.*
CHERYL (Inglés) "Caridad". Variantes: *Cherill, Cherrill, Cherryl, Cheryle, Cheryll, Sherryll, Sheryl.*
CHESNA (Eslavo) "Pacífica".
CHEYENNE (Nativo americano: algonquin) Nombre de tribu. Cheyenne es el nombre de un lugar del Oeste. El suicidio de la mujer más famosa llamada así –la hija de Marlon Brando– puede hacer que los padres lo eviten. Variantes: *Cheyanna, Cheyanne, Chiana, Chianna.*
CHIARA (Italiano) "Clara".

Los nombres abreviados y los apelativos

Otro aspecto que hay que tener en cuenta al elegir un nombre es pensar en lo que puede resultar al abreviarlo. Si es un nombre largo lo más probable es que se abrevie y si es un nombre corto es posible que se utilice alguna variante.

Es muy frecuente que algunos suenen ridículos al abreviarlos, a pesar de ser nombres bonitos en toda su extensión.

CHILALI (Nativo americano) "Pinzón".

CIBELES (Griego) La diosa de la tierra. En la plaza de Cibeles de Madrid es donde celebran su victoria los seguidores del Real Madrid, pero a estos aficionados al fútbol todavía no les ha dado por llamar Cibeles a sus hijas.

CINTIA (Griego) "Diosa de la luna". Variantes: *Cindi, Cindie, Cindy, Cinthia, Cintia, Cyndi, Cynth, Cynthie, Cyntia, Kynthia.*

CIPRIANA (Griego) "De Chipre". Variantes: *Cipriane, Ciprianna, Cypriana, Cyprienne.*

CIRA (Persa) "Sol".

CITEREA (Griego) La diosa del amor y de la belleza.

CLARA (Latín) "Brillante". Variantes: *Clair, Claire, Clairette, Clairine,* *Clare, Claresta, Clareta, Clarette, Clarice, Clarie, Clarinda, Clarine, Claris, Clarisa, Clarissa, Clarisse, Clarita, Claryce, Clerissa, Clerisse, Cleryce, Clerysse, Klara, Klari, Klarice, Klarissa, Klaryce, Klaryssa.*

CLAUDIA (Latín) "Coja". A pesar del significado de este nombre, es imposible no asociarlo a la guapísima Claudia Cardinale. Variantes: *Claudelle, Claudette, Claudina, Claudine.*

CLELIA (Latín) "Gloriosa". Forma antigua de Celia.

CLEMATIS (Griego) Nombre de flor.

CLEMENTINA (Inglés) "Amable". Variantes: *Clementia, Clementine, Clemenza.*

CLEOPATRA (Griego) "Gloria del padre". Siempre pensamos en ella como la compañera de Marco Antonio. Variantes: *Clea, Cleo.*

CLEVA (Inglés) "La que vive en una colina".

CLÍO (Griego) Una de las nueve musas griegas. Clío es la musa de la historia.

CLOE (Griego) "Tierna brizna de hierba". Variantes: *Clo.*

CLORIS (Latín) "Blanca, pura". Variante: *Chloris.*

CLOTILDE (Alemán) "Famosa en la batalla". Variantes: *Clothilda, Clothilde, Clotilda.*

COLBY (Inglés) "Granja oscura".

COLETTE (Francés) "Pueblo triunfador". La novelista francesa que hizo famoso este nombre utilizaba en realidad su apellido para firmar sus libros. Su origen es una variante del nombre Nicolette. Variantes: *Coletta, Collet, Collete, Collett.*

COLLEEN (Gaélico) "Niña". Variantes: *Coleen, Coleen, Coline, Colline.*

COLOMA (Latín) "Paloma". Versión catalana de Paloma.

COLOMBINA (Latín) "Paloma". Variantes: *Colombe, Columba, Columbia, Columbine.*

CONCEPCIÓN (Latín) "Generación". Uno de los nombres más frecuentes en español. Se abrevia con el nombre de Concha y el diminutivo Conchita. La escritora Concepción Arenal, las cantantes Concha Piquer y Conchita Bautista son tres ejemplos de este nombre, de su abreviatura y del diminutivo.

CONCORDIA (Griego) La diosa de la armonía.

CONSTANZA (Latín) "Firmeza". Variantes: *Connie, Constance, Constancia, Constancy, Constanta, Constantia, Constantina.*

CONSUELO (Español) "Consuelo".

CORA (Griego) "Doncella".

CORAL (Latín) "Coral". Variantes: *Coryl, Koral.*

CORDELIA (Latín) "Cordial, afable". Variantes: *Cordella, Cordelle.*

CORINA (Griego) Diminutivo de Cora.

CORO (Español) Nombre de advocación mariana: Nuestra Señora del Coro.

CÓSIMA (Griego) "Orden". Versión femenina de Cosme. Variante: *Cosma.*

COVADONGA (Latín) "Cueva de la Señora". Advocación mariana.

CRESCENCIA (Latín) "Que crece". Variantes: *Crescent, Crescentia, Cressant, Cressent, Cressentia.*

CRISPINA (Latín) "Pelo rizado". Versión femenina de Crispín.

CRISTAL (Griego) "Hielo, gema". Allá por los años ochenta, el

¡ES NIÑA!

nombre se hizo popular también en inglés por el personaje de Linda Evans, Krystle, en la serie *Dinastía*. Variantes: *Christal, Cristalle, Cristel, Crystal, Crystol, Kristal, Kristle, Kristol, Krystal, Krystalle, Krystel, Krystle.*

CRISTIANA (Latín) "Que profesa la religión de Jesucristo".

CRISTINA (Latín) Variante de Cristiana. Cristina es uno de esos nombres que en España nunca dejarán de elegir los padres para sus hijas. Es el nombre de muchas mujeres famosas, en los distintos idiomas, por ejemplo la infanta Cristina. Variantes: *Chris, Chrissy, Christa, Christen, Christi, Christiana, Christiane, Christiann, Cristiana, Christie, Christina, Christy, Teena, Teina, Tena, Tina, Tinah.*

CRUZ (Latín) Nombre que hace referencia a la cruz de Jesucristo.

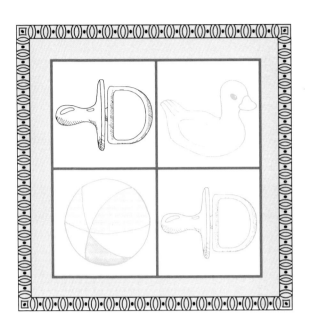

DAFNE (Griego) Ninfa mitológica que fue transformada en laurel. Variantes: *Dafne, Daphney, Daphny.*

DAGMAR (Alemán) "Gloria". Variantes: *Daga, Daggi, Dagi, Dagmara.*

DAGNA (Escandinavo) "Nuevo día". Variantes: *Dagne, Dagney, Dagny.*

DAI (Japonés) "Grandiosa".

DAISY (Inglés) "Margarita". Es el nombre de la novia del pato Donald. Variantes: *Dacey, Dacia, Dacy, Daisey, Daisha, Daisi, Daisie, Daizy, Daysi, Deyci.*

DAIYA (Polaco) "Presente".

DAKOTA (Inglés) Nombre del estado; también es nombre de niño.

DALAL (Árabe) "Coquetear". Variante: *Dhelal.*

DALIA (Inglés) Nombre de flor. Variantes: *Dahla, Dahlia, Daliah.*

DALILA (Africano: swahili) "Amable". (Hebreo) "Delicada". Dalila quizá sea más conocida como la amante de Sansón en la Biblia, y como el título y tema de una canción de Tom Jones. Variantes: *Delila, Delilah.*

DANA (Inglés) "De Dinamarca". Dana se está haciendo muy popular entre niños y niñas, pero es más habitual como nombre de

niña. Variantes: *Daina, Danay, Danaye, Dane, Danee, Danet, Danna, Dayna, Denae.*

DANAE (Griego) Antigua figura mitológica.

DANICA (Eslavo) "Estrella de la mañana". Variantes: *Danika, Dannika, Dannica.*

DANIELA (Hebreo) "Dios es mi juez". Versión femenina de Daniel. Variantes: *Danee, Danela, Danele, DaNell, Danella, Danette, Daney, Dani, Dania, Danica, Danice, Danie, Daniella, Danielle, Danika, Danila, Danita, Danyelle.*

DANUTA (Polaco) "Dada por Dios".

DARA (Hebreo) "Sabiduría". Variantes: *Dahra, Dareen, Darice, Darissa, Darra, Darrah.*

DARALIS (Inglés) "Adorada". Variante: *Daralice.*

DARÍA (Persa) "Activa". Variantes: *Darian, Darianna, Dariele, Darielle, Darienne, Darrelle.*

DARLENE (Inglés) "Querida". Variantes: *Darla, Darleane, Darleen, Darleena, Darlena, Darlina, Darline.*

DARYL (Inglés) Apellido; región de Francia. Darryl es tradicionalmente nombre de niño. Sin embargo, la popularidad de la actriz Daryl Hannah ha contribuido al aumento de su presencia entre niñas nacidas en los últimos años. Variantes: *Darel, Darle, Darrell, Darrelle, Darryl, Darrylene, Darrylin, Darryline, Darrylyn, Darylin, Daryline, Darylyne.*

DARYN (Griego) "Presente, regalo". Variantes: *Daryan, Darynne.*

DASHA (Griego) "Exhibición de Dios".

DAYANA (Árabe) "Divina".

DEA (Latín) "Diosa".

DEANA (Inglés) "Valle". Versión femenina de Dean. Variantes:

Deane, Deanna, Deena, Dene, Denna.

DÉBORA (Hebreo) "Abeja". En España este nombre se ha empezado a elegir como nombre de niña en los últimos años. Variantes: *Deb, Debbi, Debbie, Debby, Debi, Deborah, Deborrah, Debra, Debrah, Devora, Devorah, Devra.*

DECLA (Irlandés) "De la familia". Versión femenina de Declan.

DEIANIRA (Griego) Antigua figura mitológica.

DELFINA (Griego) "Bestia feroz". Variantes: *Delphi, Delphine, Delphina.*

DELIA (Griego) "De la isla de Delfos". Variantes: *Del, Delise, Delya, Delys, Delyse.*

DELICIAS Advocación mariana que hace referencia a la alegría de la Virgen María.

DELWYN (Galés) "Guapa y bendita".

DEMELZA (Inglés) "Fuerte".

DEMETRIA (Griego) De Deméter, diosa griega de la agricultura. Aunque no es frecuente el nombre de Demetria, todos estamos familiarizados con el diminutivo de este nombre que utiliza una famosa actriz: Demi Moore. Variantes: *Demeter, Demetra, Demetris, Demi, Demitra, Demitras, Dimetria.*

DENA (Nativo americano) "Valle". Variantes: *Denav, Dene, Deneen, Denia, Denica.*

DENAE (Hebreo) "Inocente".

DENISE (Francés) Forma francesa de Dionisia. Variantes: *Denese, Deni, Denice, Deniece, Denisha, Denize, Dennnise, Denyce, Denys.*

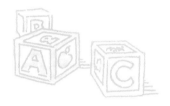

DEOLINDA (Portugués) "Precioso Dios".

DERICA (Inglés) "Querida". Variantes: *Dereka, Derrica.*

DERRY (Irlandés) "Pelirroja". Variantes: *Deri, Derrie.*

DERYN (Galés) "Pájaro". Variantes: *Derren, Derrin, Derrine, Derron.*

DESDÉMONA (Griego) "Miseria". Variante: *Desdemonia.*

DESIRÉE (Francés) "Deseada". Es la forma francesa de Desideria. Variantes: *Desarae, Desira, Desyre, Dezarae, Dezirae, Diseraye, Diziree, Dsaree.*

DESSA (Griego) "Nómada".

DEVA (Hindú) "Divina".

DEVANY (Gaélico) "De pelo oscuro". Variantes: *Davafe, Devaney, Devenny, Devinee, Devony.*

DHARA (Hindú) "Tierra". Variantes: *Dharinee, Dharitri, Dharti.*

DHAVALA (Hindú) "Blanca".

DIANA (Latín) "Divina". Diosa romana de la luna y de la caza. Diana siempre ha sido un nombre popular, pero se ha extendido más en los últimos años gracias a personajes de gran talla. La princesa Diana ha sido uno de los personajes más populares con este nombre. Variantes: *Dee, Diahann, Dian, Diane, Dianna, Dianne, Didi, Dyan, Dyana.*

DIANDRA (Afroamericano) Creado recientemente. Variantes: *Deanda, Deandra, Deandrea, Deandria, Deeandra, Dianda, Diandra, Diandre.*

DIDO (Griego) Figura mitológica.

DILYS (Galés) "Fiel". Variantes: *Dylis, Dyllis, Dylys.*

DIMA (Árabe) "Lluvia".

DINA (Hebreo) "Dios juzgará". Variantes: *Deena, Denora, Dinah, Dinorah, Diondra, Dyna, Dynah.*

DINIA (Hebreo) "Sabiduría de Dios". Variante: *Dinya.*

DIONISIA (Griego) Versión femenina de Dionisio. Variante: *Deonne, Dion, Diona, Dione, Dionea, Dionia, Dionna, Dionysia.*

DISA (Escandinavo: noruego) "Duende".

DITA (Checo) "Riqueza"; también es un derivado de Edith, que significa "propiedad en la guerra". Variante: *Ditka.*

DIVYA (Hindú) "Brillante".

DOBRILA (Checo) "Buena".

DOBROMILA (Checo) "Buena gracia".

DOBROMIRA (Checo) "Buena y famosa".

DOLLY (Inglés) "Muñeca". Apodo de Dorothy. Dolly Parton es un ejemplo de este nombre. Variantes: *Doll, Dollee, Dolley, Dollie.*

DOLORES (Latín) "Penas". Advocación mariana de Nuestra Señora de los Dolores.

DOMINICA (Latín) Forma femenina de Domingo. Variantes: *Dominika, Dominique.*

Personajes famosos del cine y la literatura

Algunas personas les ponen a sus hijos nombres de películas y libros de actualidad porque están de moda. Otras, por alguna razón, creen que si le ponen al bebé el nombre de alguien que les llega al corazón, ya sea el personaje de un libro que leyeron de pequeños o de una película que vieron de mayores, a lo mejor el bebé acaba por poseer algunas características del adorado personaje.

Hoy en día, los españoles se exponen a nombres nuevos y exóticos, no sólo por el creciente número de personas de distintos grupos étnicos con los que conviven, sino también por las series de otros países. Muchos nuevos padres habrán puesto estos nombres masculinos y femeninos a sus hijos por algún héroe o villano de culebrón.

Al ojear este libro, veremos que algunos de los nombres más populares se originaron no solo a partir de personajes famosos, sino también de famosos personajes de ficción. A veces, los guionistas de las series y los autores solitarios de libros son una fuente de nuevos nombres para ser sometidos a la consideración de los nuevos padres.

NIÑOS

Rodrigo	Nombre del Cid Campeador
Esteban	Personaje de Fuenteovejuna
Félix	El gato Félix
Gonzalo	Personaje de El burlador de Sevilla
Gustavo	La rana de Barrio Sésamo
Álvaro	Personaje de Don Álvaro o la fuerza del sino
Oliver	Protagonista de Oliver Twist

Alicia	*Alicia en el País de las Maravillas*
Cristal	*De la serie venezolana Cristal*
Mafalda	*De las tiras cómicas de Quino*
Lara	*Protagonista de El doctor Zhivago*
Inés	*Protagonista de Don Juan Tenorio*
Beatriz	*La amada de Dante*
Escarlata	*Protagonista de Lo que el viento se llevó*

DONATA (Latín) "Don de Dios".

DONNA (Italiano) "Señora de la casa". Variantes: *Dahna, Donielle, Donisha, Donetta, Donnalee, Donnalyn, DonnaMarie, Donni, Donnie, Donya.*

DONNAG (Escocés) "Soberana del mundo" Variantes: *Doileag, Dolag, Dollag.*

DORA (Griego) "Bienaventurada". Abreviatura de Teodora. Variantes: *Doralia, Doralyn, Doralynn, Doreen, Dorelia, Dorelle, Dorena, Dorenne, Dorette, Dori, Dorie, Dorinda, Dorita, Doru.*

DORCAS (Griego, hawaiano) "Gacela". Variante: *Doreka.*

DOREEN (Irlandés) "Tenebrosa". Variantes: *Doireann, Dorene, Dorine, Dorinnia, Doryne.*

DORIS (Griego) Una región de Grecia. Aunque es el nombre de una diosa griega, no se hizo conocido en Estados Unidos y en Gran Bretaña hasta que el novelista Charles Dickens lo empezó a utilizar como una inusual alternativa a Dorothy, que era el nombre de moda en la época. Variantes: *Dorice, Dorisa, Dorlisa, Dorolice, Dorosia, Dorrie, Dorrys, Dorys, Doryse.*

DORIT (Hebreo) "Generación".

DOROTEA (Griego) "Regalo de Dios". Variantes: *Dollie, Dolly, Dorethea, Doro, Dorotha, Dorothea, Dorothee, Dorothia, Dorothy, Dorrit, Dortha, Dorthea, Dot, Dottie, Dotty.*

DRINA (Griego) "Protectora". Variantes: *Dreena, Drena.*

DRISANA (Hindú) "Hija del sol".
DRUSILA (Latín) En la Biblia, Drusila es el nombre de la hija de Herodes Agripa. Variantes: *Drewsila, Drucella, Drucie, Drucilla, Drucy, Druscilla.*
DUANA (Irlandés) "De piel oscura". Versión femenina de Duane. Variantes: *Duna, Dwana.*
DULCE (Latín) "Dulce". Variantes: *Delcina, Delcine, Delsine, Dulcea, Dulci, Dulcia, Dulciana, Dulcibella, Dulcibelle, Dulcie, Dulcina, Dulcine, Dulcinea.*

DULCINEA (Latín) Variante de Dulce. Nombre muy importante en la literatura española, pues es el nombre de la dama a la que sirve don Quijote.
DUNIA (Germánico) "Colina".
DURVA (Hindú) "Hierba".
DUSANA (Checo) "Espíritu". Variantes: *Dusa, Dusanka, Dusicka, Duska.*
DYLANA (Galés) "Nacida del mar". Versión femenina de Dylan.

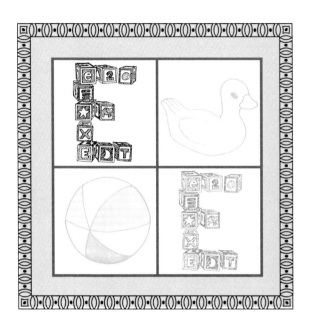

EALGA (Irlandés) "Noble".

EANNA (Babilónico) "Hogar de Anu, dios de dioses".

EBERTA (Alemán) "Brillante".

EBONY (Afroamericano) "Ébano". Ebony es un nombre popular entre los padres afroamericanos para sus hijas. Variantes: *Ebbony, Eboney, Eboni, Ebonie*.

ECO (Griego) Antigua ninfa mitológica.

EDA (Inglés) "Feliz". Variantes: *Edda, Edde, Ede*.

EDDA (Escandinavo) Antigua figura mitológica.

EDELINE (Alemán) "Noble".

EDEN (Hebreo) "Placer". Variantes: *Eaden, Eadin, Edena, Edenia, Edana, Edin*.

EDISA Forma antigua castellana de Esther.

EDITH (Germánico) "Prosperidad en la guerra". Quizá la más famosa con este nombre fue Edith Piaf. Variantes: *Edie, Edita, Edithe, Edy, Edyth, Edytha, Edythe, Eydie, Eydith*.

EDNA (Hebreo) "Placer". Variante: *Ednah*.

EDREA (Inglés) "Rica". Variantes: *Edra, Eidra, Eydra*.

EDUARDINA (Germánico) "Protectora rica". Versión femenina de Eduardo.

EDURNE (Vasco) Forma vasca de Nieves.

EDUVIGIS (Germánico) "Luchadora victoriosa".

EDWINA (Inglés) "Amiga rica". Versión femenina de Edwin. Variantes: *Edween, Edweena, Edwena, Edwiena, Edwuna, Edwyna.*

EGA (Africano: nigeriano) "Pájaro".

EGIDIA (Escocés) "Cabra joven".

EHANI (Hindú) "Deseo". Variante: *Ehina.*

EILAH (Hebreo) "Roble". Variantes: *Aila, Ailah, Ala, Alah, Ayla, Eila, Eilona, Ela, Elah, Eyla.*

EILEEN (Irlandés) "Resplandeciente, brillante". Versión familiar de Helen. Variantes: *Aileen, Ailene, Alene, Aline, Ayleen, Eilean, Eilleen, Ilene.*

EIRA (Escandinavo) Diosa de la medicina. (Galés) "Nieve". Variante: *Eyra.*

EIRIAN (Galés) "Plata".

EISA (Escandinavo) Antigua figura mitológica.

ELA (Hindú) "Mujer inteligente". (Polaco) "Noble". Variantes: *Elakshi, Elee, Eli, Elina, Elita.*

ELAMA (Hebreo) "El pueblo de Dios".

ELAMMA (Hindú) "Diosa madre". Variante: *Ellama.*

ELENA (Griego) "Luz brillante". Variantes: *Helen, Helena.*

ELEONORA Según unos, derivado de Elena. Según otros, conjunción de los nombres León y Honorio. Gran actriz de teatro fue Eleonora Duse, amante del poeta D'Annunzio. En la versión inglesa de este nombre encontramos a la mujer del presidente Roosevelt, Eleanor Roosevelt. Variantes: *Eleanor, Eleanore, Elenore, Eleonore, Elinor, Ellinor.*

ELECTRA (Griego) "La resplandeciente". Figura de la tragedia griega que obligó a su hermano a matar a su madre y a su amante en venganza por la muerte de su padre. Variante: *Elektra.*

ELEN (Galés) "Ninfa". Variantes: *Elin, Ellin.*

ELGA (Eslavo) "Santa".

ELI (Escandinavo: noruego) "Luz".

ELIA (Hebreo) "Mi Dios es Yahvé". Femenino de Elías.

ELIANA (Hebreo) "Dios ha escuchado mis oraciones". Variante: *Eliane.*

ELIORA (Hebreo) "Dios es luz". Variante: *Eleora.*

ELISA Variante de Elisabeth.

ELISHA (Hebreo) "Dios es mi salvación". Variantes: *Eliseva, Elisheba, Elisheva.*

ELIZABETH (Hebreo) "Le prometo a Dios". Como se puede ver por las numerosas variantes, si se suman todos los derivados de Elizabeth, sin duda se obtendrá el nombre de niña más popular en el mundo hasta ahora. Variantes:

Nombres nativos americanos y tradiciones culturales

Independientemente de cuál sea la tribu, la mayoría de los nombres nativos americanos derivan, de algún modo, de la naturaleza. Algunos nombres son absolutamente específicos, como Tukuli, que significa "oruga reptando por un árbol". Otros son palabras que describen algún aspecto de la vida diaria de la tribu, tanto en época de guerra como de paz, o de ceremonias espirituales y religiosas.

En muchas tribus, se celebra una ceremonia para poner un nombre a una persona, no sólo cuando nace sino también en conmemoración de algún rito de iniciación. Así pues, un nativo americano puede tener hasta diez nombres diferentes a lo largo de su vida, para honrar sucesos como la infancia, el matrimonio, algún logro particular en su vida o alcanzar un determinado hito.

Hacia mediados del siglo XIX, sin embargo, las tribus indias de Norteamérica se vieron forzadas a integrarse en la cultura americana por medio del esfuerzo de esforzados misioneros que recorrieron el país en nombre de su religión. Los nombres indios fueron cambiados oficialmente a nombres cristianos, como Juan o María, al tiempo que a los miembros de la tribu se les prohibía hablar en su lengua.

Muchas de las lenguas nativas antiguas más desconocidas se perdieron al morir los ancianos de la tribu. Por tanto, muchos nombres nativos se han perdido para siempre. Hoy en día, por el contrario, hay una gran corriente que impulsa la recuperación de algunas de estas lenguas, así como de aquellas que están al borde de la extinción.

Alzbeta, Babette, Beli, Bess, Bessey, Bessi, Bessie, Bessy, Bet, Beta, Beth, Betina, Betine, Betka, Betsey, Betsi, Betsy, Bett, Betta, Bette, Betti, Bettina, Bettine, Betty, Betuska, Baski, Ellis, Elis, Elisa, Elisabet, Elisabeta, Elisabeth, Elisabetta, Elisabette, Elisaka, Elisauet, Elisaveta, Elise, Eliska, Elissa, Elisueta, Eliza, Elizabetta, Elizabette, Elliza, Elsa, Elsbert, Elsbeth, Elsbietka, Elschen, Else, Elsee, Elsi, Elsie, Elspet, Elspeth, Elyse, Elyssa, Elyza, Elzbieta, Elzunia, Isabel, Isabelita, Lizaka, Lib, Libbee, Libbey, Libbi, Libbie, Libby, Libbye, Lieschen, Liese, Liesel, Lis, Lisa, Lisbet, Lisbete, Lisbeth, Lise, Lisneka, Lisettina, Lisveta, Liz, Liza, Lizabeth, Lizanka, Lizbeth, Lizka, Lizzi, Lizzie, Lizzy, Vetta, Yelisaveta, Yelizaueta, Yelizaveta, Ysabel, Zizi, ZsiZsi.

ELISENDA Nombre medieval de Elisa (Elisabeth).

ELKE (Alemán) "Nombre". Variante: *Elka*.

ELLEN (Inglés) Variante de Helen que se ha convertido en nombre por propio derecho.

ELMA (Griego) "Casco"; (turco) "Manzana". Versión femenina de Elmo.

ELOÍSA (Francés) "Sabia". Femenino de Eloy. Siempre nos acordaremos de *Eloísa está*

debajo de un almendro al oír este nombre. Variantes: *Eloise, Eloisia, Eloiza, Elouise*.

ELORA (Hindú) "Dios concede el laurel al ganador". Variante: *Ellora*.

ELSA "Noble". Elsa es un nombre bonito que ha sido popular desde hace tiempo en los países escandinavos y en los de habla hispana. El nombre aparece en una de las óperas de Wagner, *Lohengrin*. Variantes: *Else, Elsie, Elsy*.

ELVA (Inglés) Variante de Olivia.

ELVIRA (Español) Nombre de una antigua población de Granada. Variantes: *Elva, Elvera, Elvia, Elvirah, Elvire*.

EMILIA (Griego) "Amable, graciosa". Variantes: *Aimil, Amalea, Amalia, Amalie, Amelia, Amelie, Ameline, Amy, Eimile, Em, Ema,*

Cuidado con los apodos negativos

Algunos apodos no se pueden evitar. Surgen de características físicas o emocionales que nos definen, o derivan de un miembro de la familia. Los apodos que resultan de jugar con el nombre del niño pueden ser, hasta cierto punto, controlados en función del nombre original que se elija para el bebé.

Por ejemplo, la mayoría de los apodos son versiones abreviadas del nombre completo: Rober es apodo de Roberto. Aunque en ocasiones estos apodos también se le ponen al niño como nombre de pila, en general los padres prefieren el nombre completo, así se pueden utilizar ambas versiones cuando el niño crezca, y así el niño tendrá más posibilidades de elección más adelante.

Algunos apodos tienen un aire infantil que se puede evitar en función del nombre original que se elija. Pero aun así, es imposible predecir los apodos que se inventarán los compañeros del niño. Al fin y al cabo, si el nombre no tiene nada con lo que se puedan meter, ya se lo inventarán.

Así que cuidado: incluso un nombre que parezca imposible convertir en un apodo puede transformarse en cualquier otra palabra que sea motivo de risa.

Emalee, Emalia, Emelda, Emelene, Emelia, Emelina, Emeline, Emelyn, Emelyne, Emera, Emi, Emie, Emila, Emile, Emilea, Emilie, Emilka, Emily, Emlynne, Emma, Emmalee, Emmali,

Emmaline, Emmalynn, Emele, Emmeline, Emmiline, Emylin, Emylynn, Emlyn.
EMMA (Germánico) Diminutivo de Emmanuela. Variantes: *Em, Emmi, Emmie, Emmy.*

ENA (Irlandés) "Brillante, resplandeciente". Seguramente un derivado de Helena.

ENCARNACIÓN (Latín) "Acción de encarnar, hacerse carne". Hace referencia a la Anunciación del arcángel Gabriel a María.

ENGRACIA (Latín) "La que está en gracia de Dios".

ENID (Galés) "Vida". Variantes: *Eanid, Enidd, Enud, Enudd.*

ENNIS (Irlandés) Ciudad del oeste de Irlanda. Variante: *Inis.*

ENRIQUETA (Germánico) "Señora de la casa". Versión femenina de Enrique. Variantes: *Enrica, Enrieta, Hattie, Hatty, Hendrika, Henka, Hennie, Henrie, Henrieta, Henriette, Henrika, Hetta, Hettie.*

EREA (Gallego) Forma gallega de Irene.

ERELA (Hebreo) "Ángel".

ERICA (Escandinavo) "El que gobierna para siempre". Versión femenina de Eric. Además de su significado escandinavo, Erica es el nombre latino del brezo. Variantes: *Airica, Airika, Ayrika, Enrica, Enricka, Enrika, Erica, Erika, Eyrica.*

ERIN (Gaélico) Apodo de Irlanda. También se utiliza ocasionalmente como nombre de niño. Se traduce como "isla del oeste". Lo irónico acerca de Erin es que se trata originalmente de una versión americanizada de Irlanda, pero en Irlanda no se encuentra en absoluto. Variantes: *Erene, Ereni, Eri, Erina, Erinn, Eryn.*

ERINA (Hindú) "Discurso". Variante: *Erisha.*

ERLINDA (Hebreo) "Espíritu".

ERMIN (Galés) "Señorial". Variante: *Ermine.*

ERNA (Escandinavo) "Capaz".

ERNESTINA (Germánico) "Constante". Variantes: *Erna, Ernaline, Ernestine, Ernestyna.*

ERYL (Galés) "Observadora".

ESMERALDA (Latín) Nombe de piedra preciosa. Variantes: *Emerant, Emeraude, Esma, Esmaralda, Esmarelda, Esmiralda, Esmirelda.*

ESPERANZA (Latín) "Confianza". Variantes: *Esperance, Esperantia.*

ESTEFANÍA (Griego) "Coronada, victoriosa". Versión femenina de Esteban. Entre las famosas está la princesa Estefanía de Mónaco. Variantes: *Stefania, Stefanie, Steffi, Stepania, Stepanie, Stephana, Stephanie, Stephanine, Stephannie, Stephena, Stephene, Stepheney, Stephenie, Stephine, Stephne, Stephney, Stevana, Stevena, Stevey, Stevi, Stevie.*

ESTELA (Latín) "Estrella". Variantes: *Essie, Essy, Estee, Estelita, Estella, Estelle, Estrelita, Estrella, Estrellita, Stelle.*

ESTHER (Persa) "Estrella".
Variantes: *Essie, Essy, Esta, Ester, Etti, Ettie, Etty.*

ESTÍBALIZ (Vasco) Expresión de buen augurio para quien nace ("que sea dulce").

ESTRELLA (Latín) "Criatura de las estrellas". Variante: *Estrelle.*

ETANA (Hebreo) "Dedicación". Versión femenina de Ethan.

ETENIA (Nativo americano) "Rica".

ETHEL (Inglés) "Noble".

EUDORA (Griego) "Regalo". Variantes: *Eudore.*

EUFEMIA (Griego) "Palabra elocuente". Variantes: *Eff, Effy, Ephie, Eppie, Euphemia, Euphemie, Euphie.*

EUGENIA (Griego) "Bien nacida". Variantes: *Eugena, Eugenie, Eugina.*

EULALIA (Griego) "La que habla bien". Variantes: *Eula, Eulalee, Eaulaie, Eulaylia, Eulaylie.*

EUNICE (Griego) "Victoriosa". Variantes: *Euniss, Eunys.*

EURÍDICE (Griego) Figura mitológica griega, esposa de Orfeo. Variante: *Eurydice.*

EUSEBIA (Griego) "De buen sentimiento".

EUSTAQUIA (Griego) "Fructífera".

EVA (Hebreo) "Madre de todos los vivientes, la que da vida". Eva es un nombre elegido por muchos padres de los años setenta para sus hijas, quizá influidos por la famosa canción "Eva María se fue". Variantes: *Ebba, Evaine, Evathia, Evchen, Eve, Evelina, Eveline, Evi, Evicka, Evike, Evita, Evonne, Evy, Ewa, Yeuka, Yeva.*

EVANGELINA (Griego) "Buenas noticias". Variantes: *Evangelia, Evangeline, Evangeliste.*

EVANIA (Griego) "Serena".

EVELYN (Francés) "Avellana". Evelyn empezó como nombre de niño, pero los padres empezaron a elegirlo para sus hijas, relegando la versión masculina al olvido. Variantes: *Aveline, Eoelene, Eveline, Evelyne, Evelynn, Evelynne, Evlin, Evline, Evlun, Evlynn.*

EWELINA (Polaco) "Vida". Variante: *Ewa.*

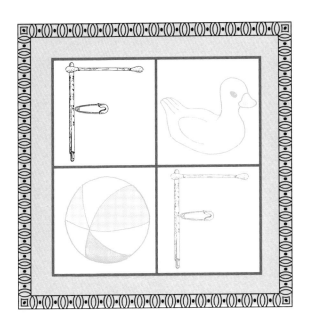

FABIANA (Latín) "De la familia de los Fabio". Versión femenina de Fabián. Variantes: *Fabia, Fabiane, Fabianna, Fabienne, Fabiola.*

FABIOLA (Latín) "De la familia de los Fabio". Variantes: *Fabrice, Fabrienne, Fabrizia, Fabritzia.*

FAHIMA (Árabe) "Lista".

FAINA (Griego) "Brillante".

FALLON (Irlandés) "Relacionada con un líder". Variante: *Falon.*

FANG (Chino) "Olorosa".

FANNY Forma inglesa de Francisca y de Estefanía en Italia.

FANUA (Polinesio) "Tierra".

FARA (Árabe) "Alegre".

FARICA (Alemán) "Líder de paz".

FARIDA (Árabe) "Única". Variantes: *Faridah, Farideh.*

FARRAH (Inglés) "Agradable".

FÁTIMA (Árabe) "Doncella". Nombre de la hija favorita del profeta Mahoma. Aunque Fátima es habitual como nombre de niñas musulmanas, en España también es muy común encontrarlo, por influencia de la Virgen de Fátima. Variantes: *Fatimah, Fatma, Fatuma.*

FATINA (Árabe) "Embrujadora". Variantes: *Fatin, Fatinah.*

FAUSTINA (Latín) "Afortunada". Versión femenina de Fausto. Variantes: *Fausta, Fauste, Faustine.*

FAY (Francés) "Hada". Diminutivo de Faith. Variantes: *Faye, Fayette.*

FAYINA (Ucraniano) "Mujer de Francia".

FE (Latín) Virtud del mismo nombre.

FEDERICA (Germánico) "Pacífica". Variantes: *Freada, Freda, Freddi, Freddie, Freddy, Frederica, Frederique, Freeda, Freida, Frida, Frieda, Fritzi, Fryda.*

FEDORA (Griego) "Regalo de Dios".

FEDRA (Griego) "Brillante".

FELDA (Germánico) "Del campo".

FELICIDAD (Latín) "Feliz, afortunada". Versión femenina de Félix. Variantes: *Falecia, Falicia, Falicie, Falisha, Falishia, Felice, Felicia, Feliciana, Felicienne, Felicita, Felicitas, Felicity, Felise, Felita, Feliz, Feliza.*

FELIPA (Griego) "Amiga de los caballos". Versión femenina de

Felipe. Variantes: *Philipa, Philippine, Philipina, Pippa, Pippy.*

FELISA (Latín) Femenino de Félix.

FELORA (Hawaiano) "Flor". Variantes: *Felorena, Folora, Polola, Pololena.*

FENIA (Escandinavo) Antigua figura mitológica. Variante: *Fenja.*

FERNANDA (Germánico) "Paz y coraje"; "viajera valiente".

FIALA (Checo) "Violeta".

FIAMMETTA (Italiano) "Llama chisporroteante". Variante: *Fia.*

FIDDA (Árabe) "Plata". Variante: *Fizza.*

FIDELA (Hawaiano) "Fiel". Variantes: *Fidele, Fidelia, Fidelina, Fidelity, Fidelma, Pikelia.*

FILIA (Griego) "Amistad".

FILOMENA (Griego) "Amiga del canto". Variantes: *Philomena, Philomene, Philomina.*

FINA Abreviatura de Rufina, Serafina y Josefina. Variantes: *Fifi, Fifina.*

FIONA (Irlandés) "Guapa, blanca". Variantes: *Fionna, Fionne.*

FINOLA (Irlandés) "Hombros blancos". Variantes: *Effie, Ella, Fenella, Finella, Fionnaughala, Fionneuala, Fionnghuala, Fionneuala, Fionnghuala, Fionnuala, Fionnula, Fionola, Fynella, Nuala.*

FLANNA (Irlandés) "Pelo rojo".

FLAVIA (Latín) "Pelo amarillo". Variantes: *Flavie, Flaviere, Flavyere, Flayia.*

FLOR (Latín) "Flor".

FLORA (Latín) Diosa de las flores. Variantes: *Fiora, Fiore, Fiorentina, Fiorenza, Fiori, Fleur, Fleurette, Fleurine, Flo, Flor, Florance, Florann, Floranne, Flore, Florella, Florelle, Florence, Florencia, Florentia, Florentina, Florenze, Floretta, Florete, Flori, Floria, Floriana, Florie, Floriese, Florina, Florinda, Florine, Floris, Florrie, Florry, Floss, Flossey, Flossie.*

FLORIDA (Latín) "Florecida".

FORTUNATA (Latín) "Afortunada". Fortunata es una de las protagonistas de la novela de Galdós *Fortunata y Jacinta*. Variantes: *Fortuna, Fortune.*

FRANCISCA (Latín) "Francesa". Variantes: *Fan, Fancy, Fania, Fannee, Fanney, Fannie, Fanny, Fanya, Fran, Franca, Francee, Franceline, Francena, Francene, Frances, Francesca, Francetta, Francette, Francey, Franchesca, Francie, Francina, Francine, Françoise, Frank, Frankie, Franni, Frannie, Franzetta, Franziska, Paquita.*

FRAYDA (Hebreo) "Feliz". Variantes: *Fradel, Frayde, Freida, Freide.*

FREYA (Escandinavo: sueco) "Noble dama". Variantes: *Freja, Freyja, Froja.*

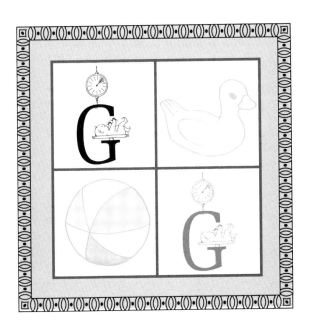

GABRIELA (Hebreo) "Heroína de Dios". Una Gabriela conocida es la tenista Gabriela Sabatini. Gabriela es un nombre maravilloso, algo altivo y con un aire sofisticado. Variantes: *Gabbi, Gabby, Gabi, Gabriell, Gabriella, Gaby.*

GADA (Hebreo) "Afortunada".

GAENOR (Galés) "Guapa, delicada".

GAETANA (Italiano) "De Gaeta", región de Italia. Variante: *Gaetane.*

GAIA (Griego) "Tierra". Variantes: *Gaioa, Gaya.*

GAIL (Hebreo) "Mi padre se alegra". Variantes: *Gael, Gaile, Gale, Gayle.*

GALA (Latín) "De la Galia". Variante: *Galla.*

GALATEA (Griego) "Blanca como la leche". Variante: *Galatee.*

GALI (Hebreo) "Colina, montículo". Variantes: *Gal, Galice.*

GALINA (Ruso) "Brillante o resplandeciente". Variante de Helena.

GALYA (Hebreo) "Dios ha redimido". Variantes: *Galia, Gallia, Gallya.*

GANIT (Hebreo) "Jardín". Variantes: *Gana, Ganice.*

GANYA (Hebreo) "Jardín de Dios".

GARDENIA Nombre de flor.

GARINA (Hindú) "Importancia".

GASHA (Ruso) "Buena". Versión rusa de Ágata.

GAURI (Hindú) "Blanca". Variantes: *Gori, Gowri.*

GELYA (Ruso) "Mensajera".

GEMMA (Latín) "Piedra preciosa". Variante: *Gema*.

GENNA (Árabe) "Pequeño pájaro".

GENOVEVA (Celta) "Blanca; mujer celta". Es un nombe con un aire sofisticado. Variantes: *Genavieve, Geneva, Geneve, Geneveeve, Genivieve, Gene, Jenny, Genovera, Gina, Janeva, Jenevieve*.

GEORGIA (Latín) "Campesina". Versión femenina de Jorge. Variantes: *Georgeann, Georgeanne, Georgeina, Georgena, Georgene, Georgetta, Georgette, Georggann, Georgganne, Georgiana, Georgiane, Georgie, Georgienne, Georgina, Georgine, Giorgia, Girorgina, Giorgyna, Jorgina*.

GERALDINE (Francés) "La que gobierna con una lanza". La Geraldine más famosa es la hija del magnífico Charlot, Geraldine Chaplin. Variantes: *Ceraldina, Deraldene, Geralda, Geraldeen, Geralyn, Geralynne, Geri, Gerianna, Gerianne, Gerilynn, Geroldine, Gerry, Jeraldeen, Jeraldene, Jeraldine, Jeralee, Jere, Jeri, Jerilene, Jerrie, Jerrileen, Jerroldeen, Jerry*.

GERMAINE (Francés) "Alemán". Variantes: *Germain, Germana, Germane, Germayn, Germayne*.

GERTRUDIS (Germánico) "Con la fuerza de una lanza". Variantes: *Gertie, Gertina, Gertraud, Gertrud, Gertruda, Gerty, Truda, Trude, Trudey, Trudi, Trudie, Trudy, Trudye*.

GEVA (Hebreo) "Colina".

GHADA (Árabe) "Graciosa". Variantes: *Ghadah, Ghayda*.

GHADIR (Árabe) "Río".

GILLIAN (Inglés) "Juvenil". Variantes: *Gilian, Gillan, Gilllianne, Gillyanne*.

GILSEY (Inglés) "Jazmín".

GIN (Japonés) "Plata".

GINA (Hebreo) "Jardín". (Italiano) Viene de nombres como Regina y Angelina. (Japonés) "Plateada". Gina fue uno de los nombres exóticos de mayor popularidad en Estados Unidos en los años cincuenta y sesenta, seguramente debido tan solo a la actriz Gina Lollobrigida, personificación del glamour extranjero y la sofisticación. La actriz Geena Davis ha popularizado una nueva forma de escribir el nombre. Variantes: *Geena, Gena, Ginat, Ginia*.

GINGER (Inglés) "Jengibre". Diminutivo de Virginia.

GIOVANNA (Italiano) "Dios es bueno". Otra forma femenina de Juan.

GIRISA (Hindú) "Señor de la montaña".

Nombres de la naturaleza

La naturaleza siempre ha sido una buena fuente de nombres, tanto de niña como de niño, aunque un poco más de los primeros. Claro que algunos padres de los años sesenta se pasaron llamando a sus hijos con los nombres de todas las plantas que encontramos en el campo. Aun así la madre naturaleza sigue siendo un buen sitio al que acudir para buscar nombres bonitos y un poco diferentes.

GISA (Hebreo) "Piedra tallada". Variantes: *Gissa, Gisse, Giza, Gizza.*

GISELA (Germánico) "Lanza fuerte". Es un nombre perfecto para una bailarina, dado que *Giselle* es el título de un ballet. Variantes: *Gelsi, Gelsy, Gisele, Gisella, Giselle, Gizela, Gizella.*

GLADIS (Galés) "Coja". Forma antigua de Claudia. Variantes: *Gladys, Gwladus, Gwladys.*

GLEDA (Islandés) "Feliz".

GLENDA (Galés) "Santa y buena".

GLENNA (Irlandés) "Valle angosto". Variantes: *Glen, Glenn.*

GLENYS (Galés) "Santa". Variantes: *Glenice, Glenis, Glenise, Glennis, Glennys, Glenyse, Glenyss, Glynis.*

GLORIA (Latín) "Fama". Ha habido muchas a lo largo de los tiempos: Gloria Swanson, Gloria Vanderbilt y Gloria Estefan. Variantes: *Gloree, Glori, Glorie, Glorria, Glory.*

GLYNIS (Galés) "Pequeño valle". Variantes: *Glinnis, Glinys, Glyn, Glynes.*

GODIVA (Inglés) "Regalo de Dios".

GOLDA (Inglés) "Dorada". Variantes: *Goldarina, Goldarine, Goldia, Goldie, Goldif, Goldina, Goldy.*

GOZALA (Hebreo) "Pájaro joven".

GRACIA (Latín) "Don, delicadeza". Variantes: *Engracie, Graca, Grace, Gracey, Graci, Graciana, Gracie, Gracy, Gratia, Grazia, Graziella, Grazielle, Graciosa, Grazyna.*

GRESSA (Escandinavo: noruego) "Hierba".

GRETA (Germánico) "Perla".

GRISELDA (Germánico) Variante de Gisela. Suena a nombre medieval, de cuento de hadas. Variantes: *Grizelda, Zelda*.

GUADALUPE (Árabe) "Río de piedras negras". Es un nombre muy común en México, debido a la devoción a esta advocación de la Virgen.

GUDELIA (Gérmánico) "Dios".

GUDRUN (Escandinavo) "Lucha". Variantes: *Cudrin, Gudren, Gudrinn, Gudruna, Guro*.

GUILLERMINA (Germánico) Versión femenina de Guillermo. Variantes: *Wiletta, Wilette, Wilhelmine, Willa, Willamina, Williamina*.

GUINEVERE (Galés) "Guapa; complaciente". Variantes: *Gaenor, Gayna, Gaynah, Gayner, Gaynor*.

GUNHILDA (Escandinavo: noruego) "Mujer guerrera". Variantes: *Gunda, Gunhilde, Gunilda, Gunilla, Gunnhilda*.

GURICE (Hebreo) "Cachorro de león". Variante: *Gurit*.

GUSTAVA (Escandinavo: sueco) "Báculo de los dioses". Versión femenina de Gustavo. Variantes: *Gusta, Gustha*.

GWENDOLYN (Galés) "Bonito arco". Todos conocemos este nombre, que sin embargo no ponemos a nuestras hijas, gracias a la canción de Julio Iglesias. Variantes: *Guendolen, Guenna, Gwen, Gwenda, Gwendaline, Gwendia, Gwendolen, Gwendolene, Gwendolin, Gwendoline, Gwendolynn, Gwendolynne, Gwenette, Gwennie, Gwenn, Gwenna, Gwenny*.

GWENEAL (Galés) "Ángel bendito".

GWYNETH (Galés) "Felicidad". Gwyneth es popular debido a la actriz Gwyneth Paltrow. Variantes: *Gwenith, Gwennyth, Gwenyth, Gwynith, Gwynn, Gwynna, Gwynne, Gwynneth*.

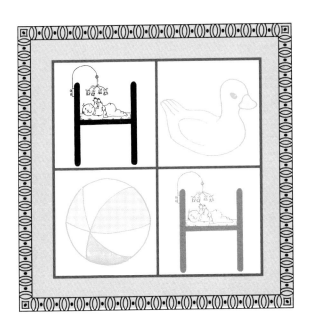

HADASSAH (Hebreo) "Mirto". Variantes: *Hada, Hadas, Hadasa, Hadassa, Hodel.*

HADI (Árabe) "Calma".

HADIL (Árabe) "Paloma que arrulla".

HADYA (Árabe) "Guía". Variante: *Hadiya.*

HAGAR (Hebreo) "Abandonada". Variante: *Haggar.*

HAIDEE (Griego) "Modesta". Variante: *Haydee.*

HALA (Árabe) "Anillo de luz alrededor de la luna". Variante: *Halah.*

HALFRIDA (Germánico) "Heroína tranquila".

HALIA (Hawaiano) "Recordando a alguien amado".

HALIMA (Árabe) "Amable". Variante: *Halimah.*

HALINA (Ruso) "La resplandeciente". Versión rusa de Helena.

HALONA (Nativo americano) "Buena suerte".

HAMA (Japonés) "Playa".

HAMIDA (Árabe) "Alabar". Variantes: *Hameedah, Hamidah.*

HANA (Japonés) "Flor". Variantes: *Hanae, Hanako.*

HANIA (Hebreo) "Lugar de descanso". Variante: *Haniya.*

HANNAH (Hebreo) "Gracia". Variantes: *Hana, Hanah, Hanna, Hanne, Hannele, Hannelone, Hannie, Honna.*

HANSA (Hindú) "Cisne".
Variantes: *Hansika, Hansila.*
HARA (Hindú) "Rojiza".
HARITA (Hindú) "Viento".
HARRIET (Alemán) "La que lleva
la casa". Versión femenina de
Harry. Variantes: *Harrie, Harrietta,
Hariette, Harriot, Harriott, Hatsie,
Hatsy, Hattie, Hatty.*

HARU (Japonés) "Nacida en
primavera". Variantes: *Harue,
Haruko.*
HASIKA (Hindú) "Risa".
HAULANI (Hawaiano) "Realeza".
HAYAT (Árabe) "Viva".
HAYFA (Árabe) "Exquisitez".
HAZEL (Inglés) "Avellano".
Variantes: *Hazal, Hazeline, Hazell,
Hazelle, Hazle.*
HEATHER (Inglés) "Brezo".
HEBE (Griego) La diosa de la
juventud..
HEDY (Griego) "Maravillosa".
Variantes: *Hedia, Hedyla.*

HEIDI (Alemán) "Noble". Es un
nombre que todos conocemos por
la famosa novela, después llevada
a los dibujos animados. Variantes:
Hedie, Heida, Heide, Heidie, Hydie.
HELENA (Griego) "Luz". Helena
fue una figura importante de la
Grecia clásica y, en la mitología, la
hija de Zeus. También fue la
madre del emperador Constantino
el Grande, en el siglo IV. Variantes:
*Hela, Hele, Helen, Helene, Hellen,
Helli.*
HELGA (Escandinavo: noruego)
"Santa".
HELIA (Griego) "Sol".
HELMA (Alemán) "Casco".
Variantes: *Hillma, Hilma.*
HELSA (Escandinavo: danés)
"Gloria a Dios".
HEMALI (Hindú) "Dorada".
HENAR Advocación mariana.
HERA (Griego) Reina mitológica
de las diosas y esposa de Zeus.
HERMELINDA (Germánico)
Deriva de *Hermin* (un semidiós y
nombre del pueblo de los
hermiones) y de *lind* ("dulce").
HERMINIA (Germánico)
Significado discutible. Variantes:
Ermina, Ermine, Erminia, Erna.
HERMIA (Griego) Versión
femenina de Hermes, mensajero
mitológico de los dioses griegos.
Variantes: *Herma, Hermaine,
Hermina, Hermione.*

¡ES NIÑA!

Nombres africanos y tradiciones culturales

La amplia variedad cultural del continente africano, así como los muchos países que contiene, implica la existencia de una gran cantidad de nombres para elegir si se quiere que el niño o la niña muestren algo de la herencia africana en su nombre.

Lo que me parece especialmente fascinante es el modo en que los padres africanos eligen el nombre de sus bebés.

En Kenia, algunas tribus eligen varios nombres para el bebé que nace en una familia. El primer nombre es el nombre de nacimiento y suele elegirlo la abuela materna o el abuelo materno del bebé. Aproximadamente un mes y medio después, el bebé recibe otro nombre, más permanente, que eligen los padres o los abuelos paternos.

En Ghana, los padres participan en una ceremonia del nombre en la que interviene toda la tribu. La ceremonia se lleva a cabo una semana después del nacimiento del bebé y es el padre el que elige un nombre, que suele ser en honor a algún pariente anciano y respetado.

En Nigeria, se pone a menudo un nombre que describe las condiciones del nacimiento mismo; este nombre se conoce como un oraku. El niño también recibe un nombre, conocido como oriki, o nombre que refleja los deseos de los padres para ese hijo. Podríamos adaptar esta tradición.

HESPERIA (Griego) "Estrella nocturna". Variantes: *Hesper, Hespera.*

HESTER (Griego) "Estrella". Variante de Esther. Variantes: *Hesther, Hestia.*

HIBA (Árabe) "Presente".

HILARIA (Griego) "Alegre". En castellano no es tan frecuente

persona que lo lleva. Hisa es uno de esos nombres. Variantes: *Hisae, Hisako, Hisayo.*

HIVA (Polinesio) "Canción".

HOA (Vietnamita) "Flor".

HOLLY (Inglés) "Acebo". Holly Hunter es una actriz prolífica y de talento, algo que nunca hace daño de cara a la popularidad de un

como Hillary en inglés. Variantes: *Hilarie, Hilary, Hillary, Hillery, Hilliary.*

HILDA (Alemán) "Mujer de batalla".

HILDEGARDA (Germánico) "Baluarte de la guerra". Variantes: *Hildagard, Hildagarde.*

HILDEMAR (Alemán) "Famosa en la guerra".

HIMANI (Hindú) "Cubierta de nieve". Variante: *Heemani.*

HIROKO (Japonés) "Benevolente".

HISA (Japonés) "Eterna". Muchos de los nombres japoneses de mayor popularidad, tanto de niña como de niño, invocan la esperanza de longevidad para la

nombre. Variantes: *Hollee, Holley, Holli, Hollie, Hollyann.*

HONEY (Inglés) "Miel, dulce"; expresión cariñosa.

HONORIA (Latín) "Mujer honorable". Variantes: *Honner, Honnor, Honnour, Honor, Honora, Honorah, Honorata, Honore, Honorine, Honour.*

HOPE (Inglés) "Esperanza".

HORACIA (Inglés) Nombre de clan romano. Versión femenina de Horacio.

HORTENSIA (Latín) "Nombre de clan romano; la flor". Variantes: *Horsensia, Hortencia, Hortense, Ortensia.*

HOSANNA (Griego) Exclamación de rezo. Variante: *Hosannie.*

¡ES NIÑA!

HOSHI (Japonés) "Estrella".
Variantes: *Hoshie, Hoshiko, Hoshiyo, Hosiko.*
HUBERTA (Germánico)
"Inteligente". Versión femenina de Huberto. Variante: *Huette.*

HUSNI (Árabe) "Belleza".
Variantes: *Husniya, Husniyah.*
HUSNIYA (Árabe) "Excelencia".
Variante: *Husniyah.*
HUYANA (Nativo americano: miwok) "Lluvia que cae".

IANEKE (Hawaiano) "Dios es bueno". Variantes: *Ianete, Iani.*

IDA (Inglés) "Juventud". Variantes: *Idalene, Idalia, Idalina, Idaline, Idalya, Idalyne, Ide, Idell, Idella, Idelle, Idetta, Idette, Idia.*

IDE (Irlandés) "Sed". Variante: *Ita.*

IDOIA (Vasco) "Pozo". Advocación mariana que debe su nombre al hecho de haberse aparecido la virgen en un pequeño pozo cerca de Isaba (Navarra).

IDONY (Escandinavo) Diosa de la primavera. Variantes: *Idonea, Idun, Itiunnr.*

IDRA (Hebreo) "Higuera".

IDUNA (Escandinavo: noruego) "Amada". Variante: *Idonia.*

IFIGENIA (Griego) "Sacrificio".

IGNACIA (Latín) "En llamas". Versión femenina de Ignacio. Variantes: *Ignatia, Ignazia, Iniga.*

IKIA (Hebreo) "Dios me ayuda".

IKU (Japonés) "Crianza". Variante: *Ikuko.*

ILANA (Hebreo) "Árbol". Variantes: *Elana, Elanit, Ilanit.*

ILIA (Inglés) "De la ciudad de Troya", también conocida como Ilium.

ILIMA (Hawaiano) "Flor".

ILKA (Eslavo) "Admiradora".

ILMA (Inglés) Variante de William.

ILONA (Húngaro) "Guapa".

ILSE (Alemán) "Promesa de Dios". Variante de Isabel. Variantes: *Ilsa, Ilsie.*

IMA (Japonés) "Ahora". Variantes: *Imae, Imako*.

IMAN (Árabe) "Fe".

IMANA (Africano: ruandés) "Dios de todo".

IMARA (Africano: swahili) "Firme".

IMELDA (Germánico) "La que lucha con alegría". Variante: *Imalda*.

IMIN (Árabe) "Convicción".

INA (Griego) "Pura". Variante: *Ena*.

INDIRA (Hindú) "Belleza".

INDRA (Hindú) "Dios supremo; dios del cielo".

INDU (Hindú) "Luna".

INÉS (Griego) "Pura, virginal, inocente". Variantes: *Agnella, Agnes, Agnesa, Agnesca, Agnese, Agnesina, Agneska, Agness, Agnessa, Agneta, Agneti, Agnetta, Agnola, Agnolah, Agnolla, Agnolle, Nesa, Nessa, Nessi, Nessia, Nessie, Nessy, Nesta, Senga, Ynes, Ynesita, Ynez*.

INGA (Escandinavo) En la mitología nórdica, dios de la fertilidad y de la paz. Variantes: *Ingaar, Inge, Ingo, Ingvio*.

INGEBORG (Escandinavo) "Protectora de Ing", dios noruego de la paz. Variantes: *Ingaberg, Ingaborg, Ingeberg, Inger, Ingmar*.

INGRID (Escandinavo) "Preciosa". De todos los nombres femeninos escandinavos que empiezan por *Ing*, Ingrid es el más habitual debido al renombre de la actriz Ingrid Bergman. Este nombre parece ahora mostrar señales de renovadas fuerzas.

INMACULADA (Latín) "Pura, sin pecado". Variante: *Immaculata*.

INOA (Hawaiano) "Cántico".

INOCENCIA (Latín) "Inocente". Variantes: *Inocenta, Inocentia*.

IOLA (Galés) "Dios justo". Variante: *Iole*.

IOLANA (Hawaiano) "Violeta".

IONA Variante de Mariona y forma vasca de Juana.

IONE (Griego) "Violeta". Variantes: *Ionia, Ionie*.

IOSUNE (Vasco) Forma vasca femenina de Jesús.

IRAIDA (Griego) "Descendiente de Hera".

IRENE (Griego) "Paz". Irene tiene una larga y rica historia. Hubo una Irene santa en el siglo IV. Y antes de eso, Irene era uno de los nombres más populares del Imperio Romano. Su popularidad continuó hasta mediados del siglo XX, cuando de repente pareció desfallecer. Hoy vuelve a estar de actualidad. Variantes: *Arina, Arinka, Eirena, Eirene, Eirini, Erena, Erene, Ereni, Errena, Irayna, Ireen, Iren, Irena, Irenea, Irenee, Irenka, Irina, Irine, Irini, Irisha, Irka, Irusya, Iryna, Orina, Orya, Oryna, Reena, Reenie, Rina, Yarina, Yaryna*.

Los nombres más populares de los años ochenta

En los años ochenta los nombres más frecuentes son los mismos que los de los años setenta. El nombre del hijo o de la hija es una preocupación más porque ahora casi todo el mundo tiene solucionados otros aspectos de su vida.

En los nombres lo único que se percibe es que lo que antes era atrevimiento ahora es algo normal.

La varidad de nombres es mayor y hay un poco de todo: naturaleza, historia, literatura, etc. Algunos nombres son antiguos pero la manera de elegirlos es otra muy diferente a la de los años cuarenta.

NOMBRES DE NIÑO

Miguel	Pablo
Cristóbal	Antonio
Mateo	Ricardo
David	Carlos
Daniel	Benjamín
Roberto	Gregorio
Bruno	Felipe
José	Alejandro
Ramón	Donato
Jaime	Eduardo
Esteban	Jorge
Juan	Julián
Andrés	Ignacio
Marcos	Ernesto
Nicolás	Álvaro
Guillermo	Alberto
Jonathan	Alonso
Tomás	Raúl
Gonzalo	Manuel

NOMBRES DE NIÑA

Sara	María
Azucena	Amelia
Jessica	Rosa
Aitana	Micaela
Estefanía	Laura
Isabel	Vanessa
Amanda	Débora
Melisa	Cristina
Lorena	Erica
Rebeca	Inés
Natalia	Marta
Raquel	Mónica
Andrea	Susana
Cristina	Leticia
Tamara	Natalia
Begoña	Diana
Ángela	Paula
Paticia	Victoria
Violeta	Virginia

IRIA (Griego) "Relativo a los colores del arco iris".

IRIS (Griego) "Mensajera". Diosa griega del arco iris. Variantes: *Irisa, Irisha.*

IRMA (Alemán) "Completa".

IRUNE (Vasco) Forma vasca de Trinidad.

ISABEL (Hebreo) "Promesa de Dios, Dios da". Isabel es uno de los nombres que siempre se ha oído, en todas las épocas y en todos los ámbitos. Variantes: *Isa, Isabeau, Isabelita, Isabella, Isabelle, Isobel, Issi, Issie, Issy, Izabel, Izabele, Izabella, Izabelle, Izebela, Ysabel.*

ISADORA (Latín) "Regalo de Isis". A todos nos viene a la memoria el nombre de Isadora Duncan, la famosa bailarina que terminó sus días de forma trágica. Variante: *Isidora.*

ISAMU (Japonés) "Activa".

ISAURA (Griego) Antiguo país de Asia. Variante: *Isaure.*

ISHA (Hebreo) "Mujer". (Hindú) "Protectora".

ISHANA (Hindú) "Deseo". Variante: *Ishani.*

ISIS (Egipcio) Diosa del antiguo Egipto.

ISMAELA (Hebreo) "Dios escucha". Variantes: *Isma, Mael, Maella.*

ISMENE (Griego) La hija de Edipo y Yocasta.

ISOLDA (Irlandés) "Soberana del hielo". Variantes: *Hisolda, Iseult, Isolda, Isolde, Ysenit, Ysolte.*

ISRA (Árabe) "Viaje nocturno".

ITZAL (Vasco) Forma vasca de Amparo.

IUANA (Nativo americano) "Viento que sopla sobre una corriente".

IUDITA (Hawaiano) "Dios es alabado". Variante: *Iukika.*

IULENE (Vasco) Forma vasca de Juliana.

IVANA (Eslavo) "Dios es bueno". Versión femenina de Iván. Variantes: *Iva, Ivania, Ivanka, Ivanna, Ivannia.*

IVRIA (Hebreo) "En la tierra de Abrahán". Variantes: *Ivriah, Ivrit.*

IVY (Inglés) "Hiedra". Variantes: *Iva, Ivey, Ivie.*

IZARRA (Vasco) Forma vasca de Estrella.

¡ES NIÑA!

JACINTA (Griego) Nombre de flor. Versión femenina de Jacinto. Es una de las protagonistas de la novela de Galdós *Fortunata y Jacinta*. Variantes: *Glacinda, Glacintha, Jacinda, Jacintha, Jacinthe, Jacinthia, Jacki, Jacky, Jacquetta, Jacqui, Jacquie, Jacynth, Jacyntha, Jacynthe.*

JACQUELINE (Francés) Versión femenina de Jacobo. El glamour y elegancia de Jackie Kennedy sirvió para darle un toque americano al nombre.

JADE (Español) Nombre de piedra preciosa. Variantes: *Jada, Jadee, Jadira, Jady, Jaida, Jaide, Jayde, Jaydra.*

JAFFA (Hebreo) "Preciosa". Variantes: *Jaffi, Jaffice, Jaffit, Jafit.*

JALILA (Árabe) "Grande". Variantes: *Galila, Galilah, Jalilah, Jalila.*

JALINI (Hindú) "La que vive junto al agua".

JAMILA (Árabe) "Preciosa". Variantes: *Gamila, Gamilah, Jameela, Jamilah, Jamilla, Jamillah, Jamille, Jamillia.*

JANA (Hebreo) "Dios es bueno". Variantes: *Jan, Janina, Janine, Jann, Janna.*

JANAE (Hebreo) "Dios responde". Variantes: *Janai, Janais, Janay, Janaya, Janaye, Jannae, Jeanae, Jeanay, Jenae, Jenai, Jenay, Jenaya, Jenee, Jennae, Jennay.*

JANE (Inglés) "La gracia de Dios". Variantes: *Janey, Janica, Janice, Janicia, Janie, Janiece, Janis, Janise, Jannice, Jannis, Jayne, Sheenagh, Sheenah, Sheina, Shena.*

JANINE (Inglés) "Dios es bueno". Versión femenina de Juan. Variantes: *Janina, Jannine, Jeneen, Jenine.*

JANITA (Escandinavo) "Dios es bueno". Variantes: *Jaantje, Jannike, Jans, Jansje.*

JANY (Hindú) "Fuego".

JARITA (Hindú) "Madre".

JARMILA (Checo) "La que ama la primavera".

JASMINE (Persa) "Jazmín". Si no fuera por el éxito de la película de dibujos animados de Disney, *Aladdin,* pocas niñas llevarían este nombre. Pero la princesa Jasmine ha revivido este nombre tan femenino. Variantes: *Jasmeen, Jasmin, Jasmina, Jazmín, Jazmine, Jessamine, Jessamyn, Yasiman, Yasman, Yasmine.*

JAVIERA (Vasco) Femenino de Javier. Variantes: *Javeera, Xaviera.*

JAY (Latín) "Feliz". Variantes: *Jai, Jaie, Jaye.*

JAYA (Hindú) "Victoria".

JENNA (Árabe) "Pequeño pájaro".

JENNIFER (Galés) "Blanca; suave". En realidad Jennifer procede de Ginebra, variante medieval de Genoveva. Variantes: *Genn, Jennifer, Jenny, Ginnifer, Jen, Jena, Jenalee, Jenalyn, Jenarae, Jenene, Jenetta, Jenita, Jennis, Jeni, Jenice, Jeniece, Jenifer, Jennifer, Jenilee, Jenilynn, Jenise, Jenn, Jennessa, Jenni, Jennie, Jennika, Jennilyn, Jennyann, Jennylee, Jeny, Jinny.*

JESSICA (Hebreo) "Ella ve". Es un nombre bíblico que aparece en el Génesis. Shakespeare también usó el nombre en *El mercader de Venecia,* para la hija de Shylock. Variantes: *Jessica, Jess, Jessa, Jesse, Jesseca, Jessey, Jessi, Jessie, Jessika.*

JESUSA (Hebreo) "Dios salva". Versión femenina de Jesús.

JEZABEL (Hebreo) "Virginal". Variantes: *Jez, Jezzie.*

JILL (Inglés) "Joven". Versión abreviada de Juliana. Variantes: *Gil,*

El María delante

Hasta no hace muchos años todas las mujeres españolas tenían que llevar delante el nombre de María. El segundo nombre también solía ser el nombre de una virgen o por lo menos era un nombre católico.

Algunas tenían la suerte de llevar un solo nombre pero era lo menos frecuente: Ruth, Raquel, Esther, Marta y algunos otros.

Entonces, casi lo mejor hubiera sido llamarse solo María.

Así, muchos nombres masculinos son femeninos tan solo porque se les ha puesto el María delante.

NOMBRES DE HOMBRE
CONVERTIDO EN FEMENINOS

María José
María Jesús
María Ángeles

NOMBRES DE NIÑA

María Rosa
María Begoña
María Elena
María Isabel

Gill, Gyl, Gyll, Jil, Jilli, Jillie, Jilly, Jyl, Jyll.

JILLIAN (Inglés) "Joven". Variantes: *Gilli, Gillian, Gillie, Jilian, Jiliana, Jillana, Jiliana, Jillianne, Jilliyanne, Jillyan, Jillyanna.*

JIMENA (Español) "Escuchada". Nombre castellano muy común en la Edad Media y que parece ser una forma antigua de Simeón.

JIRINA (Checo) "Granjera". Variante: *Jiruska.*

JUANA (Hebreo) "Dios es bueno". Variantes: *Joana, Joanna, Joannah, Johanna, Johanne.*

JOAQUINA (Hebreo) "Dios dispondrá".

JOCELYN (Inglés) Significado desconocido, seguramente una mezcla de Joyce y de Lynn. Variantes: *Jocelin, Joceline, Jocelyne, Joci, Jocie, Josaline, Joscelin, Josceline, Joscelyn,* Joseline, Joselyn, Joselyne, Josilline, Josline.

JODI (Hebreo) "Alabada". Variantes: *Jodie, Jody.*

JORDANA (Inglés) "El que baja". Femenino de Jordan, nombre que tiene una curiosa historia: durante las Cruzadas, los cristianos que volvían a casa traían agua del río Jordán con el propósito de bautizar a sus hijos con ella. Y por eso algunos bebés eran llamados Jordan.

JORGINA (Griego) "Que trabaja la tierra". Feminino de Jorge.

JOSEFA (Hebreo) "Dios añadirá". Versión femenina de José. Variantes: *Jo, Joey, Jojo, Josefa, Josefina, Josefine, Josepha, Josephe, Josephene, Josephina, Josephine, Josetta, Josette, Josey, Josi, Josie.*

JOY (Inglés) "Felicidad". Variantes: *Gioia, Joi, Joie, Joya, Joye.*

JOYCE (Latín) "Alegre". Joyce empezó de hecho como nombre de niño. Era el nombre de un santo del siglo VII. Durante la época del *baby boom,* en Estados Unidos, Joyce era el tercer nombre más habitual para niñas y siguió así hasta los años cincuenta.

JUANA (Hebreo) "Dios es bueno". Versión femenina de Juan. Variantes: *Juanetta, Juanita.*

¡ES NIÑA!

JUDIT (Hebreo) "La mujer de Judá". Variantes: *Jitka, Jucika, Judey, Judi, Judie, Judit, Judita, Judite, Juditha, Judithe, Judy, Judye, Jutka.*

JULIA (Latín) "Del linaje romano Julius". Julia es un nombre popular en todo el mundo y lo es desde que las mujeres de la antigua Roma se lo ponían a sus bebés en honor al emperador Julio César. La actriz Julia Roberts irrumpió en escena y volvió a ponerlo de moda. Variantes: *Iulia, Jula, Julcia, Julee, Juley, Juli,* *Juliana, Juliane, Julianna, Julianne, Julica, Julie, Julina, Juline, Julinka, Juliska, Julissa, Julka, Yula, Yulinka, Yuliya, Yulka, Yulya.*

JULIETA (Latín) Diminutivo de Julia. Personaje de la obra de Shakespeare *Romeo y Julieta*. Variantes: *Juliet, Julietta, Juliette, Julita.*

JUN (Chino) "La verdad de la vida". Variante: *Junko.*

JUSTA (Latín) "Honesta".

JUSTINA (Latín) Variante de Justa. Variante: *Justine.*

JUTKA (Húngaro) "Alabar a Dios".

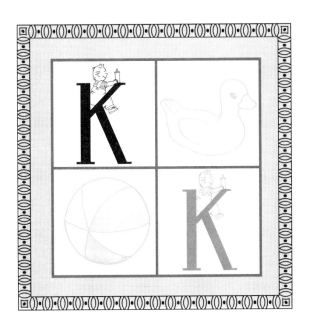

KAARINA (Escandinavo: finlandés) "Pura".

KAI (Japonés) "Perdón". (Hawaiano) "Mar". Variantes: *Kaiko, Kaiyo.*

KAISA (Escandinavo: sueco) "Pura".

KAITLIN (Inglés) Mezcla de Kate y Lynn. Variantes: *Kaitlinn, Kaitlinne, Kaitlynn, Katelin, Katelyn, Katelynne.*

KAL (Inglés) "Flor amarilla".

KALAMA (Hawaiano) "Antorcha flameante".

KALANI (Hawaiano) "Cielo".

KALANIT (Hebreo) "Flor". Variantes: *Kalanice, Kaleena, Kalena, Kalina.*

KALEI (Hawaiano) "Guirnalda de flores".

KALI (Hindú) "Energía". Variante: *Kalli.*

KALILA (Árabe) "Amada". Como se puede ver, Kalila ha producido una gran cantidad de variantes de diferente ortografía. Es más común en los países árabes. Variantes: *Kaila, Kailey, Kaleela, Kaleigh, Kalie, Kalilla, Kaly, Kayle, Kaylee, Kayleen, Kayleigh, Kaylene, Kayley, Kaylie, Kaylil, Kylila.*

KALINA (Polaco) "Flor". Variantes: *Kaleen, Kaleena, Kalena, Kalene.*

KALINDA (Hindú) "El sol". Variante: *Kaleenda.*

KALINN (Escandinavo) "Arroyo".

KALITA (Hindú) "Famosa".

KALLI (Griego) "Alondra que canta". Variantes: *Cal, Calli, Callie, Colli, Kal, Kallie, Kallu, Kally.*

KALLISTA (Griego) "La más bela". Variantes: *Cala, Calesta, Calista, Callie, Cally, Kala, Kalesta, Kali, Kalie, Kalika, Kalista, Kalli, Kallie, Kally, Kallysta.*

KALONICE (Griego) "Preciosa victoria".

KALYAN (Hindú) "Preciosa".

KAYCA (Griego) "Capullo de rosa". Variantes: *Kali, Kalica, Kaly.*

KAMALA (Africano: Zimbabwe) "Ángel guardián de los niños".

KAMARI (Africano: swahili) "Como la luna". Variante: *Kamaria.*

KAMELI (Hawaiano) "Miel".

KAMELIA (Hawaiano) "Viñedo". Variante: *Komela.*

KAMI (Polinesio) "Amor".

KAMILA (Árabe) "Perfecta". Se podría pensar que Kamila es una variante de Camila, pero sus raíces y significado son totalmente distintos. En su forma original, Kamila es totalmente árabe. Variantes: *Kameela, Kamilah, Kamilla, Kamillah, Kamla.*

KANNITHA (Camboyano) "Ángel".

KANTI (Hindú) "Adorable". Variante: *Kantimati.*

KANYA (Hindú) "Hija". Variante: *Kanyaa.*

KARA (Latín) "Querida". Kara surgió escrito como en italiano, con C, pero en Estados Unidos, de algún modo, se hizo más popular con K. Variantes: *Kaira, Karah, Karalee, Karalyn, Karalynn, Kari, Kariana, Karianna, Karianne, Karie, Karielle, Karrah, Karrie, Kary.*

KAREN (Escandinavo) Diminutivo de Katerina. Variantes: *Caren, Carin, Caryn, Karin, Karina, Karon, Kerena.*

KARIMA (Árabe) "Noble". Variante: *Karimah.*

KARIS (Griego) "Gracia".

KARISSA (Griego) "Querida".

KARMA (Hindú) "Destino".

KARMEL (Hebreo) "Jardín de uvas". Variantes: *Carmi, Carmel, Carmia, Karmeli, Karmi, Karmia, Karmiel, Karmielle.*

KARMIL (Hebreo) "Roja".

KARPURA (Hindú) Princesa de siglo XII.

KASMIRA (Eslavo) "Que trae la paz". Versión femenina de Casimiro.

KATHERINE (Griego) "Pura". Katherine y todos sus derivados han sido populares desde sus orígenes en Grecia, cuando era conocido como Aikaterina. Variantes: *Caitriona, Caren, Caron, Caryn, Caye, Kaethe, Kai, Kaila, Kait, Kaitlin, Karen, Karena, Karin, Karina, Karine, Karon, Karyn, Karyna, Karynn, Kata, Kataleen, Katalin, Katalina, Katarina, Kate, Katee, Kateke, Katerina, Katerinka, Katey, Katharin, Katharina, Katharine, Katharyn, Kathereen, Katherin, Katherina, Kathey, Kathi, Kathie, Kathleen, Kathlyn, Kathlynn, Kathren, Kathrine, Kathryn, Kathryne, Kathy, Kati, Katia, Katica, Katie, Katina, Katrina, Katrine, Katriona, Katryna, Kattrina, Katushka, Katy, Karrin, Katya, Kay, Kisan, Kit, Kittie, Kitty, Kotinka, Kotryna, Yekaterina.*

KATIA Forma rusa de Catalina.

KAYLA (Inglés) "Pura". Variante de Katherine. Variantes: *Kaela, Kaelee, Kaelene, Kaeli, Kaeleigh, Kaelie, Kaelin, Kaelyn, Kaila, Kailan, Kailee, Kaileen, Kailene, Kailey, Kailin, Kailynne, Kalan, Kalee, Kaleigh, Kalen, Kaley, Kalie, Kalin, Kalyn, Kayana, Kayanna, Kaye, Kaylan, Kaylea, Kayleen, Kayleigh, Kaylene, Kayley, Kayli, Kaylle.*

KEALANI (Hawaiano) "Cielo blanco".

KEALOHA (Hawaiano) "Amiga adorada".

KEENA (Inglés) Significado desconocido.

KEI (Japonés) "Temor, admiración". Variante: *Keiko*.

KEITA (Inglés) "Bosque". Versión femenina de Keith.

KELDA (Escandinavo) "Fuente o manantial". Variantes: *Kilde*.

KELILA (Hebreo) "Corona". Variantes: *Kaile, Kaille, Kalia, Kayla, Kayle, Kyle, Kylia*.

KELINA (Hawaiano) Diosa de la luna.

KELLY (Irlandés) "Mujer soldado". Este nombre ha sufrido múltiples alteraciones en los últimos cien años: primero fue apellido, luego fue elegido por muchos padres americanos e irlandeses para sus niños y hoy es casi exclusivamente nombre de niña. Kelly disfrutó su máxima

popularidad en los años setenta.
Variantes: *Kealey, Kealy, Keeley, Keelie, Keellie, Keely, Keighley, Keiley, Keilly, Keily, Kellee, Kelley, Kellia, Kellie, Kellina, Kellisa.*

KELSEY (Inglés) "Isla". Variantes: *Kelcey, Kelci, Kelcie, Kelcy, Kellsie, Kelsa, Kelsea, Kelsee, Kelseigh, Kelsi, Kelsie, Kelsy.*

KELULA (yiddish) "Novia".

KENDA (Nativo americano) "Mágica". Variantes: *Kenada, Kenadi, Kendi, Kendie, Kendy, Kennda, Kenndi, Kenndie, Kenndy.*

KERANI (Hindú) "Campanas sagradas". Variantes: *Kera, Kerie, Kery.*

KEREM (Hebreo) "Huerto".

KERRY (Irlandés) Condado de Irlanda. Al igual que Kelly, Kerry surgió como nombre de niño. Variantes: *Kera, Keree, Keri, Keiana, Keriann, Kerianna, Kerianne, Kerra, Kerrey, Kerri, Kerrianne, Kerrie.*

KESIA (Afroamericano) "Favorita". Variante: *Keshia.*

KETI (Polinesio) "Pura".

KETINA (Hebreo) "Niña".

KETZIA (Hebreo) "Corteza de árbol". Variantes: *Kazia, Kesiah, Ketzi, Ketziah, Kezi, Kezia, Keziah, Kissie, Kizzie, Kizzy.*

KEVINA (Irlandés) "Atractiva". Versión femenina de Kevin. *Variantes: Keva, Kevia, Kevyn.*

KHALILA (Árabe) "Buena amiga". Variante: *Khalilah.*

KILEY (Gaélico) "Atractiva". Variante: *Kilee.*

KILIA (Hawaiano) "Cielo".

KIMAYA (Hindú) "Semejante a Dios".

KIMBERLY (Inglés) "Prado del rey". Kimberly era un nombre muy habitual entre niños a principios de siglo, al ser una ciudad de Sudáfrica donde combatían muchos hombres en la guerra. Para conmemorar las batallas, los padres pusieron a sus hijos el nombre de la ciudad. Por los años cuarenta, Kimberly ya había empezado a afianzarse como nombre de niña y se convirtió en uno de los más populares de los años sesenta y setenta, tanto en Estados Unidos como en Gran Bretaña. Variantes: *Kim, Kimba, Kimba Lee, Kimball, Kimber, Kimberlea, Kimberlee, Kimberlei, Kimberleigh, Kimberley, Kimberli, Kimberlie, Kimberlyn, Kimbley, Kimmi, Kimmie, Kymberlee.*

KIMI (Japonés) "Genial". Variantes: *Kimie, Kimiko, Kimiyo.*

KIRA (Búlgaro) "Trono". Variantes: *Kiran, Kirana, Kiri, Kirra.*

KIRAN (Hindú) "Luz". Variante: *Kirina.*

KIRBY (Inglés) "Granja cerca de una iglesia".

¡ES NIÑA!

KIRIAH (Hebreo) "Pueblo".
Variantes: *Kiria, Kirya.*

KIRSTEN (Escandinavo) "Ungida".
Versión femenina de Christian.
Kirsten y sus variantes parecen
haber sido menos utilizado que
Kristen y Christine. Sin embargo,
ahora Kirsten se ha hecho más
popular. Variantes: *Keerstin,
Kersten, Kersti, Kerstie, Kerstin,
Kiersten, Kierstin, Kirsta, Kirsti,
Kirstie, Kirstin, Kirstine, Kirsty,
Kirstyn, Kirstynn, Kyrstin.*

KISA (Ruso) "Gatito". Variantes:
Keesa, Kysa.

KISHORI (Hindú) "Chica joven".

KODELIA (Hawaiano) "Hija del
mar". Variante: *Kokelia.*

KOHANA (Japonés) "Pequeña
flor".

KOLINA (Hawaiano) "Doncella".
(Escandinavo: sueco) "Pura".

KOLOE (Hawaiano) "Floreciente".

KOPEA (Hawaiano) "Sabia".
Variantes: *Kopaea, Sopia.*

KORA (Griego) "Niña". Variantes:
*Cora, Corabel, Corabella,
Corabelle, Corabellita, Corake,
Coralyn, Corella, Corena, Coretta,
Corey, Cori, Corie, Corilla, Corinna,
Corinne, Corissa, Corlene, Corri,
Corrie, Corrin, Corrissa, Corry,
Cory, Coryn, Coryna, Corynn,*
*Korabell, Koree, Koreen, Korella,
Korenda, Korette, Korey, Korie,
Korilla, Korissa, Korri, Korrie,
Korrina, Korry, Kory, Korynna,
Koryssa.*

KORINA (Inglés) "Doncella".
Korina existe en Estados Unidos y
Gran Bretaña desde mediados del
siglo XIX, pero siempre ha estado
en segundo plano. Es una buena
opción para los padres de hoy
que buscan algo diferente.
Variantes: *Korinna, Korinne,
Korrina.*

KRISTEN (Inglés) "Ungida".
Versión femenina de Christian. No
es tan habitual como Christine,
pero tampoco tan inusual como
Kirsten. Variantes: *Krista, Kristan,
Kristin, Kristina, Kristine, Kristyn,
Kristyna, Krysta, Krystyna.*

KUNANI (Hawaiano) "Preciosa".

KUNTHEA (Camboyano)
"Aromático".

KUSA (Hindú) "Hierba".

KUSHALI (Hindú) "Niña
avispada".

KUSUM (Hindú) "Flor".

KYLA (Hebreo) "Corona".

KYRA (Griego) "Dama".
Variantes: *Keera, Keira, Kira,
Kyrene, Kyria.*

KYRIE (Irlandés) "Oscura".

LAIA Variante de Eulalia.
LAINE (Inglés) "Brillante". Variante de Elena. Variantes: *Lainey, Lane, Layne.*
LAJNI (Hindú) "Tímida".
LAKEISHA (Afroamericano) Creado recientemente. Lakeisha es uno de los nombres afroamericanos más populares. Comparado con otros nombres con *La,* éste tiene muchas maneras de escribirse. Lakeisha se puede remontar hasta Ayesha, un nombre elegido por muchas familias musulmanas para sus hijas. Variantes: *Lakecia, Lakeesha, Lakesha, Lakeshia, Laketia, Lakeysha, Lakeyshia, Lakicia, Lakiesha, Lakisha, Lakitia,* *Laquiesha, Laquisha, Lekeesha, Lekeisha, Lekisha.*
LAKSHA (Hindú) "Rosa blanca".
LAKSHANA (Hindú) "Señal". Variantes: *Lakshmi, Laxmi.*
LAKYA (Hindú) "Nacida en jueves".
LALA (Checo) "Tulipán".
LALI Variante de Eulalia.
LALIKA (Hindú) "Mujer preciosa".
LALITA (Hindú) "Traviesa".
LAMIS (Árabe) "Suave".
LAMYA (Árabe) "Labios oscuros". Variante: *Lama.*
LAN (Vietnamita) "Flor". Variante: *Lang.*
LANA (Inglés) "Roca". Variante de Alanna. Lana Turner fue seguramente la Lana más famosa

que hemos conocido todos. Por cierto, su nombre verdadero era Julia, casi el nombre más popular hoy en día. Variantes: *Lanae, Lanice, Lanna, Lannette.*

LANI (Hawaiano) "Cielo".

LANORA (Afroamericano) Creado recientemente.

LANTHA (Griego) "Flor morada". Variantes: *Lanthe, Lanthia, Lanthina.*

LARA "Famosa". La "Canción de Lara" de la romántica película *Doctor Zhivago* es seguramente uno de los motivos por los que este nombre fue conocido y más utilizado en aquel momento. Variantes: *Laralaine, Laramae, Lari, Larina, Larinda, Larita.*

LARINDA (Afroamericano) Creado recientemente.

LARISA (Griego) "Feliz". El nombre procede, probablemente, de una antigua población de Asia Menor. Lara puede ser una variante de Larisa. Variantes: *Laresa, Laressa, Larissa, Laryssa.*

LASSIE (Inglés) "Jovencita".

LATANIA (Afroamericano) Creado recientemente. Variantes: *Latanya, Latonia, Latonya.*

LATASHA (Afroamericano) Creado recientemente. Me gusta Latasha porque suena muy parecido a Natasha, el nombre que podemos asociar de inmediato con un personaje de literatura rusa. A muchas otras personas también debe gustarles, ya que Latasha es uno de los nombres de niña más frecuentes entre los afroamericanos desde mediados de los años ochenta. Variante: *Latashia.*

LATAVIA (Árabe) "Agradable".

LATOYA (Afroamericano) Creado recientemente. La presencia y la notoriedad de LaToya Jackson ha convertido este nombre en unos de los nombres más populares. Variantes: *Latoia, Latoyia, Latoyla.*

LAUFEIA (Escandinavo) "Isla frondosa". Variante: *Laufey.*

LAURA (Latín) "Laurel". La película *Laura* quizá sea una de las más interesantes películas americanas de los años cuarenta. Laura siempre ha sido un nombre común en todas partes y en todas las lenguas. Variantes: *Larette, Laural, Laure, Laureana, Laurel, Lauren, Laurena, Lauret, Laureta, Lauretta, Laurette, Laurie, Laurin, Lauryn, Lora, Loren, Lorena, Loret, Loreta, Loretta, Lorette, Lori, Lorin, Lorita, Lorrie, Lorrin, Lorry, Loryn.*

LAVINIA (Latín) "Mujer romana". Variantes: *Lavena, Lavenia, Lavina, Laviner, Lavinie, Levina, Levinia, Livinia, Lovina.*

LEA (Hebreo) "Cansada". Variantes: *Leah, Leia, Leigha, Lia, Ligh.*

LEANDRA (Griego) "Hombre león", en su variante femenina. Variantes: *Leanda, Leodora, Leoine, Leoline, Leona, Leonanie, Leonelle, Leonette, Leonice, Leonisa.*

LEANNA (Gaélico) "Viña florida". Variantes: *Leana, Leane, Leann, Leanne, Lee Ann, Lee Anne, Leeann, Leeanne, Leianna, Leigh Ann, Leighann, Leighanne, Liana, Liane, Lianne.*

LEDA (Hebreo) "Nacimiento". Variantes: *Ledah, Leida, Leta, Leyda, Lida, Lidah, Lyda.*

LEENA (Hindú) "Devota".

LEFNA (Estonio) "Luz".

LEIGH (Inglés) "Prado". Lee sería lo mismo pero escrito de forma más sencilla. Lee siempre ha sido más popular para niños que para niñas, pero Leigh empieza a tener sus adeptos. Variante: *Lee.*

LEILA (Árabe) "Noche". Variantes: *Laila, Layla, Leela, Leelah, Leilah, Leilia, Lela, Lelah, Lelia, Leyla, Lila, Lilah.*

LEILANI (Hawaiano) "Celestial".

LEILI (Hebreo) "Noche". Variantes: *Laili, Lailie, Laylie, Leilie.*

LEINANI (Hawaiano) "Preciosa guirnalda".

LEISI (Polinesio) "Lazo".

LENA (Inglés) "Brillante". Variante de Helena. Variantes: *Lenah, Lene, Leni, Lenia, Lina, Linah, Line.*

LENIS (Latín) "Suave, sedoso".
LENKA (Checo) "Luz".
LENNA (Alemán) "La fuerza de un león". Variantes: *Lenda, Lennah.*
LEOLANI (Hawaiano) "Alta".

LEONOR Es la forma antigua castellana de Elionor. Variantes: *Leanor, Leanora, Lenor, Lenora, Lenorah, Lenore, Leonara, Leonora, Leonore.*
LEOPOLDINA (Germánico) "Pueblo valiente". Versión femenina de Leopoldo. Variantes: *Leopolda, Leopoldine.*
LEORA (Griego) "Luz". Variantes: *Leorah, Leorit, Lior, Liora, Liorah, Liorit.*
LESLIE (Escocés) "Prado bajo". Leslie posee una historia rica y pintoresca, adaptada a partir de su utilización original como apellido en uno de los poemas de Robert Burns. Burns lo escribió como Lesley, pero cuando los padres empezaron a elegirlo como nombre de sus hijos, escribieron Leslie. El nombre siguió siendo popular para ambos sexos, y escrito de las dos formas, hasta los años cuarenta. Hoy, Leslie es básicamente nombre de niña. Variantes: *Leslea, Leslee, Lesley, Lesli, Lesly, Lezlee, Lezley, Lezli, Lezlie.*
LETA (Latín) "Feliz". Variante: *Lida.*
LETICIA (Latín) "Felicidad". Variantes: *Lestisha, Letitia, Letizia, Lettitia, Letycia.*
LEVANA (Hebreo) "Blanca". Variantes: *Leva, Levania, Levanit, Levanna, Livana, Livna, Livnat, Livana.*
LEVINA (Hebreo) "Vínculo". Versión femenina de Leví.
LEWANA (Hebreo) "La luna". Variantes: *Lewanna, Liva.*
LEXA (Checo) "Protectora del hombre". Forma cariñosa de Alejandra. Variantes: *Lexi, Lexia, Lexie, Lexina, Lexine.*
LEYRE Nombre de un monasterio navarro en el que existe una imagen románica de la virgen conocida como Nuestra Señora de Leyre.
LIA (Hebreo) "Cansada".
LIAN (Chino) "Sauce gracioso".
LIANA Derivado familiar de Juliana o Liliana.

LIBE (Hebreo) "Amor". Variantes: *Liba, Libbe, Libbeh, Libi, Libke, Libkeh, Lipke, Lipkeh.*

LIBENA (Checo) "Amor". Variantes: *Liba, Libenka, Libuse, Libuska, Luba.*

LIBERTY (Inglés) "Libertad".

LIBIA País del norte de África.

LIDA (Eslavo) "Amada por todos". Variantes: *Lidah, Lyda.*

LIDIA (Griego) "Mujer de Lidia", antigua región de Asia Menor. Variantes: *Lidi, Lidie, Lidka, Likochka, Lydia, Lydiah, Lydie.*

LIDUVINA (Escandinavo) "Amiga del pueblo".

LIEN (Chino) "Loto". Variante: *Lien Hua.*

LILA (Hindú) "Danza de Dios".

LILIA (Latín) "Lirio". Variantes: *Lili, Lily, Lilie, Lilli, Lillie, Lille, Lilye.*

LILAVATI (Hindú) "Libre voluntad".

LILITH (Árabe) "Demonio nocturno". Según la tradición hebrea, Lilith fue la primera esposa de Adán. A Lilith no le gustaba estar sometida a un hombre y se marchó, convirtiéndose en un demonio. Variante: *Lillis.*

LILLIAN (Inglés) Lily y Ann. Variantes: *Lileana, Lilian, Liliana, Lilias, Lilika, Lillia, Lillianne, Lillyan, Lillyanna, Lilyan.*

LINA Además de ser femenino de Lin, es abreviatura de Paulina, Carolina y otros nombres con esta terminación. Con este nombre en nuestro país conocemos a la famosa Lina Morgan, aunque está claro que se trata de un nombre artístico. Variantes: *Lin, Linell, Linelle, Linn, Linne, Lyn, Lyndall, Lyndel, Lyndell, Lyndelle, Lynelie, Lynell, Lynn, Lynna, Lynne, Lynnelle.*

LINDA (Español) "Guapa". Aunque es una palabra española, como nombre se ha utilizado más en países de habla inglesa y escrito Lynda. Variantes: *Lin, Linday, Linde, Lindee, Lindi, Lindie, Lindy, Linn, .Lyn, Lynada, Lynadie, Lynda, Lynde, Lyndy, Lynn, Lynnda.*

LINDSAY (Inglés) "Isla de los tilos". Lindsay era más frecuente encontrarlo como nombre de niño. Variantes: *Lindsaye, Lindsey,*

Lindsi, Lindsie, Lindsy, Linsay, Linsey, Linzey, Lyndsay, Lyndsey, Lynsay, Lynsey.

LINETTE (Galés) "Ídolo". Variantes: *Lanette, Linet, Linetta, Linnet, Linnetta, Linnette, Lynetta, Lynette, Lynnet, Lynnette.*

LING (Chino) "Delicada".

LIONA (Hawaiano) "León rugiente".

LIRA (Griego) Nombre de instrumento musical.

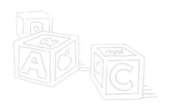

LISA (Inglés) "Promesa por juramento a Dios". Versión de Elizabeth. Variantes: *Leesa, Leeza, Leisa, Liesa, Liese, Lisanne, Lise, Liseta, Lisetta, Lisette, Lissa, Lissette, Liza, Lizana, Lizanne, Lizette.*

LISANDRA (Griego) "Liberadora". Variantes: *Lissandra, Lizandra, Lizann, Lizanne, Lysandra.*

LISELI (Nativo americano) Significado desconocido.

LIUBA (Ruso) Forma rusa de Caridad.

LIVIYA (Hebreo) "Leona". Variante: *Leviya.*

LIVONA (Hebreo) "Especia". Variantes: *Livia, Liviya.*

LLEDÓ (Catalán) "Almez", nombre de árbol. Hace referencia al árbol en que fue hallada esta imagen. Nombre de advocación mariana.

LOIS (Inglés) "Famoso soldado". Versión femenina de Luis en inglés.

LOLA (Español) Forma popular de Dolores. En España la Lola más conocida fue Lola Flores. El diminutivo *Lolita* es el título de la famosa novela de Nabokob llevada al cine. Variantes: *Loleta, Loletta, Lolita.*

LONI (Inglés) "Lista para la batalla". Versión femenina de Alfonso. Variantes: *Lona, Lonee, Lonie, Lonna, Lonnie.*

LORELEI (Alemán) Región de Alemania. Variantes: *Loralee, Loralie, Loralyn, Lorilee, Lura, Lurette, Lurleen, Lurlene, Lurline.*

LORENA (Francés) Región de Francia. Variantes: *Laraine, Lauraine, Laurraine, Lorain, Loraine, Lorayne, Lorine, Lorrayne.*

LORETO (Latín) "Lugar lleno de laureles". Nombre de advocación mariana.

LORNA (Escocés) Región de Escocia. Variante: *Lorrna.*

LOTA (Hindú) "Copa".

LOTTA (Escandinavo: sueco) "Mujer". Es abreviatura de Carlota. Variantes: *Lotie, Lotte, Lottey, Lotti, Lottie, Lotty.*

LOURDES (Vasco) "Altura prolongada en pendiente". Nombre de advocación mariana.

LUCÍA (Latín) "Luz". Variantes: *Lucetta, Lucette, Lucia, Luciana, Lucie, Lucienne, Lucilla, Lucille, Lucina, Lucinda, Lucita.*

LUCILA (Latín) "Luz".

LUCINDA (Latín) "Preciosa luz".

LUCRECIA (Latín) Nombre de clan romano. Variantes: *Lucrece, Lucreecia, Lucretia, Lucrezia.*

LUDMILA (Checo) "Pueblo amante". Variantes: *Lidka, Lidmila, Lidunka, Liduse, Liduska, Ludmilla, Luduna, Lyudmila.*

LUDOVICA (Escandinavo) "Famosa en la guerra".

LUISA (Latín) "Guerrera ilustre". Versión femenina de Luis. Variantes: *Aloise, Aloysia, Louise, Louisine, Louiza, Luise.*

LUJÁN Nombre de advocación mariana: Nuestra Señora de Luján. Se venera en un santuario cercano a Buenos Aires (Argentina).

LUJAYN (Árabe) "Plata".

LULANI (Hawaiano) "La cima del cielo".

LULU (Africano: swahili) "Perla".

LUNA (Latín) Diosa romana de la luna. Variantes: *Lunetta, Lunette, Lunneta.*

LUZ (Latín) Nuestra Señora de la Luz. Variantes: *Luzi, Luzie.*

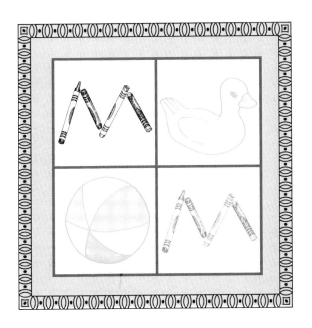

MAAYAN (Hebreo) "Montaña". Variante: *Mayana*.

MAB (Irlandés, gaélico) "Alegría". La reina Mab es una legendaria reina hada irlandesa.

MABEL (Inglés) Variante inglesa de María Isabel. Variantes: *Mabelle, Mable, Maybel, Maybell, Maybelle*.

MACARENA (Español) Advocación mariana alusiva a Nuestra Señora de la Esperanza, cuya iglesia se encuentra en al barrio de la Macarena de Sevilla.

MACIA (Polaco) "Desafiante".

MADHAVI (Hindú) "Primavera, manantial".

MADIA (Árabe) "Alabar". Variantes: *Madha, Madihah*.

MADONNA (Latín) "Mi señora". Aparte de ser el nombre de la Virgen en la pintura italiana, también hay que destacar a la famosa cantante americana Madonna.

MAEMI (Japonés) "Sonrisa sincera".

MAEVE (Irlandés) "Delicada".

MAFALDA (Germánico) "Fuerte".

MAGALÍ (Francés) Variante francesa de Margarita.

MAGDALENA (Hebreo) "Torre de Dios". Mujer de Magdala, región de Oriente Medio. Variantes: *Magdala, Magdalen, Magdalene*.

MAGENA (Nativo americano) "Luna nueva".

MAGNOLIA (Latín) Nombre de flor.

MAHALA (Hebreo) "Ternura". Variantes: *Mahalah, Mahalia, Mahaliah, Mahalla, Mahelia, Mehalia*.

MAHI (Hindú) "Tierra". Variante: *Mahika*.

MAHINA (Hawaiano) "Luna".

MAHIRA (Hebreo) "Rápida". Variante: *Mahera*.

MAI LY (Vietnamita) "Flor de ciruelo".

MAI (Vietnamita) "Flor".

MAIA (Griego) "Madre". Ninfa griega.

MAIKAI (Hawaiano) "Buena".

MAILI (Polinesio) "Brisa".

MAIMI (Hindú) "Oro".

MAIRA (Hawaiano) "Mirra". Variante: *Maila*.

MAISIE (Escocés) "Perla". Diminutivo de Margarita. Variantes: *Maisey, Maisy, Maizie*.

MALANA (Hawaiano) "Alegre".

MALATI (Hindú) "Jazmín".

MALINA (Hawaiano) "Pacífica".

MALKAH (Hebreo) "Reina". Variantes: *Malcah, Malka, Malkia, Malkiah, Malkie, Malkit, Malkiya*.

MALKIN (Alemán) "Doncella de la batalla".

MALLORY "Desafortunada". Es uno de los nombres de niño, que también puede ser apellido, y que con el tiempo se ha convertido en un nombre atractivo para niña. Variantes: *Malloreigh, Mallorey, Mallorie, Malorey, Malori, Malorie, Malory*.

MALU (Hawaiano) "Paz". Variantes: *Maloo, Malou*.

MALUHI (Hawaiano) "Pacífica".

MALVA (Griego) "Delicada". Variantes: *Malvina, Melva, Melvena, Melvina*.

MANA (Hawaiano) "Poder sobrenatural".

MANDARA (Hindú) "Árbol".

MANIDISA (Africano: ghanés) "Dulce". Variante: *Mandisa*.

MANSI (Nativo americano) "Flor escogida". Variantes: *Mancey, Manci, Mancie, Mancy, Mansey, Mansie, Mansy*.

MANUELA (Hebreo) "Dios está con nosotros". Versión femenina de Manuel. Variantes: *Em, Emanuelle, Emmanuela, Emmanuelle, Emmie, Emmy, Manuelita*.

MANYA (Ruso) Apodo de María.

MAR (Latín) Advocación mariana.

MARA (Hebreo) "Amarga". Variante: *Marah*.

MARABEL (Inglés) "Preciosa María". Variantes: *Marabelle, Marable, Marbella*.

MARAVILLAS (Latín) "Cosa admirable".

MARCELA (Latín) Derivado de Marcus, "martillo".

Nombres hindúes y tradiciones culturales

Para el hinduismo no es suficiente una hora a la semana en la iglesia como para otras religiones. Su religión es para ellos una forma de vivir, está presente en cada acto que realizan. Así, elegir un nombre para sus hijos también es algo importante y debe tener un significado especial. A menudo, los bebés hindúes reflejan en su nombre el principal dogma de la religión –el del politeísmo–, por lo que una buena parte de hindúes recibe el nombre de algún dios. Además, para cada dios puede haber cientos de nombres entre los cuales elegir.

Los nombres de Sita para niña y Visnú para niño son de lo más habitual. Los nombres de la naturaleza también prevalecen sobre cualquier otro, debido a la creencia hindú de que Dios está allí donde mires: un árbol, un pájaro, una roca. Así pues, según la tradición hindú, cada vez que se menciona un nombre, se está diciendo de hecho el nombre de Dios.

Al igual que sucede con muchos padres chinos, algunos padres hindúes pueden elegir un nombre feo o aburrido porque crean que no tentarán tanto a los espíritus malignos para que se lleven al bebé a la muerte. Esta práctica, no obstante, no es incompatible con la de poner un nombre que represente a algún dios.

NOMBRES DE NIÑO		NOMBRES DE NIÑA	
Adri	Krishna	Aditi	Lalita
Amar	Nandin	Anala	Maya
Anand	Pramod	Bakul	Natesa
Balin	Rohin	Chandi	Rani
Dalal	Sarad	Deva	Rudra
Hardeep	Siva	Ganesa	Sagara
Hasin	Vadin	Jaspreet	Sita
Kala	Valin	Kalinda	Tulsi
Kapíldev	Vasin	Karma	Veda
Kesin	Vinod	Karuna	

MARCELINA (Latín) "Belicosa". Versión femenina de Marco. Variantes: *Marce, Marcee, Marcela Marcelia, Marcella, Marcelle, Marcena, Marcene, Marcey, Marci, Marcia, Marcie, Marcina, Marcy, Marsha.*

MARCIA (Latín) Derivado de Marciana, relativo a Marte, dios romano de la guerra.

MARELDA (Germánico) "Famosa doncella de la guerra". Variante: *Marilda.*

MARGARITA (Latín) "Perla". También es nombre de flor. Margarita posee profundas raíces que se remontan hasta el siglo III, cuando era el nombre de una famosa santa. Variantes: *Greeta, Greetje, Grere, Gret, Greta, Gretal, Gretchen, Gretel, Grethal, Grethel, Gretje, Gretl, Gretta, Groer, Maggi, Maggie, Maggy, Mair, Maire, Mairi, Mairona, Margara, Margareta, Margarethe, Margaret, Margarett, Margaretta, Margarette, Margarite, Marge, Margeret, Margerey, Margery, Margrett, Marguerette, Marguerite, Marj, Marjorie, Meagan, Meaghan, Meaghen, Meg, Megan, Megen, Meggi, Meggie, Meggy, Meghan, Meghann, Peg, Pegeen, Pegg, Peggey, Peggi, Peggie, Peggy, Reet, Reeta, Reita, Rheeta, Riet, Rieta, Ritta.*

MARGOT (Francés) Variante francesa de Margarita.

MARÍA (Hebreo) "Amargura". La Virgen María. En la Edad Media, podías ser acusado de blasfemo si elegías el nombre de María para tu hija. En aquel entonces, se consideraba demasiado sagrado para ser utilizado por un mortal. Cuando esto cambió, María fue el nombre más utilizado en todos los países. En España es el nombre con el que hasta hace poco se tenían que formar casi todos los nombres. Variantes: *Maree, Marella, Marelle, Mari, Marial, Marie, Marieke, Mariel, Mariela, Mariele, Mariella, Marielle, Marika, Marike, Maryk, Maura, Moira, Moll, Mollee, Molley, Molli, Mollie, Molly, Mora, Moria, Moyra.*Variantes: *Marea, Mariah, Marie, Marya.*

MARIAM (Griego) Forma griega de María.

MARIANA Derivado de María y Ana, o también femenino de Mariano, en cuyo caso significa "devota de la Virgen".

MARIETA (Francés) Variante de María. Variante: *Mariette.*

MARILYN (Inglés) Mezcla de Mary y Lynn. Variantes: *Maralin, Maralynn, Marelyn, Marilee, Marilin, Marilynne, Marralynn, Marrilin, Marrilyn, Marylin, Marylyn.*

¡ES NIÑA!

MARINA (Latín) "Que pertenece al mar". Variantes: *Marena, Marinda, Marine, Marinna, Marna.*

MARIONA Variante de María.

MARISA (Latín) "Estrella del mar". Proviene del término marino latino *stella maris*, que significa "estrella del mar". También es variante familiar de María Luisa. Variantes: *Marieca, Maris, Marise, Marish, Marisha, Marissa, Marisse, Meris, Merisa, Merissa.*

MARISOL (Español) María del Sol o María de la Soledad.

MARJANI (Africano: swahili) "Coral".

MARLENE Mezcla de María y Magdalena. Variantes: *Marla, Marlaina, Marlaine, Marlana, Marlane, Marlayne, Marlea, Marlee, Marleen, Marleina, Marlena, Marley, Marlie, Marlina, Marlinda, Marline, Marlyn.*

MARNI (Hebreo) "Regocijarse". Variantes: *Marna, Marne, Marney, Marnia, Marnie, Marnina, Merina.*

MARTA (Hebreo) "Ama de casa, señora". Marta es un nombre muy común en España desde hace años. Es un bonito nombre para una niña: corto y con dos aes, que lo hacen muy femenino y agradable. Variantes: *Macia, Marit, Marite, Marlet,Mart, Martell, Marth, Martha, Marthena, Marti, Martie, Martina, Martita, Martus, Martuska, Marty, Martyne, Martynne, Masia, Matti, Mattie.*

MARTINA (Latín) "Belicosa". Versión femenina de Martín. Variante: *Martine.*

MASELA (Hawaiano) "Belicosa". Versión hawaiana de Marcela. Variante: *Makela.*

MASIKA (Africano: swahili) "Nacida durante la estación de lluvias".

MATILDE (Germánico) "Doncella en la batalla". Matilde es un nombre lírico y maravilloso que ha pasado de moda. Variantes: *Maddi, Maddie, Maddy, Mat, Matelda, Mathilda, Mathilde, Matilda, Mattie, Matty, Matusha, Matylda, Maud, Maude, Tila, Tilda, Tildie, Tildy, Tilley, Tilli, Tillie, Tilly, Tilda.*

MATRIXA (Hindú) "Madre". Variante: *Matrika.*

MATSU (Japonés) "Pino".
Variantes: *Matsuko, Matsuyo.*

MATEA (Hebreo) "Regalo de Dios". Versión femenina de Mateo. Variantes: *Mathea, Mathia, Matthea, Matthia, Mattia.*

MAUREEN (Irlandés) Variante de María. Entre las Maureen famosas están las actrices Maureen O'Sullivan y Maureen O'Hara. Variantes: *Maurene, Maurine, Moreen, Morreen, Moureen.*

MÁXIMA (Latín) "De la mayor excelencia". Versión femenina de Máximo. Variantes: *Maxeen, Maxene, Maxi, Maxie, Maximina, Maxina, Maxine.*

MAY (Inglés) "Mayo". En los años veinte, el último grito en Estados Unidos era utilizar los meses del año como nombre de niña, aunque este exclusivo grupo parecía centrarse en primavera: April, May y June. Variantes: *Mae, Mai, Mayleen, Maylene.*

MAYA (Hindú) "El poder de Dios". Variante: *Mya.* (Vasco) María.

MAYSA (Árabe) "Andar orgulloso". Variante: *Maisah.*

MEDEA (Griego) "Líder". Personaje clásico griego.

MEDORA (Inglés) "Regalo de madre".

MEHITABEL (Hebreo) "Beneficiada por Dios". Variante: *Mehetabel.*

MEHLI (Hindú) "Lluvia".

MEI-LIEN (Chino) "Precioso loto".

MEIRA (Hebreo) "Luz". Variantes: *Meiri, Meirit, Meora, Meorah.*

MELANIA (Griego) "De piel morena". Variantes: *Mel, Mela, Melaine, Melana, Melane, Melani, Melanie, Melanya, Melanka, Melany, Melanya, Melashka, Melasya, Melenia, Melka, Mellanie, Mellie, Melloney, Mellony, Melly, Meloni, Melonie, Melony, Milena, Milya.*

MELBA (Inglés) Variante de Melbourne, ciudad australiana. Variantes: *Mellba, Mellva, Melva.*

MELCIA (Polaco) "Ambiciosa".

MELINDA (Latín) "Miel". Variantes: *Malina, Malinda, Malinde, Mallie, Mally, Mel, Meleana, Melina, Melinde, Meline, Mellinda, Melynda, Mindi, Mindie, Mindy.*

MELISANDE (Francés) "Poderosa". Variantes: *Melasandre, Mellisande.*

MELISA (Griego) "Abeja". Es un nombre de principios del Imperio Romano. Variantes: *Melisande, Melisandra, Melisandre, Melissa, Melissande, Melissandre, Melisse, Mellisa, Mellissa.*

MELODY (Griego) "Canción". Variantes: *Melodee, Melodey, Melodia, Melodice, Melodie.*

Famosos escritores y artistas

Algunos padres leen a Shakespeare en voz alta durante el embarazo con la esperanza de que algo de esa cultura brote de sus hijos más adelante. Otros ponen música de Mozart casi sin parar, desde el momento de la concepción hasta el parto, con la esperanza de que sus bebés se conviertan en prodigios músicos.

Otros van a tiro hecho y le ponen al bebé el nombre de algún famoso escritor o artista para aumentar sus posibilidades de que se conviertan en Picasso o Cervantes. ¿Es una sabia decisión?

También es verdad que no todos los padres le ponen al bebé el nombre de un famoso escritor o artista porque esperen que de algún modo sigan sus pasos. Algunos dicen que sencillamente les gusta el nombre.

NOMBRES DE NIÑO	NOMBRES DE NIÑA
Alejandro Dumas	Concepción Arenal
Julio Cortázar	María Zambrano
Gustavo Adolfo Bécquer	Carmen Posadas
Gabriel García Márquez	Frida Kahlo
Miguel de Cervantes	Ouka Lele
Tirso de Molina	Isadora Duncan
Francisco de Goya	Jane Austen
Isaac Asimov	Almudena Grandes
Víctor Hugo	Nuria Espert
Pablo Picasso	Eleonora Duse
Salvador Dalí	Carmen Martín Gaite

MENIA (Escandinavo) Antigua figura mitológica. Variante: *Menja.*

MERCEDES (Español) "Pago por una mercancía, favor". Es un nombre común entre las mujeres españolas. Variantes: *Merced, Mercede.*

MERCIA (Inglés) Antiguo reino británico.

MEREDITH (Galés) "Gran líder". *Meredithe, Merideth, Meridith, Merridith.*

MERI (Escandinavo: finlandés) "Océano". Variante: *Meriata.*

MERITXELL Nombre de advocación mariana muy común en Andorra.

MERIEL (Gaélico) "Mares brillantes". Variantes: *Merial, Meriol, Merrill.*

MERIMA (Hebreo) "Levantar".

MERYL (Inglés) "Brillante como el mar". La actriz Meryl Streep puede ser el motivo evidente de la popularidad de este nombre para las niñas americanas desde principios de los años ochenta.

MEUSA (Hawaiano) "Abeja". Variantes: *Meli, Melika.*

MINA (Nativo americano: sioux) "Primera hija".

MIA (Italiano) "Mía".

MICAELA (Hebreo) "¿Quién es como el Señor?" Versión femenina de Miguel. Variantes: *Makaela, Mical, Michael, Michaela, Michaella, Michal, Michala, Mickaula, Micki, Mickie, Micky, Mikella, Mikelle, Mychaela.*

MICHELLE (Francés) "¿Quién es como el Señor?" Es otra versión femenina de Miguel. La canción *Michelle* de los Beatles tiene parte de culpa de su popularidad, así como Michelle Pfeiffer, quien recogió la antorcha a mediados de los años ochenta.

MILA (Eslavo) "Amada por el pueblo".

MILAGROS (Latín) "Maravilla, prodigio". Variantes: *Mila, Milagritos, Miligrosa.*

MILDRED (Inglés) "Tierna fuerza". Variante: *Mildrid.*

MILENA (Checo) "Gracia". Variantes: *Milada, Miladena, Miladka, Milana, Milanka, Milenka, Milka, Miluse, Miluska, Mlada, Mladena, Mladka, Mladuska.*

MILI (Hebreo) "Virtuosa".

MIN (Chino) "Sensible".

MINA (Checo) "Criatura de la tierra" Variantes: *Meena, Minette, Minna, Minnette, Minnie.*

MINDA (Hindú) "Sabiduría".

MINERVA (Latín) La diosa romana de la sabiduría.

MIRA (Hindú) "Rica". Variantes: *Meera, Miraata.*

MIRABEL (Latín) "Maravillosa". Mirabel es un nombre muy

melodioso para niña. Variantes: *Mirabell, Mirabella, Mirabelle.*

MIRANDA (Latín) "Admirable". Variantes: *Maranda, Meranda, Mira, Myranda, Randa, Randee, Randene, Randey, Randi, Randie, Randy.*

MIRELLA (Hebreo) "Dios habla".

MIREYA (Francés provenzal) De origen dudoso, puede significar "espejo" o "maravilla". La variante catalana es Mireia.

MIRENA (Hawaiano) "Amada". Variante: *Milena.*

MIRIAM (Hebreo) Forma hebrea de María.

MISAO (Japonés) "Leal".

MISSY (Inglés) Diminutivo de Melisa.

MITENA (Nativo americano: omaha) "Nacida en la luna nueva".

MITSU (Japonés) "Luz". Variante: *Mitsuko.*

MOANA (Hawaiano) "Océano".

MOANI (Hawaiano) "Ligera brisa".

MODESTA (Latín) "Discreta, moderada".

MONA (Irlandés) "Noble".

MÓNICA (Latín) "Solitaria". Variantes: *Monika, Monique.*

MONTSERRAT (Catalán) "Montaña aserrada".

MORAY (Escocés) "Grande".

MORGANA (Galés) "Grande y brillante". Es el nombre de la legendaria hermana del rey Arturo. Variantes: *Morgan, Morganne, Morgen.*

MORI (Japonés) "Bosque". Variantes: *Moriko, Moriyo.*

MORNA (Escocés) "Tierna".

MOUNA (Árabe) "Deseo". Variantes: *Mounia, Muna.*

MOYNA (Irlandés) "Tierra plana". Variante: *Moyne.*

MU LAN (Chino) "Flor de magnolio".

MU TAN (Chino) "Flor de peonía".

MUGAIN (Irlandés) "Esclava".

MUIRNE (Irlandés) "Adorada".

MUNA (Árabe) "Deseo".

MURDAG (Escocés) "Guerrera del mar". Variantes: *Murdann, Murdina.*

MURIEL (Irlandés) "Brillante como el mar". Aunque Muriel fue un nombre popular en Gran Bretaña hasta 1930, ha decaído desde entonces. Variantes: *Muirgheal, Murial, Muriell, Murielle.*

MUSIDORA (Griego) "Regalo de las musas".

MYLSHA (Árabe) "Mujer".

MYRNA (Irlandés) "Amada". Variantes: *Merna, Mirna, Muirna.*

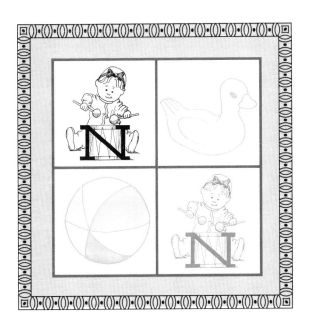

NAAMA (Hebreo) "Dulce". Variantes: *Naamah, Naamana, Naami, Naamia, Naamiah, Naamiya.*

NAARA (Hebreo) "Niña". Variante: *Naarah.*

NAAVAH (Hebreo) "Deliciosa".

NABILA (Árabe) "De alta cuna". Variantes: *Nabeela, Nabilah, Nabilia.*

NADIA (Ruso) "Esperanza". Variantes: *Nada, Nadeen, Nadene, Nadina, Nadine, Nadiya, Nadja, Nadya, Natka.*

NADIAN (Hebreo) "Estanque". Variante: *Nadyan.*

NADZIEJA (Polaco) "Esperanza". Variantes: *Nadzia, Nata, Natia, Natka.*

NAFSHIYA (Hebreo) "Amistad".

NAHARA (Hebreo) "Luz". Variantes: *Nehara, Nehora.*

NAIA (Hawaiano) "Delfín".

NAIDA (Griego) "Ninfa acuática". Variantes: *Naiad, Nayad, Nyad.*

NAILA (Árabe) "La que triunfa". Variante: *Nailah.*

NAIMA (Árabe) "Contentada". Variantes: *Naeemah, Naimah.*

NAJILA (Árabe) "Ojos bonitos". Variantes: *Nalga, Najila, Najlaa, Najlah.*

NALIN (Nativo americano: apache) "Mujer joven".

NAMISHA (Hindú) "Sincera".

NANCY (Hebreo) "Gracia". Aunque de origen hebreo, Nancy se parece más a un nombre

genuinamente americano. La culminación de Nancy en los Estados Unidos tuvo lugar en los años cincuenta, cuando se situó entre los diez primeros. En Gran Bretaña había alcanzado la cima veinte años antes. Las Nancy más famosas son de esa época.
Variantes: *Nan, Nana, Nance, Nancee, Nancey, Nanci, Nancie, Nancsi, Nanette, Nann, Nanna, Nanncey, Nanncy, Nanni, Nannie, Nanny, Nanscey, Nansee, Nansey.*

NANEK (Hawaiano) "Misericordiosa".

NANI (Hawaiano) "Preciosa".

NARA (Japonés) "Roble".

NARCISA (Griego) "Femenino de Narciso".

NARI (Japonés) "Trueno". Variante: *Nariko.*

NASRIN (Árabe) "Rosa". Variante: *Nasreen.*

NASIA (Hebreo) "Milagro de Dios". Variante: *Nasya.*

NATACHA (Griego) "Nacimiento". Es un nombre que posee muchas connotaciones exóticas. Pero dejando eso de lado, Natasha es un nombre precioso para una niña y para una mujer. Hubo una famosa Natasha que eligió una forma más americana del nombre, Natalie Wood. Variantes: *Natasha, Nastasia, Nastassia, Nastassja,* *Nastassya, Nastasya, Natashia, Tashi, Tashia, Tasis, Tassa, Tassie.*

NATALIA (Latín) "Día del nacimiento". El nombre de Natalia fue uno de esos nombres que comenzaron a poner a las niñas españolas en los años setenta. Variantes: *Natala, Natalee, Natalene, Natalie, Natalina, Nataline, Natalka, Natalya, Natelie, Nathalia, Nathalie.*

NATANE (Nativo americano: arapaho) "Hija".

NATANIA (Hebreo) "Regalo de Dios". Versión femenina de Nathan. Variantes: *Nataniah, Nataniela, Nataniella, Natanielle, Natanya, Nathania, Nathaniella, Nathanielle, Netana, Netanela, Netania, Netaniah, Netaniela, Netaniella, Netanya, Nethania, Nethaniah, Netina.*

NATIFA (Árabe) "Pura". Variantes: *Nathifa, Nathifah, Natifa, Natifah.*

NATIVIDAD (Latín) "Nacimiento".

NATKA (Ruso) "Promesa".

NAYANA (Hindú) "Ojos preciosos".

NAZARET Nombre de advocación mariana.

NAZIRA (Árabe) "Igual". Variante: *Nazirah.*

NEALA (Irlandés) "Campeona". Versión femenina de Neil. Variantes: *Nealie, Nealy, Neeli,*

Los nombres más populares desde los años noventa hasta ahora

Quién sabe cuáles serán las mayores preocupaciones de la gente al mirar atrás a los años noventa: los problemas en el trabajo, en casa, en la familia, el cambio climático.

Todavía nadie sabe por qué los padres están eligiendo estos nombres como los más populares de esta época, pero si echamos un vistazo a las listas de nombres de las cinco décadas anteriores, encontraremos nombres en esta lista que aparecen en cada una de las anteriores. A lo mejor los padres intentan volver a una época más sencilla eligiendo nombres de los años en los que la vida parecía más fácil.

Sin importar el motivo, lo único cierto es que los padres seguirán eligiendo para sus hijos nombres que reflejen la época en la que viven o los años por los que sienten nostalgia.

NOMBRES DE NIÑO

Miguel	Nicolás	Carlos
Guillermo	Jesús	Marcos
Diego	Jonathan	Alejandro
José	Ignacio	Ricardo
Andrés	Tomás	Pablo
Daniel	Antonio	Julio
Álvaro	Raúl	Víctor
David	Alberto	Iván
Juan	Jacobo	Sergio
Adrián	Santiago	Óscar
Roberto	Juan	
Jaime	Javier	

Eva	Cristina	María
Jessica	Berta	Alejandra
Jennifer	Andrea	Cristina
Sara	Katia	Ángela
Bárbara	Ana	Patricia
Lorena	Rebeca	Irene
Estefanía	Claudia	Inés
Julia	Rosa	Ariadna
Alba	Lucía	Carolina
Laura	Carmen	Leticia
Marina	Mónica	Vanessa
Raquel	Erica	
Isabel	Alicia	

Neelie, Neely, Neila, Neile, Neilla, Neille.

NEDA (Checo) "Nacida en domingo". Variantes: *Nedda, Neddie, Nedi.*

NEDAVIA (Hebreo) "Dios es caritativo". Variantes: *Nedaviah, Nedavya, Nediva.*

NEHA (Hindú) "Amante". Variantes: *Nehali, Nehi.*

NEIMA (Hebreo) "Poderosa".

NEITH (Egipcio) La diosa del hogar. Variante: *Neit.*

NEKANE (Vasco) Forma vasca de Dolores.

NELKA (Polaco) "Piedra o fortaleza". Variante: *Nela.*

NELLY (Inglés) "Luz". Variantes: *Nell, Nella, Nelley, Nelli, Nellie, Nelly.*

NENET (Egipcio) "Diosa".

NEOLA (Griego) "Chica joven". Variante: *Neolah.*

NERA (Hebreo) "Luz". Variantes: *Neria, Neriah, Neriya.*

NEREA Nombre mitológico, símbolo del mar.

NERIDA (Griego) "Ninfa marina". Variantes: *Nerice, Nerina, Nerine, Nerisse, Neryssa, Rissa.*

NESIA (Hebreo) "Milagro de Dios". Variantes: *Nesiah, Nessia, Nesya, Nisia, Nisiah, Nisva.*

NETIA (Hebreo) "Planta".

NEVIA (Hebreo) "Profetisa". Variante: *Neviah.*

NIAMH (Irlandés) "Brillante".

NIBAL (Árabe) "Flecha".

NICOLE (Inglés) "Pueblo victorioso". El nombre en español, Nicolasa, está totalmente en desuso. En 1980, Nicole era el cuarto nombre de niña más popular en Estados Unidos. Variantes: *Nichol, Nichola, Nichole, Nicholle, Nicki, Nickola, Nickole, Nicola, Nicoleen, Nicolene, Nicoletta, Nicolette, Nicolina, Nicoline, Nicolla, Nicolle, Nikki, Nikola, Nikoletta, Nikolette.*

NIDIA (Inglés, Latín) "Nido". Variantes: *Nidia, Nidiah, Nydia, Nydiah.*

NIEVES (Latín) Advocación mariana: Nuestra Señora de las Nieves.

NIKE (Griego) "Diosa de la victoria". Variante: *Nika.*

NILA (Nativo americano: creek) "Ganadora". Variante: *Nyla.*

NILSINE (Escandinavo) "Victoria del pueblo".

NIMA (Hindú) "Árbol". Variantes: *Neema, Neemah, Nema.*

NIMESHA (Hindú) "Rápida". Variantes: *Naimishi, Nimmi.*

NINA (Latín) "Niña". Nina es un nombre antiguo que existe desde hace varios milenios. En la mitología babilónica, Nina era la diosa de los mares y, en la cultura inca, Nina gobernaba sobre el fuego. Variantes: *Neena, Ninelle, Ninet, Nineta, Ninete, Ninetta, Ninette, Ninita, Ninnette, Ninotchka, Nynette.*

NIOBE (Griego) "Helecho". Antigua figura mitológica.

NIPA (Este de la India) "Río".

NIRVELI (Este de la India) "Agua".

NISHA (Hindú) "Noche". Variante: *Nishi.*

NITA (Hindú) "Amistosa". Variantes: *Neeta, Nitali.*

NITSA (Griego) "Niña resplandeciente".

NIXIE (Alemán) "Ninfa acuática".

NOELIA (Francés) "Navidad". Variantes: *Noela, Noelani, Noele, Noeleen, Noelene, Noeline, Noell, Noella, Noelle, Noelline, Noleen, Nowell.*

NOEMÍ (Hebreo) "Mi delicia". Noemí es un nombre que en España se oye de vez en cuando entre las niñas nacidas en los años setenta e incluso en los ochenta. Es un nombre bonito que posee connotaciones bíblicas, muy atractivas para muchos padres de hoy. También se está extendiendo gracias a la fama de

Naomi Campbell. Variantes: *Naoma, Naomi, Nanomia, Naomie, Neoma, Noami, Noemie.*

NOGA (Hebreo) "Luz de la mañana".

NOIRIN (Irlandés) "Luz honorable".

NOOR (Hindú) "Luz". Variante: *Noora.*

NORA (Griego) "Luz". También es una advocación mariana: Nuestra Señora de Nora. Tiene una ermita en Sangüesa (Navarra).

NORBERTA (Germánico) "Famosa norteña". Versión femenina de Norberto.

NORELL (Escandinavo) "Del norte". Variantes: *Narelle, Norelle.*

NORI (Japonés) "Principio". Variante: *Noriko.*

NORMA (Latín) Pertenece a ese tipo de nombres que en España apenas se oían y que se solían elegir como nombre artístico. El nombre en nuestro país es conocido gracias a la *vedette* Norma Duval y parece más adecuado para una mujer adulta que para una niña. Variante: *Normah.*

NOURA (Árabe) "Luz". Variante: *Nourah.*

NOVA (Latín) "Nueva". Variante: *Novah.*

NUMA (Árabe) "Preciosa".

NURIA (Vasco) "Lugar entre colinas".

NURIT (Hebreo) "Pequeña flor". Variantes: *Nurice, Nurita.*

NUSI (Húngaro) "Gracia de Dios".

OBDULIA (Árabe) "Que sirve a Dios".

ODA (Latín) "Riqueza". Variante de Otón.

ODETTE Forma francesa de Otilia.

OCTAVIA (Latín) "Octava". Octavia es un nombre maravilloso. Nos trae recuerdos de viejas series británicas y de decadentes damas del Imperio Romano. Variantes: *Octavie, Ottavia.*

ODELIA (Hebreo) "Alabar a Dios". Variante: *Odeleya.*

ODERA (Hebreo) "Arado".

ODESSA (Griego) "Largo viaje".

ODETTE (Francés) "Adinerada". Variante: *Odetta.*

ODINA (Nativo americano: algonquin) "Montaña".

ODIYA (Hebreo) "Canción de Dios".

OFELIA (Griego) "Ayuda". Variante: *Ophelia.*

OLA (Polaco) "Protectora de hombres". (Escandinavo) "Reliquia del antepasado". Variantes: *Olesia, Olesya.*

OLALLA Forma gallega de Eulalia.

OLATHE (Nativo americano: shawnee) "Preciosa".

OLDRISKA (Checo) "Gobernante próspero". Variantes: *Olda, Oldra, Oldrina, Olina, Oluse.*

OLEDA (Inglés) "Noble". Variantes: *Oleta, Olethea.*

OLENA (Ruso) "Luz brillante". Variante: *Olenya.*

OLESIA (Polaco) "Protectora de la humanidad".

OLGA (Ruso) "Invulnerable". Olga es uno de los nombres más populares en Rusia, pero también es utilizado ampliamente por toda Europa. Variantes: *Elga, Ola, Olenka, Olesya, Olia, Olina, Olka, Olli, Olly, Olunka, Oluska, Olva, Olya, Olyusha.*

OLIMPIA (Griego) "Monte Olimpo", hogar de los dioses griegos. Variantes: *Olympia, Olympya, Pia.*

OLINA (Hawaiano) "Feliz". Variantes: *Oleen, Oline.*

OLINDA (Latín) "Perfumada".

OLIVIA (Latín) "Fruto del olivo". La Olivia más conocida para los niños de una generación fue la novia de Popeye. Olivia posee una larga e ilustre historia en el arte y en televisión. Aunque de raíces italianas, la mayoría de los americanos piensan en Olivia como en un nombre muy británico, asociándolo con Olivia de Havilland y con la cantante australiana Olivia Newton-John. Variantes: *Lioa, Lioia, Liovie, Liv, Olia, Oliva, Olive, Olivet, Olivette, Olivine, Ollie, Olva.*

OLVYEN (Galés) "Huella blanca".

OMA (Árabe) "Líder".

ONA (Lituano) "Gracia".

ONDINA (Latín) "Pequeña ola". Variantes: *Ondine, Ondyne, Undina, Undine.*

ONORA (Latín) "Honor". Variantes: *Onoria, Onorine.*

OFIRA (Hebreo) "Oro".

ORA (Hebreo) "Luz". Variantes: *Orah, Orali, Orit, Orlee, Orli, Orlice, Orly.*

ORENDA (Nativo americano) "Hechizo mágico".

ORIANA (Latín) "Salida del sol". Variantes: *Oraine, Oralia, Orane, Orania, Orelda, Orelle, Oriane.*

ORITINA (Griego) Hija mitológica del rey de Atenas.

ORLENDA (Ruso) "Águila hembra". Variante: *Orlinda.*

ORQUÍDEA (Español) Nombre de flor.

ORYA (Ruso) "Paz". Variante: *Oryna.*

OSANE (Vasco) Forma vasca de Remedios.

OSYKA (Nativo americano: choctaw) "Águila".

OTILIA "Riqueza". Nombre derivado del masculino Otón.

OZARA (Hebreo) "Riqueza". Variante: *Otzara.*

OWENA (Galés) "Bien nacida". Versión femenina de Owen.

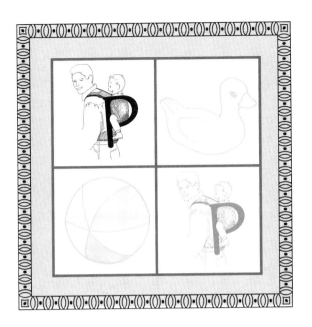

PAAVANA (Hindú) "Pura".

PACA (Español) Forma familiar de Francisca.

PACIENCIA (Latín) Virtud del mismo nombre. Variantes: *Patience, Patient.*

PADMA (Hindú) "Loto". Variantes: *Padmasundara, Padmavati, Padmini.*

PALAS (Griego) Otro nombre para Atenea, diosa de las artes y la sabiduría.

PALMIRA (Latín) Derivado de Palma.

PALOMA (Español) "Paloma". Es otro de esos nombres de los que nunca nos acordamos pero que siempre ha tenido gran tradición como nombre de niña.

PAMELA (Griego) "Miel". A pesar de la omnipresencia de la vigilante de la playa, Pamela Anderson, el nombre en realidad está vinculado a la literatura, a autores como Sir Philip Sydney (siglo XVI) o Samuel Richardson (siglo XVIII).

PANDORA (Griego) "Dotada para todo".

PÁNFILA (Griego) "Ella ama todo".

PANNA (Hindú) "Esmeralda".

PANSY (Inglés) "Pensamiento". Variantes: *Pansey, Pansie.*

PARTENIA (Griego) "Virginal". Variantes: *Parthania, Parthena, Parthenia, Parthenie, Parthina, Parthine, Pathania, Pathena, Pathenia, Pathina.*

PARVATI (Hindú) La diosa Devi.
PARVIN (Hindú) "Estrella".
Variante: *Parveen*.
PASTORA (Latín) "Pastora".
PATRICIA (Latín) "Noble".
Variantes: *Pat, Patreece, Patreice, Patria, Patric, Patrica, Patrice, Patricka, Patrizia, Patsy, Patti, Pattie, Patty, Tricia, Trish, Trisha*.

PAULA (Latín) "Pequeña". Versión femenina de Pablo. Variantes. *Paola, Paolina, Paule, Pauleen, Paulene, Pauletta, Paulette, Paulie, Paulina, Pauline, Paulita, Pauly, Paulyn, Pavla, Pavlina, Pavlinka, Pawlina, Pola, Polcia, Pollie, Polly*.
PAVANI (Hindú) "Viento".
Variante: *Pavana*.
PAZ (Latín) "Paz".
PELAGIA (Griego) "Mar profundo". Variantes: *Pelage, Pelageia, Pelagie, Pelegia, Pelgia, Pellagia*.

PELIA (Hebreo) "Milagro de Dios". Variante: *Peliah*.
PENÉLOPE (Griego) "Tejido, tela". Penélope permaneció fiel a Ulises, al que esperó tejiendo. Este nombre ha alcanzado bastante popularidad en España, primero por la canción de Joan Manuel Serrat y ahora por la actriz Penélope Cruz. Variantes: *Lopa, Pela, Pelcia, Pen, Penelopa, Penina, Penine, Penna, Pennelope, Penni, Penny, Pinelopi, Piptisa, Popi*.
PEPA (Español) "Dios añadirá". Femenino de Pepe. Así se les llama a las María José y a las Josefas. Variantes: *Pepita*.
PERFECTA (Español) "Perfecta".
PERLA (Latín) "Perla". Variantes: *Pearl, Pearla, Pearle, Pearleen, Pearlena, Pearlette, Pearley, Pearline, Pearly, Perl, Perle, Perlette, Perley, Perlie, Perly*.
PERSÉFONE (Griego) La diosa de la primavera y el renacimiento.
PERSIS (Latín) "De Persia". Variante: *Perssis*.
PETRA (Latín) "Roca". Versión femenina de Pedro. Variantes: *Petra, Petrice, Petrina, Petrona*.
PETRONILA Diminutivo femenino de Petronio.
PÉTULA (Latín) "Descarada". Variante: *Petulah*.
PETUNIA Nombre de flor.

¡ES NIÑA!

Figuras de la mitología escandinava

Si buscamos Thor entre los nombres de niño, encontramos al menos diez variantes diferentes del antiguo nombre nórdico para el viejo dios del trueno conocido como Thor.

Thor era el dios que velaba por los humanos y sus debilidades y los rescataba cuando era necesario. En el arte y la literatura, Thor aparece como un ser con las mismas características que Zeus, con muchos músculos y el cuerpo peludo, que viaja en una carroza pequeña tirada por cabras. Según la leyenda, Thor era tan grande y el sonido de las pezuñas de las cabras tan fuerte que el ruido que hacía al ser llevado por el cielo era como el trueno, y las armas que lanzaba como rayos. Dada la posición de Thor como gobernante sobre todos los demás dioses nórdicos, muchos nombres escandinavos de niños tienen Thor como raíz: Thorvald, Thormond y Thorbert.

No es necesario ser de origen escandinavo para ponerle a un hijo un nombre con Thor, pero si decide hacerlo no regañe a su hijo cuando le dé por lanzar todos sus juguetes fuera del parque: sólo estará haciendo honor a su nombre.

PHOEBE (Griego) "Brillante". Variantes: *Pheabe, Phebe, Pheby, Phobe.*

PHYLLIS (Griego) "Rama de árbol verde". Variantes: *Philis, Phillis, Philliss, Phyllys, Phylis, Phyllida, Phyliss.*

PÍA (Latín) "Devota".

PIEDAD (Latín) "Devoción".

PILAR (Español) "Columna, pilar". Este nombre, muy frecuente entre las mujeres españolas, se suele abreviar como Pili. Es muy común en Zaragoza, cuya patrona es la Virgen del Pilar.

PIPER (Inglés) "Gaitero".

PIRENE (Griego) La hija del dios del río.

PIXIE (Inglés) "Diminuta".

PLÁCIDA (Español) "Tranquila".

POCAHONTAS (Nativo americano: algonquin) "Caprichosa".

POLIXENA (Griego) "Hospitalaria".

POLLY (Inglés) Variante de Molly, que a su vez es diminutivo de Mary. En la mente de la mayoría, el nombre de Polly está ligado a la Pollyanna de la novela de Eleanor H. Porter. Variantes: *Pauleigh, Pollee, Polley, Polli, Pollie, Pollyann, Pollyanna, Pollyanne.*

PORCIA (Latín) Nombre de clan romano.

PREMA (Hindú) "Amor".

PRIMA (Latín) "Primera". Variantes: *Primalia, Primetta, Primina, Priminia, Primula.*

PRINCESS (Inglés) "Princesa". Variantes: *Prin, Princesa, Pricessa.*

PRISCILA (Latín) "Antigua". La viuda de Elvis Presley, Priscilla Presley, dio cierta fama a este nombre.

PROSERPINA (Latín) Reina mitológica del infierno.

PRUDENCIA (Latín) "Cautela". Variantes: *Pru, Prudence, Prudie, Prudu, Prudy, Prue.*

PURIFICACIÓN (Latín) "Acción de purificar".

PURNIMA (Hindú) "Luna llena".

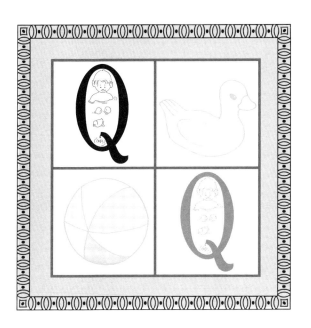

QUEEN (Inglés) "Reina".
QUERALT (Prerromano) "Roca vieja". Advocación mariana: Nuestra Señora de Queralt.
QUETA (Español) Abreviatura de Enriqueta.

QUIANA (Americano) "Gracia". Variante: *Quianna.*
QUINN (Gaélico) "Consejera". Variante: *Quincy.*
QUITERIA (Griego) "Túnica corta".

RADHA (Hindú) "Prosperidad, éxito".

RADINKA (Checo) "Activa".

RADMILLA (Eslavo) "Trabajadora para el pueblo". Variante: *Radmila*.

RADOMIRA (Checo) "Contenta y famosa".

RAFAELA (Hebreo) "Dios sana". Versión femenina de Rafael. Rafaela Aparicio y la italiana Rafaella Carrá son dos de los personajes más famosos con este nombre. Variantes: *Rafa, Rafaelia, Rafaella, Rafella, Rafelle, Raffaela, Raffaele, Raphaella, Raphaelle, Refaela, Rephaela*.

RAFYA (Hebreo) "Dios sana". Variantes: *Rafia, Raphia*.

RAGNA (Escandinavo) "Consejo". Variantes: *Ragnborn, Ramborg*.

RAGNILDA (Alemán) "Poder". Variantes: *Ragnild, Ragnhild, Ragnhilda, Ragnhilde, , Ranillda, Renilda, Renilde*.

RAIDAH (Árabe) "Guía".

RAISA (Hebreo) "Rosa". Es probable que la única Raisa que conozcamos sea la mujer de Gorbachov. Variantes: *Raise, Raisel, Raissa, Raisse, Raizel, Rayzil, Razil*.

RAJANI (Hindú) "Noche". Variantes: *Rajana, Rajni*.

RAMAA (Hindú) "Encantadora". Variantes: *Ramana, Ramani*.

RAMIA (Africano) "Adivinadora".

RAMONA (Sajón) "Que aconseja". Versión femenina de Ramón.

RAN (Escandinavo) Diosa del mar.

RANDA (Árabe) "Árbol".

RANI (Hindú) "Reina". Variantes: *Rania, Ranique, Ranita.*

RANYA (Hindú) "Contemplar".

RAQUEL (Hebreo) "Cordero". En la Biblia, esposa de Jacob. Es un nombre frecuente entre las mujeres españolas.

RASHA (Árabe) "Gacela".

RASHEDA (Turco) "Recta". Versión femenina de Rashid.

RASIA (Griego) "Rosa". Variantes: *Rasine, Rasya.*

RAVVA (Hindú) "Sol".

RAZIAH (Hebreo) "Secreto de Dios". Variantes: *Razia, Raziela, Razilee, Razili, Raziya.*

REBECA (Hebreo) "Unida, atada". Es el nombre de la esposa de Isaac y madre de Jacob. Desde entonces la más famosa fue el personaje que creó la novelista Daphne Du Maurier para su novela *Rebeca*, que más tarde fue llevada al cine por Alfred Hitchcock. Variantes: *Becca, Becky, Reba, Rebbecca, Rebbie, Rebecca, Rebeccah, Rebecka, Rebeckah, Rebeka, Rebekah, Rebekka, Rebekke, Rebeque, Rebi, Reby, Reyba, Rheba.*

REGINA (Latín) "Reina". Variantes: *Raenah, Raina, Raine, Rainy, Rana, Rane, Rayna, Regena, Reggi, Reggie, Reggy, Regi, Regie, Regiena, Regine, Reginia, Reginna, Reinette, Reyna.*

REINA (Latín) Nombre de advocación mariana.

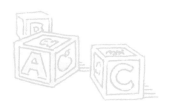

REIKO (Japonés) "Criatura muy agradable". Variante: *Rei.*

Nombres de moda de celebridades

Los nombres de moda en la actualidad pueden ser los nombres de todos los personajes que se hacen famosos a través de la televisión. De todas formas, son nombres muchas veces corrientes que no se sabe si se ponen de moda o si es que siempre lo han estado.

Además de éstos también los nombres de los actores que copan las pantallas de cine en una determinada época suelen estar de moda. Quizá nos guste alguno de estos nombres para nuetros hijos porque nos haya seducido el personaje de la película. Puede que nos hayamos enamorado completamente de un determinado actor de cine y pensemos que el mejor cumplido sería ponerle su nombre a la sangre de nuestra sangre.

REMEDIOS (Latín) "Ayuda".

RENA (Hebreo) "Melodía". Variante: *Reena*.

RENATA (Latín) "Renacida".

REVA (Hindú) "Río sagrado".

REYES Nombre alusivo a la fiesta de la Epifanía.

REZA (Checo) "Cosecha". Variante de Teresa. Variantes: *Rezi, Rezka*.

RHEA (Griego) "Tierra". Variantes: *Rhia, Ria*.

RHONWEN (Galés) "Delgada, guapa". Variantes: *Ronwen, Roweena, Roweina, Rowena, Rowina*.

RIANE (Irlandés) Versión femenina de Ryan.

RICARDA (Germánico) "Fuerte y poderosa". Versión femenina de Ricardo. Variantes: *Rica, Ricca, Richarda, Richel, Richela, Richele, Richella, Richelle, Richenda, Richenza, Ricki, Rickie, Ricky, Riki, Rikki, Rikky*.

RIDA (Árabe) "Contenta". Variantes: *Radeya, Radeyah*.

RIHANA (Árabe) "Albahaca dulce".

RINDA (Escandinavo) Antigua figura mitológica. Variante: *Rind*.

RITA Diminutivo de Margarita. Rita alcanzó su cima de popularidad durante los años cuarenta, gracias a la actriz Rita Hayworth. Se invoca a santa Rita para las causas perdidas e imposibles.

RIVA (Hebreo) "Unida". Variantes: *Reva, Rivah*.

ROBERTA (Germánico) "Fama resplandeciente". Versión femenina de Roberto. Variantes: *Bobbet, Bobbett, Bobbi, Bobbie, Bobby, Robbi, Robbie, Robby, Robena, Robertena, Robertha, Robertina, Robin, Robina, Robine, Robinette, Robinia, Robyn, Robyna, Rogan, Roynne*.

ROCÍO (Latín) "Rocío". Nombre de advocación mariana, la Virgen de Rocío, muy venerada en Andalucía.

RODA (Griego) "Rosa". Variantes: *Rhodante, Rhodanthe, Rhoda, Rhodia, Rhodie, Rhody*.

ROHANA (Hindú) "Madera de sándalo". Variante: *Rohanna*.

ROMANA (Polaco) "Ciudadana de Roma".

RHONDA (Galés) "Grandiosa". Variantes: *Rhonnda, Ronda*.

RONA (Escandinavo: noruego) "Isla abrupta". Variantes: *Rhona, Roana, Ronella, Ronelle, Ronna*.

RON (Hebreo) "La alegría es mía". Variantes: *Ronia, Ronice, Ronit, Ronli*.

RONIYA (Hebreo) "Alegría de Dios". Variantes: *Ronela, Ronella, Ronia*.

ROSA (Latín) Nombre de flor. Es un nombre común en España, más frecuente que otros nombres de flores. Variantes: *Rosabel, Rosabell, Rosabella, Rosabelle, Rosalee, Rosaley, Rosalía, Rosalie, Rosalin, Rosella, Roselle, Rosetta, Rosette, Rosey, Rosi, Rosie, Rosita, Rosy, Ruza, Ruzena, Ruzenka, Ruzsa*.

ROSALBA (Latín) "Rosa blanca".

ROSALÍA (Latín) Nombre que evoca una fiesta romana.

ROSALINDA (Español) "Bonita rosa". Variantes: *Rosalina, Rosalind, Rosalinde, Rosaline, Rosalyn, Rosalynd, Rosalyne, Rosalynn, Roselind, Roselynn, Roslyn*.

ROSAMUNDA (Germánico) "Famosa protectora".

ROSANA (Latín) "Como la rosa". Variantes: *Rosanna, Rosannah, Rosanne, Roseana, Roseanna, Roseannah, Rosehannah, Rozanna, Rozanne.*

ROSELANI (Hawaiano) "Rosa celestial".

ROSER Nombre catalán correspondiente a Rosario.

ROXANA (Persa) "Amanecer". Variantes: *Roxane, Roxann, Roxanna, Roxianne, Roxie, Roxy.*

RUBÍ (Inglés) "Nombre de piedra preciosa". Variantes: *Rube, Rubey, Rubie, Ruby, Rubye.*

RUFINA (Latín) "Pelirroja".

RUSALKA (Checo) Ninfa del bosque.

RUT (Checo) "Compañera devota".

RUTH (Hebreo) "Compañera". Es uno de los nombres que se oye con frecuencia en España, como Raquel y Esther. Variantes: *Ruthe, Ruthella, Ruthelle, Ruthetta, Ruthi, Ruthie, Ruthina, Ruthine, Ruthy.*

SABAH (Árabe) "Mañana".
SABINA (Latín) Nombre de clan romano.
SABRINA (Hebreo) "Descanso".
SABRIYYA (Árabe) "Paciencia". Variantes: *Sabira, Sabirah, Sabriyyah.*
SADA (Japonés) "Virginal".
SADHANA (Hindú) "Devoción".
SADIRA (Persa) "Árbol de loto".
SAFFRON (Inglés) "Azafrán". Variantes: *Saffren, Saffronia, Saphron.*
SAFI (Hindú) "Amiga".
SAFIYYA (Africano: swahili) "Mejor amiga". Variantes: *Safiya, Safiyeh, Safiyyah.*
SAGARA (Hindú) "Océano".

SAGRARIO Nombre de la urna destinada a alojar el Santísimo Sacramento.
SAHAR (Árabe) "Salida del sol".
SAIDAH (Árabe) "Feliz".
SAKAE (Japonés) "Riqueza".
SAKARI (Hindú) "Dulce".
SAKTI (Hindú) "Energía".
SALAMA (Africano: swahili) "Seguridad".
SALENA (Hindú) "Luna".
SALIMA (Árabe) "Segura". Variantes: *Salama, Salimah, Salma.*
SALMA (Hindú) "Segura". Variante: *Salima.*
SALOMÉ (Hebreo) "Hermosa".
SALUD (Latín) Advocación mariana.

SALVADORA (Latín) "La que salva".

SALVIA (Latín) "Sana". Variantes: *Sallvia, Salvina.*

SAMALA (Hebreo) "Requerida de Dios".

SAMANTHA (Inglés) "Su nombre es Dios". Samantha se considera mayoritariamente como la versión

SAMIA (Árabe) "Comprensión". Variantes: *Samihah, Samira, Samirah.*

SAMINA (Hindú) "Feliz". Variantes: *Sameena, Sameenah.*

SAMUELA (Hebreo) "Dios ha oído". Versión femenina de Samuel. Variantes: *Samelle, Samuella, Samuelle.*

femenina de Samuel y, aunque existe desde el siglo XVII, cuando era utilizado sobre todo por negros americanos, no fue hasta la emisión de la serie televisiva *Embrujada,* durante los años sesenta, cuando empezó realmente a despegar este nombre. Variantes: *Sam, Samella, Samentha, Sammantha, Sammee, Sammey, Sammi, Sammie, Sammy, Semanntha, Semantha, Simantha, Symantha.*

SAMARA (Hebreo) "Protegida por Dios". Variantes: *Samaria, Sammara.*

SANA (Árabe) "Brillar". Variantes: *Saniyya, Saniyyah.*

SANANDA (Hindú) "Alegría".

SANCHA (Latín) "Venerable". Variante femenina del nombre Santos.

SANDRA (Italiano) Variante italiana de Alejandra. Variantes: *Sandee, Sandi, Sandie, Sandrea, Sandria, Sandrina, Sandrine, Sandy, Saundra, Sondra, Zana, Zandra, Zanna.*

SANYA (Hindú) "Nacida un sábado".

SAFIRA (Hebreo) "Zafiro, joya". Variantes: *Safira, Saphira, Sapir,*

Compositores famosos

Los nombres que podamos conocer relacionados con la música clásica pueden resultar anticuados, pero entre ellos encontramos una gran variedad de nombres para que los padres actuales puedan elegir.

Aunque Ludwig, Wolfgang y Félix reciben la mayor parte de la atención, la verdad es que hay muchos compositores de los que se puede elegir un nombre apropiado para el bebé.

Hay cientos de nombres y segundos nombres para elegir entre los compositores del mundo:

Antonin Dvorak
Benjamín Britten
Camille Saint-Saens
Clara Schumann
Claudio Monteverdi
Domenico Scarlatti
Enrique Granados
François Couperin
Franz Schubert
Jean Sibelius
Jules Massenet
Manuel de Falla
Isaac Albéniz
Ralph Vaughan Williams
Sergei Rachmaninoff
Pablo Sarasate

Sapira, Sapirit, Sapphira, Sapphire, Sephira.

SARA (Hebreo) "Princesa". Sara es probablemente uno de los nombres más frecuentes entre las niñas judías. Sara fue la primera esposa de Abraham. En España es un nombre común entre las mujeres de todas las edades. Variantes: *Sadee, Sadie, Sadye, Saidee, Saleena, Salena, Salina, Sallee, Salley, Sallianne, Sallie, Sally, Sallyann, Sarai, Saretta, Sarette, Sari, Sarita, Sartilla, Sarra.*

SARAI (Hebreo) Forma primitiva de Sara.

SARITA (Hindú) "Río".

SASKIA (Holandés) Significado desconocido.

SAURA (Hindú) "Adoradora del sol".

SAYO (Japonés) "Nacimiento nocturno".

SCARLETT (Inglés) "Escarlata". Variantes: *Scarlet, Scarlette.*

SEBASTIANA (Latín) "De una antigua ciudad romana". Versión femenina de Sebastián. Variantes: *Sebastiane, Sebastienne.*

SEDA (Armenio) "Eco del bosque".

SEGUNDA (Latín) "Segunda".

SEINI (Polinesio) "Dios tiene la gracia".

SELA (Polinesio) "Princesa".

SELENA (Griego) Diosa de la luna. Muchos de los nombres de niña que empiezan por S y que contienen muchas vocales son muy bonitos, y Selena es un buen ejemplo de ello. Variantes: *Celena, Celina, Celinda, Celine, Celina, Salena, Salina, Salinah, Sela, Selene, Selina, Selinda, Seline, Sena.*

SELIMA (Hebreo) "Paz". Variante: *Selimah.*

SEMÍRAMIS (Hebreo) "El cielo más alto". Variante: *Semira.*

SEONA (Escocés) "Dios tiene la gracia". Variantes: *Seonag, Shona.*

SEPTEMBER (Inglés) Mes de septiembre.

SÉPTIMA (Latín) "Séptima".

SERAFINA (Hebreo) "Ángel". Variantes: *Sarafina, Serafine, Seraphina, Seraphine, Serofina.*

SERENA (Latín) "Tranquila".

SERILDA (Alemán) "Mujer soldado". Variantes: *Sarilda, Serhilda, Serhilde, Serrilda.*

SESHETA (Egipcio) La diosa de las estrellas. Variante: *Seshat.*

SHADYA (Árabe) "Cantante". Variantes: *Shadiya, Shadiyah.*

SHAFIQA (Árabe) "Simpática".

SHAHAR (Árabe) "Luz de luna".

SHAHINA (Hindú) "Amable".

SHAHIRA (Árabe) "Famosa". Variante: *Shahirah.*

SHAILA (Hindú) "Pequeña montaña".

SHAINA (Hebreo) "Preciosa". Variantes: *Shaine, Shanie, Shayna, Shayne.*

SHAKIA (Afroamericano) Creado recientemente. Variante: *Shakeya.*

SHAKIRA (Afroamericano) Creado recientemente. Variantes: *Shakera, Shaketa, Shakirah, Shakirra.*

SHAKTI (Hindú) "Mujer divina".

SHALAY (Afroamericano) Creado recientemente. Variante: *Shalaya.*

SHALYN (Afroamericano) Creado recientemente.

SHAMIRA (Hebreo) "Protectora".

SHANA (Inglés) Diminutivo de Shannon. Variantes: *Shanae, Shanay.*

SHANI (Africano: swahili) "Maravillosa".

SHANIDA (Afroamericano) Creado recientemente.

SHANNON (Irlandés) "Antigua". A pesar de su origen irlandés, Shannon se ha utilizado principalmente como apellido en ese país. Variantes: *Shanan, Shann, Shanna, Shannah,*

Shannan, Shannen, Shannie, Shanon.

SHARAI (Hebreo) "Princesa". Variante de Sara. Variantes: *Shara, Sharayah.*

SHARANEE (Hindú) "Guardiana". Variantes: *Sharanya, Sharna.*

SHARIFA (Árabe) "Noble". Variantes: *Sharifah, Sharufa, Sherifa, Sherifah.*

SHARON (Hebreo) "Llanura". Variantes: *Sharan, Shoren, Sharin, Sharona, Sharonda, Sharone, Sharran, Sharren, Sharron, Sharronda, Sharronne, Sharyn, Sheren, Sheron, Sherryn.*

SHAUNA (Inglés) "Dios es bueno". Variante femenina de

John. Variantes: *Shaunda, Shaune, Shauneen, Shaunna, Shawna, Shawnda, Shawnna.*

SHAWN (Hebreo) "Dios es bueno". Otra variante femenina de John. Variantes: *Sean, Shawnee, Shawni.*

SHEBA (Hebreo) "Hija prometida". Abreviatura de Betsabé.

SHEELA (Hindú) "Amable". Variante: *Sheeli.*

SHEINA (Hebreo) "Preciosa". Variante: *Shaina, Shaindel, Shaine, Shana, Shayna, Shayndel, Sheindel, Shona, Shoni, Shonie.*

SHELBY (Inglés) "Terreno sobre un saliente". En el mundo anglosajón es más habitual como nombre de niño y como apellido, pero en los años noventa empezó a utilizarse como nombre de niña. Julia Roberts interpretó a una mujer llamada Shelby en la película *Magnolias de acero*. Variantes: *Shelbee, Shelbey, Shellby.*

SHELLEY (Inglés) "Prado en un saliente". Variantes: *Shellee, Shelli, Shellie, Shelly.*

SHERA (Hebreo) "Luz".

SHEHERAZADE (Árabe) "La que vive en la ciudad". Variantes: *Shahrazad, Shahrizad, Sheherazad, Sheherazad.*

SHEVA (Hebreo) "Promesa".

SHIRAH (Hebreo) "Canción". Variantes: *Shira, Shiri, Shirit.*

SHIRINA (Hindú) "Dulce". Variante: *Shirin.*

SHIRLEY (Inglés) "Prado brillante". Aunque Shirley fue un nombre habitual para niños, conocemos a dos Shirley femeninas que probablemente hayan tenido que ver en el hecho de que este nombre se utilice como nombre de niña: una fue la novela de Charlotte Bronte titulada *Shirley* y la otra fue Shirley Temple. Variantes: *Shirlean, Shirleen, Shirlene, Shirlynn, Shurly.*

SHIZU (Japonés) "Tranquila". Variantes: *Shizue, Shizuko, Shizuyo.*

SHONA (Irlandés) "Dios es bueno". Variante femenina de Juan. Variantes: *Shonah, Shone.*

¡ES NIÑA!

Cuidado con las iniciales

Por fin hemos elegido el nombre que queremos para nuestro bebé. Suena muy bien con el apellido, hemos elegido un segundo nombre que también encaja bien, pero todavía hay una cosa que hay que tener en cuenta.

Es importante que las iniciales del nombre y los apellidos no formen siglas extrañas que sean motivo de risa entre los compañeros de nuestros hijos. Así pues, ¡cuidado con las iniciales! Hay que asegurarse de que no formen una palabra ofensiva o que llame la atención. Si no hemos tenido en cuenta este detalle, a lo mejor es necesario revisar el nombre que por fin habíamos elegido.

SHONAK (Nativo americano: pima) "Riachuelo".

SHYLA (Hindú) La diosa Parvati.

SIANY (Irlandés) "Sana". Variantes: *Slaine, Slainie, Slania.*

SIBILA (Griego) "Voluntad de Zeus". Nombre de la famosa profetisa griega. La actriz Cybill Shepherd también ha contribuido a añadir algo de glamour a este nombre en inglés en los últimos años. Variantes: *Sibbell, Sibel, Sibell, Sibella, Sibelle, Sibilla, Sibyll, Sibylla, Sybel, Sybella, Sybelle, Sybil, Sybill, Sybilla, Sybille, Sybyl.*

SIGFRIDA (Germánico) "Victoria pacífica". Versión femenina de Sigfrido. Variantes: *Sigfreda, Sigfreida, Sigfrieda, Sigfryda.*

SIGNE (Escandinavo: noruego) "Preciosa". Variantes: *Signa, Signild, Signilda, Signilde.*

SIGNY (Escandinavo) "Nueva victoria". Variantes: *Signe, Signi.*

SIGOURNEY (Inglés) Significado desconocido.

SIGRID (Escandinavo: noruego) "Preciosa victoria". Variante: *Siri.*

SIGRUN (Escandinavo) "Secreta victoria".

SIGYN (Escandinavo) "Victoria".

SILVIA (Latín) "Del bosque". Variantes: *Silvana, Silvianne, Silvie, Sylva, Sylvana, Sylvanna, Sylvee, Sylvia, Sylvie.*

SIMONA (Hebreo) "Dios escucha". Variantes: *Simone, Simonetta, Simonette, Simonia, Simonina, Symona, Symone.*

SINA (Irlandés) "Dios es bueno". Variantes: *Sinah.*

SIRA (Latín) Femenino de Siro, "habitante de Siria".

SISSY (Inglés) "Ciega". Apodo de Cecilia. Variantes: *Sissee, Sissey, Sissi, Sissie.*

SIVANA (Hebreo) Noveno mes del calendario judío.

SIXTEN (Escandinavo) "Piedra de la victoria".

SOCORRO (Latín) "Ayuda".

SOFÍA (Griego) "Sabiduría". Sofía es un nombre muy presente gracias a distintas celebridades, empezando por la reina de España o por Sofía Loren. Variantes: *Sofi, Soficita, Sofka, Sofya, Sophey, Sophia, Sophie, Sophy, Zofe, Zofia, Zofie, Zofka, Zosha, Zosia.*

SOFRONIA (Griego) "Sabia".

SOL (Latín) Nombre del astro. Advocación mariana.

SOLANGE (Francés) "Digna". Variante: *Solance.*

SOLEDAD (Latín) "Soledad". Variante: *Sola.*

SOLVEIG (Escandinavo) "Casa de fuerza". Variantes: *Solvag, Solve, Solvig.*

SOMA (Hindú) "Luna".

SONA (Hindú) "Oro".

SONIA (Ruso) "Sabiduría". Forma rusa de Sofía. Variantes: *Sonja, Sonya.*

SONSOLES (Español) Nombre de advocación mariana, Nuestra Señora de Sonsoles, que se venera en Ávila.

SORA (Nativo americano) "Pájaro cantor".

SORAYA (Persa) Significado desconocido.

SORREL (Inglés) "Hierba". Variantes: *Sorrell, Sorrelle.*

SPRING (Inglés) "Primavera, manantial".

STANISLAVA (Checo) "Gobierno glorioso". Variantes: *Stana, Stanuska, Stinicka.*

¡ES NIÑA!

STAR (Inglés) "Estrella". Variantes: *Starla, Starlene, Starr.*

STELLA (Latín) "Estrella".

SUBIRA (Africano: swahili) "Paciencia".

SUHALIA (Hindú) "Estrella". Variante: *Suhayla.*

SUKEY (Inglés) "Azucena". Diminutivo de Susana. Variantes: *Suke, Sukee, Suki, Sukie, Suky.*

SULA (Islandés) "Pájaro grande".

SUMI (Japonés) "Clara".

SUMMER (Inglés) "Verano". Variantes: *Somer, Sommer.*

SUNAYANA (Hindú) "Ojos preciosos". Variante: *Sunayani.*

SUNDARI (Hindú) "Preciosa". Variante: *Sundara.*

SUNITA (Hindú) "Bien educada".

SUNNIVA (Escandinavo) "Regalo del sol". Variantes: *Synnova, Synnove.*

SUNSHINE (Inglés) "Sol". Variantes: *Sunnie, Sunni, Sunita, Sunny.*

SURINA (Hindú) "Diosa".

SURYA (Hindú) "Dios sol".

SUSANA (Hebreo) "Azucena". Variantes: *Susann, Susanna, Susannah, Susanne, Susetta, Susette, Susi, Susie, Susy, Suzan, Suzane, Suzanna, Suzannah, Suzanne, Suzetta, Suzette, Suzi, Suzie, Suzy, Zsa Zsa, Zusa, Zuza.*

SUZUME (Japonés) "Gorrión".

SUYAPA Nombre de advocación mariana, Nuestra Señora de Suyapa, muy venerada en Honduras, país del que es patrona.

SVETLANA (Checo) "Estrella". Variantes: Svetla, Svetlanka, Svetluse, Svetluska.

SYONA (Hindú) "Feliz".

TABIA (Africano: swahili) "Talentosa".

TABATHA (Arameo) "Gacela". Variantes: *Tabbitha, Tabby, Tabetha, Tabita, Tabotha, Tabytha.*

TADEA (Griego) "Valiente".

TAFFY (Galés) "Amada".

TAHIRA (Árabe) "Pura".

TAIMA (Nativo americano: fox) "Trueno". Variantes: *Taimah, Taiomah.*

TAIN (Nativo americano: omaha) "Luna nueva". Variante: *Tainee.*

TAKARA (Japonés) "Tesoro".

TAKENYA (Nativo americano: miwok) "Halcón en vuelo".

TAKIA (Árabe) "Adoradora".

TAKUHI (Armenio) "Reina". Variante: *Takoohi.*

TALAL (Hebreo) "Rocío". Variante: *Talila.*

TALÍA (Griego) Nombre de la musa de la comedia.

TALISA (Afroamericano) Variante de Lisa. Variante: *Telisa.*

TALLULAH (Nativo americano: sioux) "Roja".

TAM (Vietnamita) "Corazón".

TAMA (Japonés) "Joya".

TAMAH (Hebreo) "Maravilla".

TAMARA (Hebreo) "Palmera". Variantes: *Tama, Tamah, Tamar, Tamarah, Tamarra, Tamera, Tami, Tamma, Tammara, Tammee, Tammera, Tammey, Tammie, Tammy, Tamor, Tamour, Tamra, Thamar, Thamara, Thamarra.*

TAMAS (Hindú) "Noche". Variantes: *Tamasa, Tamasi, Tamasvini.*

TAMI (Japonés) "Pueblo". Variantes: *Tamie, Tamiko.*

TANI (Japonés) "Valle".

TANIA Variante de Tatiana.

TANITH (Irlandés) "Propiedad". Variantes: *Tanita, Tanitha.*

TANSY (Griego) "Inmortalidad".

TANVI (Hindú) "Mujer joven".

TAO (Vietnamita) "Manzana".

TARA (Irlandés) "Colina". Desde luego, la Tara más famosa es la hacienda de Escarlata en *Lo que el viento se llevó*. Variantes: *Tarah, Taran, Tareena, Tarena, Tarin, Tarina, Tarra, Tarrah, Tarren, Tarryn, Taryn, Taryna, Teryn.*

TARAL (Hindú) "Ondeante".

TARANI (Hindú) "Luz". Variante: *Tarini.*

TAREIXA Forma gallega de Teresa.

TARIKA (Hindú) "Estrella".

TASHA (Ruso) "Natividad". Diminutivo de Natacha. Variantes: *Tashina, Tashka, Tasia.*

TASMINE (Inglés) "Gemela". Versión femenina de Tomás. Variante: *Tasmin.*

TATIANA (Ruso) Antiguo rey eslavo. Versión femenina de Tatius. Variantes: *Latonya, Tahnya, Tana, Tania, Tanis, Tanka, Tannia, Tannis, Tarnia, Tarny, Tata, Tatianna, Tatyana, Tatyanna, Tonia, Tonya, Tonyah.*

TATSU (Japonés) "Dragón".

TATUM (Escandinavo) "Chispeante". Variante: *Tate.*

TAWNIE (Inglés) "Criatura". Variante: *Tawny.*

TAZU (Japonés) "Cigüeña".

TEA (Griego) "Divinidad".

TECLA (Griego) "Fama divina".

TELMA (Griego) "Voluntad". Variante: *Thelma.*

TEMIRA (Hebreo) "Alta". Variantes: *Temora, Timora.*

TEODORA (Griego) "Regalo de Dios". Variantes: *Teddy, Theadora, Theda, Theodora, Theodosia.*

TEOFANÍA (Griego) "Aparición de Dios".

TEÓFILA (Griego) "Amada por Dios".

TERENA (Inglés) Nombre de clan romano. Versión femenina de Terencio. Variantes: *Tereena, Terenia, Terina, Terrena, Terrina, Teryna.*

TERESA (Griego) Significado incierto. Para unos viene de la isla de Thera, en el Egeo; para otros, viene de un nombre griego que significa "bella y ardiente como el verano". Teresa y todas sus variantes son nombres femeninos maravillosos, tan de moda hoy como hace años. No podemos olvidarnos de santa Teresa y de la

Figuras de
la mitología griega

Si has estudiado algo de mitología griega en el colegio, es probable que alguno de esos nombres te guste para tu bebé. ¿Qué tal el nombre de un dios griego que te traiga a la memoria aquellos lejanos días?

Cuando leamos la siguiente lista, veremos que la idea es buena, si somos capaces de superar las asociaciones entre los nombres y el pasado. Los dioses y diosas griegas llevan a veces unos nombres que ahora suenan muy rebuscados, pero también por ello resultan majestuosos.

DIOSES	DIOSAS
Adonis	Afrodita
Apolo	Artemisa
Ares	Atenea
Atlas	Dafne
Cronos	Deméter
Eros	Eris
Helios	Eurídice
Hefesto	Hera
Hermes	Hestia
Orión	Iris
Poseidón	Nike
Hades	Perséfone
Tritón	Rea
Zeus	Selena

madre Teresa de Calcuta.
Variantes: *Terasa, Tere, Terese, Teresia, Teresina, Teresita, Teressa, Teri, Terie, Terise, Terrasa, Terresa, Terresia, Terri, Terrie, Terrise, Terry, Terrya, Tersa, Terza, Tess, Tessa, Tessie, Tessy, Theresa, Therese, Theresse, Thereza, Thersa, Teresea.*

TESSA (Polaco) "Amada por Dios". Variantes: *Tess, Tessia, Tessie.*

TEVY (Camboyano) "Ángel".

THAIS (Latín) "Adorno para la cabeza".

THALEIA (Griego) "Florecer". Variante: *Thalia.*

THANA (Árabe) "Acción de gracias".

THEA (Griego) "Diosa".

THEIA (Griego) "Divina". Variante: *Thia.*

THEONE (Griego) "Santa, devota".

THETIS (Griego) Madre de Aquiles.

TIBERIA (Latín) "Río Tíber". Variantes: *Tibbie, Tibby.*

TIFARA (Hebreo) "Festiva". Variantes: *Tiferet, Tifhara.*

TIFFANY (Griego) "Manifestación de Dios". Versión moderna de Teofanía. Variantes: *Tifani, Tiff, Tiffaney, Tiffani, Tiffanie, Tiffiney, Tiffini, Tiffney, Tiffy.*

TIGRIS (Irlandés) "Tigre".

TIMOTEA (Griego) "Que honra a Dios". Variantes: *Timaula, Timi, Timie, Timmi, Timmie.*

TIRION (Galés) "Amable".

TIRZA (Hebreo) "Agradable, amable". Variantes: *Thirza, Tirza, Tirzah.*

TITANIA (Griego) "Gigante". Variante: *Tita.*

TOBY (Hebreo) "Dios es bueno". Versión femenina de Tobías. Variantes: *Tobe, Tobee, Tobey, Tobi, Tobie.*

TOKI (Japonés) "Suerte".

TOMASA (Arameo) "Gemela". Variantes: *Thomasa, Thomasena, Thomasine, Toma, Tomasina, Tomasine, Tommi.*

TOPACIO (Latín) Nombre de piedra preciosa.

TORDIS (Escandinavo) La diosa de Thor.

TORI (Japonés) "Pájaro".

TORUNN (Escandinavo) "Amada por Thor".

TOSHALA (Hindú) "Satisfecha".

TRACY (Inglés) "Verano". Variante de Teresa. Tracy fue uno de los nombres neutros más populares en Estados Unidos en los años sesenta, cuando estaba a medio camino entre nombre de niño y de niña. Variantes: *Trace, Tracee, Tracey, Traci, Tracie, Trasey, Treacy, Treesy.*

TRIANA Nombre de un barrio de Sevilla.

TRICIA (Inglés) "Noble". Abreviatura de Patricia. Variantes: *Treasha, Trichia, Trish, Trisha.*

TRILBY (Inglés) Nombre literario que data de la época victoriana. Variantes: *Trilbie, Trillby.*

TRINIDAD (Latín) "Unión de tres". Variantes: *Trini, Trinita.*

TRIXIE (Inglés) "Ella trae la felicidad". Variante de Beatriz. Variantes: *Trix, Trixi, Trixy.*

TUHINA (Hindú) "Nieve".

TUKI (Japonés) "Luna". Variantes: *Tukiko, Tukiyo.*

TULSI (Hindú) "Albahaca".

TUYEN (Vietnamita) "Ángel".

TYANA (Afroamericano) Creado recientemente.

TYRA (Escandinavo) "La batalla de Thor".

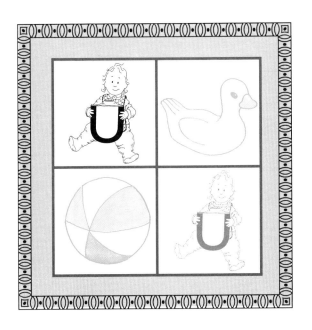

UDIA (Hebreo) "Fuego de Dios".
Variantes: *Udiya, Uriela, Uriella.*
UINISE (Polinesio) "Victoria justa".
UJILA (Hindú) "Luz brillante".
Variantes: *Ujala, Ujjala, Ujvala.*
ULA (Irlandés) "Joya del océano".
ULIMA (Árabe) "Sabia". Variante:
Ullima.
ULRIKA (Escandinavo) "Noble
gobernante". Variante: *Ulla.*
ULVA (Alemán) "Lobo".
UMA (Hindú) "Lino".
UMALI (Hindú) "Generosa".
UME (Japonés) "Flor de ciruelo".
Variantes: *Umeki, Umeko.*

URANIA (Griego) "Celestial".
Musa de la astronomía.
Variantes: *Uraiania, Uraniya,
Uranya.*
URBANA (Latín) "De la ciudad".
Variante: *Urbanna.*
URIT (Hebreo) "Brillo".
URRACA Nombre español muy
frecuente en la Edad Media.
ÚRSULA (Latín) "Pequeña osa".
Variantes: *Ursala, Ursella, Ursola,
Ursule, Ursulina, Ursuline.*
USHA (Hindú) "Amanecer".
UXUÉ (Vasco) "Paloma". Nombre
de advocación mariana.

VAILEA (Polinesio) "Agua que habla".

VALA (Alemán) "Elegida".

VALENTINA (Latín) "Sana". Variantes: *Valence, Valencia, Valene, Valentía, Valentine, Valenzia.*

VALERIA (Latín) "Fuerte". Valeria es un nombre del Imperio Romano. Variantes: *Val, Valaree, Valarey, Valaria, Valarie, Vale, Valeree, Valeriana, Valerie, Valery, Vallarie, Valleree, Vallerie, Valli, Vallie, Vally.*

VALESKA (Polaco) "Gobernante glorioso".

VALVANERA Nombre de advocación mariana. Patrona de la Rioja.

VANAJA (Hindú) "Hija del bosque".

VANALIKA (Hindú) "Girasol".

VANDA (Checo) Variante de Wanda. Nombre tribal. Variante: *Vandah.*

VANDANI (Hindú) "Honor". Variante: *Vandana.*

VANESA (Griego) "Mariposas". En España este tipo de nombres se puso de moda debido a la influencia de películas y series americanas o inglesas. Variantes: *Vanessa, Vanesse, Vania, Vanna, Vannessa, Venesa, Venessa.*

VANI (Hindú) "Voz".

VANIKA (Hindú) "Pequeño bosque".

VANJA (Escandinavo) "Dios es bueno".

VANNA (Camboyano) "Dorada".

VANORA (Galés) "Ola blanca". Variante: *Vannora*.

VARANA (Hindú) "Río".

VASHTI (Persa) "Preciosa".

VEDA (Hindú) "Conocimiento, sabiduría". Variante: *Veeda*.

VEGA "Extensión de tierra fértil". Nombre de advocación mariana.

VELESLAVA (Checo) "Gran gloria". Variantes: *Vela, Velina, Velinka, Velka, Veluska*.

VELIKA (Eslavo) "Grande". Variante: *Velia*.

VENUS (Latín) Diosa romana del amor. Variantes: *Venise, Vennice, Venusa, Venusina*.

VERA (Latín) "Verdadera, sincera".

VERBENA (Latín) "Plantas sagradas". Variantes: *Verbeena, Verbina*.

VERENA (Latín) "Cierto". Variantes: *Vereena, Verene, Verina, Verine, Veruchka, Veruschka, Verushka, Veryna*.

VERNA (Latín) "Primavera". Variantes: *Vernetta, Vernie, Vernita, Virna*.

VERÓNICA (Latín) "Verdadera imagen". Es un nombre muy enérgico. Variantes: *Veranique, Vernice, Veron, Verona, Verone, Veronice, Veronicka, Veronika, Veronike, Veroniqua, Veronique*.

VESTA (Latín) Diosa del hogar. Variantes: *Vessy, Vest*.

VIANNA (Afroamericano) Significado desconocido.

VICA (Húngaro) "Vida".

VICENTA (Latín) "Conquistar". Variantes: *Vincenta, Vincentena, Vincentina, Vincentine, Vincetta, Vinia, Vinnie*.

VICTORIA (Latín) Diosa romana de la victoria. A muchas Victorias se las llama Vicky. Variantes: *Torey, Tori, Toria, Torie, Torrey, Torri, Torrie, Torrye, Tory, Vicki, Vickie, Vicky, Victoriana, Victorina, Victorine, Victory, Vikki, Vikky, Vitoria, Vittoria*.

VIDA (Hebreo) "Amada". Variantes: *Veda, Veeda, Veida, Vidette, Vieda, Vita, Vitia*.

Ventajas y desventajas de los nombres poco usuales

Independientemente del nombre elegido para el bebé, ya sea uno de los más populares o uno del que nadie haya oído hablar antes, ese nombre tendrá sus pros y sus contras. Cuanto más inusual sea, más evidente nos resultará a nosotros y a nuestro hijo, al ir encontrando errores en la pronunciación y preguntas sobre su ortografía o su significado.

Ésta es la principal desventaja de tener un nombre diferente. La segunda es que el niño se sentirá algo distinto de los demás compañeros de clase. Algunos críos, por supuesto, se sentirán orgullosos de su exclusividad desde su más tierna infancia, pero la mayoría no. Por el contrario, si le ponemos al bebé un nombre que sea habitual, él o ella seguramente se quejarán de que todos se llamen igual. Así pues, no importa el nombre elegido: sabemos de antemano que no podemos acertar.

Recomiendo elegir un nombre diferente, pero no demasiado. Puede que sea difícil encontrar el equilibrio, pero después de probar con varios nombres que supuestamente son muy especiales, el instinto suele imponerse y nos hará saber cuál es el nombre más adecuado para nosotros y nuestro bebé.

VIDYA (Hindú) "Instrucción".

VIGDIS (Escandinavo: noruego) Diosa de la guerra. Variante: *Vigdess.*

VIKA (Polinesio) "Victoria". Variante: *Vikaheilala.*

VILMA (Ruso) Variante de Wilma.

VIMALA (Hindú) "Encantadora".

VIOLA (Escandinavo) "Violeta".

VIOLETA (Latín) "Violeta". Es un nombre muy bonito si queremos elegir un nombre de flor o si el color nos gusta especialmente. Variantes: *Viola, Violetta, Violette.*

VIRGINIA (Latín) "Virgen". Variantes: *Vergie, Virgy, Virgine, Vegenia, Virginai, Virgena, Virgene.*

VIRIDIANA (Latín) "Verdadera".

VIRTUDES (Latín) "Méritos, valores".

VISITACIÓN (Latín) Nombre que evoca la visita que hizo María a su prima Isabel para comunicarle que estaba encinta.

VIVIANA (Latín) "Llena de vida". Con el nombre en inglés todos conocemos a la actriz Vivien Leigh. También Julia Roberts interpretó el papel de una prostituta llamada Vivian en *Pretty Woman.* Variantes: *Viv, Viva, Viveca, Vivecka, Viveka, Vivia, Vivian, Viviane, Vivianna, Vivianne, Vivie, Vivien, Vivienne.*

VLADIMIRA (Checo) "Famosa gobernante". Variante: *Vladmira.*

VONDRA (Checo) "El amor de una mujer".

VYOMA (Hindú) "Cielo". Variante: *Vyomika.*

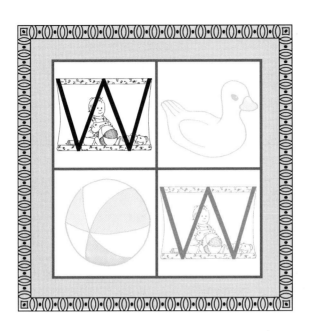

WAFA (Árabe) "Fiel". Variantes: *Wafiyya, Wafiyyah.*

WAKANDA (Nativo americano) "Mágica". Variante: *Wakenda.*

WALDA (Alemán) "Soberana". Versión femenina de Waldo. Variantes: *Wallda, Welda, Wellda.*

WALIDA (Árabe) "Recién nacida". Variante: *Walidah.*

WALLIS (Inglés) "Alguien de Gales". Versión femenina de Wallace. Variantes: *Wallie, Walliss, Wally, Wallys.*

WANDA (Germánico) "Vagabunda". Aunque no sea español, a todos nos suena este nombre por la película *Un pez llamado Wanda*. Variantes: *Wandi, Wandie, Wandis, Wonda, Wonnda.*

WANIKA (Hawaiano) "Dios es bueno".

WASHI (Japonés) "Águila".

WASHITA (Nativo americano: sioux) "Buena".

WAYNOKA (Nativo americano: cheyenne) "Agua limpia".

WELENA (Hawaiano) "Primavera".

WENDY (Inglés) Wendy apareció por primera vez como el personaje de la espléndida novela *Peter Pan*. Variantes: *Wenda, Wendee, Wendey, Wendi, Wendie, Wendye, Windy.*

WHITNEY (Inglés) "Isla blanca". Desde luego, la cantante Whitney Houston es la razón principal de que este nombre pasara de ser un nombre masculino, a principios de

Figuras mitológicas romanas

Al igual que sus colegas griegos, los dioses romanos y demás figuras mitológicas han ejercido una gran influencia en el modo de vernos a nosotros mismos y al mundo antiguo que ha forjado el pensamiento actual.

Las figuras de la mitología romana nos han proporcionado nombres universales, no sólo para las personas, sino también para los planetas (Marte y Venus).

A continuación citamos algunos de los nombres de bebé más comunes que pueden elegir los padres para sus pequeños dioses y diosas.

NOMBRES MASCULINOS	NOMBRES FEMENINOS
Baco	Aurora
Cupido	Ceres
Fauno	Diana
Hércules	Flora
Jano	Fortuna
Júpiter	Juno
Marte	Leticia
Mercurio	Luna
Neptuno	Minerva
Rómulo	Pomona
Saturno	Terra
Ulises	Vesta
Vulcano	Victoria

¡ES NIÑA!

los años ochenta, a ser uno de los nombres más populares para niñas en los años noventa. Variantes: *Whitnee, Whitnie, Whitny, Whittney.*

WHOOPI Significado desconocido.

WILA (Hawaiano) "Fe".

WILDA (Inglés) "Sauce". Variantes: *Willda, Wylda.*

WILFRIDA (Germánico) "Victoriosa y pacífica".

WILMA (Alemán) Versión femenina de William y Helmet. Variantes: *Wilmette, Wilmina, Wylma.*

WINIFRED (Galés) "Paz sagrada". Tuvo su máxima popularidad, entre los padres ingleses y escoceses durante el siglo XIX y principios del XX. Variantes: *Win, Winifrede, Winifride, Winifryde, Winne, Winni, Winnie, Winny, Wyn, Wynn.*

WINOLA (Alemán) "Amiga encantadora".

WINTER (Inglés) "Invierno".

WISIA (Polaco) "Victoriosa".

WLADYSLAWA (Polaco) "Gloriosa gobernante".

WYANET (Nativo americano) "Preciosa".

WYNN (Galés) "Guapa, blanca". Variantes: *Winne, Wynne.*

WYNONAH (Nativo americano) "Primogénita". Este complicado nombre para un español lo conocemos gracias a la actriz americana Winona Ryder. Variantes: *Wenona, Wenonah, Winona, Winonah, Wynnona.*

XANTHE (Griego) "Amarilla".
Variantes: *Xantha, Xanthia.*
XENIA (Griego) "Hospitalaria".
Variantes: *Xeenia, Xena.*
XESCA Derivado catalán de
Francisca.
XIANA Forma gallega de Juliana.
XIANG (Chino) "Olorosa".
XIMA Derivación popular de
Joaquina muy popular en Valencia.

XIMENA Forma catalana de
Jimena.
XIN (Chino) "Elegante, preciosa".
XUAN (Vietnamita) "Primavera,
manantial".
XYLIA (Griego) "Bosque".
Variantes: *Xyla, Xylina, Xylona.*

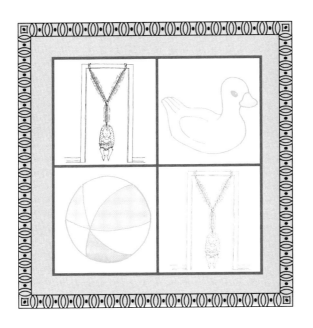

YARA (Hebreo) "Panal". Variantes: *Yaara, Yaari, Yaarit.*

YACHI (Japonés) "Buena suerte". Variantes: *Yachiko, Yachiyo.*

YAEL (Hebreo) "Cabra montés". Variantes: *Jael, Yaala, Yaalat, Yaela, Yaella.*

YAFFA (Hebreo) "Preciosa".

YAHIVIKA (Nativo americano: hopi) "Primavera, manantial".

YAKI (Japonés) "Nieve". Variantes: *Yukie, Yukika, Yukiko.*

YAKIRA (Hebreo) "Querida". Variantes: *Yekara, Yekarah.*

YALIKA (Nativo americano) "Flores de primavera".

YAMINA (Árabe) "Ética". Variantes: *Yaminah, Yemina.*

YAMINI (Hindú) "Noche".

YAMKA (Nativo americano) "Florecimiento".

YARDENIYA (Hebreo) "El jardín de Dios". Variantes: *Jardenia, Yardenia.*

YARINA (Ruso) "Paz". Variante: *Yaryna.*

YASHILA (Hindú) "Triunfadora".

YASHNA (Hindú) "Oración". Variante: *Yashnah.*

YASMINE (Árabe) "Jazmín". Variantes: *Yasmeen, Yasmeena, Yasmena, Yasmene, Yasmin, Yasmina.*

YASU (Japonés) "Calma". Variantes: *Yasuko, Yasuyo.*

YELENA (Ruso) "Luz". Variante de Elena. Variante: *Yalena.*

Nombres musulmanes

El Corán es el libro sagrado de la fe musulmana, fundada en el año 610 por el profeta Mahoma. Debido a ello, muchos niños musulmanes se llaman Mohamed. Algunos piensan que es el nombre más popular del mundo, con cerca de mil variantes.

Otros nombres de niño del Corán derivan de las noventa y nueve cualidades de Dios escritas en este libro sagrado musulmán: Hakim y Nasser, que se traducen como "sabio" y "victorioso", respectivamente, son dos de estos nombres.

Para las niñas, también abundan los nombres virtuosos, aunque no derivan directamente del Corán. Fátima es la hija del profeta y Ayasha significa "esposa".

Los nombres musulmanes, tanto de niño como de niña, tienden a tener un significado positivo. La tradición asiática de ponerle a los bebés nombres feos para que los espíritus malignos los pasen por alto prácticamente no existe entre los musulmanes. En vez de eso, eligen Tahira ("pura") y Malak ("ángel") para niñas; y Nadir ("valioso") y Baha ("magnífico") para niños. De hecho, es difícil encontrar un nombre musulmán que no tenga una connotación positiva.

Ya sea de niño o de niña, los nombres musulmanes –como los nombres de los nativos americanos– derivan de la naturaleza y los objetos cotidianos, así como de cualidades admirables que se pueden encontrar en las personas.

¡ES NIÑA!

NOMBRES DE NIÑOS	NOMBRES DE NIÑAS
Abdul	Alima
Alim	Amina
Amir	Ayasha
Cemal	Basimah
Dekel	Fátima
Fadil	Genna
Aviv	Iman
Halim	Jamila
Hussein	Kalila
Jamal	Latavia
Kadir	Lilith
Kamal	Malak
Khalid	Medina
Mahmud	Noura
Mohammad	Qiturah
Numair	Sana
Rahman	Tahira
Salih	Takia
Sharif	Zakia
Tahir	
Yasir	
Zaim	

YEMINA (Hebreo) "Fuerte". Variante: *Yemena*.

YEPA (Nativo americano) "Doncella de nieve".

YESENIA (Árabe) "Flor". Variantes: *Yecenia, Yesnia, Yessenia*.

YESHARA (Hebreo) "Directa".

YEVA (Ruso) "Vida". Variante: *Yevka*.

YIN (Chino) "Plata".

YOI (Japonés) "Nacida por la noche."

YOKO (Japonés) "Criatura del océano".

¡ES NIÑA!

YOLANDA (Griego) "Flor morada". Variante de Violante. Es un nombre frecuente en España y el título de una preciosa canción del cubano Pablo Milanés. Variantes: *Eolanda, Eolande, Lolanda, Lolande, Yalanda, Yalinda, Yalonda, Yola, Yoland, Yolande, Yolane, Yolette, Yoli, Yolonda, Yulanda.*

YONINA (Hebreo) "Paloma". Variantes: *Yona, Yonah, Yoninah, Yonit, Yonita.*

YORI (Japonés) "Honesta".

YOSHA (Hindú) "Mujer".

YOSHE (Japonés) "Encantadora".

YU (Chino) "Jade".

YUKI (Japonés) "Nieve". Variantes: *Yukie, Yukiko.*

YULA (Ruso) "Joven". Variante de Julia. Variantes: *Yulenka, Yuliya, Yulya.*

YURIKO (Japonés) "Criatura de azucena".

YVETTE (Francés) "El arco de la flecha".

YVONNE (Francés) "Madera de tejo". Yvonne es un nombre que evoca imágenes de películas en blanco y negro de los años 1940, cuando Yvonne era elegido a menudo como el nombre de la inocente heroína de la tragedia. Variantes: *Yvetta, Yvette, Yvone.*

¡ES NIÑA!

ZAFIRA (Árabe) "Éxito". Variante: *Zafirah.*

ZAHARA (Hebreo) "Brillo". Variantes: *Zahari, Zaharit.*

ZAHAVA (Hebreo) "Dorada". Variante: *Zahavah.*

ZAHIRA (Árabe) "Brillante". Variantes: *Zaheera, Zahirah.*

ZAHREH (Persa) "Felicidad".

ZAIDA (Árabe) "Afortunada". Variantes: *Zada, Zayda.*

ZAKIYYA (Hindú) "Pura". Variantes: *Zakia, Zakiah, Zakiyyah.*

ZALIKA (Africano: swahili) "Bien nacida".

ZANETA (Polaco) "Dios tiene la gracia".

ZARA (Hebreo) "Amanecer". Variantes: *Zarah, Zaria.*

ZARINA (Griego) "Emperatriz". Variante: *Czarina.* (Hindú) "Dorada".

ZEA (Latín) "Semilla". Variante: *Zia.*

ZEHARA (Hebreo) "Luz". Variante: *Zehorit.*

ZEHIRA (Hebreo) "Cuidadosa".

ZELENKA (Checo) "Fresca".

ZEMIRA (Hebreo) "Canción".

ZENAIDA (Griego) "Paloma salvaje".

ZENDA (Hebreo) "Santa".

ZENOBIA (Griego) "La fuerza de Zeus". Era el nombre de la mujer de Juan Ramón Jiménez, Zenobia Camprubí.

ZERA (Hebreo) "Semillas".

Supersticiones sobre los nombres

Bien mirado, un nombre es simplemente un conjunto de letras colocadas de un modo determinado para que la persona que tenga ese nombre pueda asumir alguna clase de identidad a través de él, un símbolo de clase.

Esa es la versión científica. La verdad es que generaciones de padres en todos los países, y de todas las religiones, tienen sus creencias sobre lo que deberían y no deberían ponerle como nombre a sus bebés, de acuerdo con la superstición. Una superstición tradicional de los judíos ashkenazi dice que si le pones al bebé el nombre de una persona viva, esa persona automáticamente enfermará y morirá, porque el bebé necesita más energía que el adulto y por lo tanto le habremos chupado su energía vital. Sin embargo, los judíos sefarditas ¡creen lo contrario! Muchas culturas eligen nombres de la naturaleza, como el de una flor, para asegurarse de que el bebé florezca y crezca.

Hoy en día, muchos de nosotros nos burlamos de estas creencias, pero lo cierto es que cada uno tenemos nuestras pequeñas supersticiones particulares acerca de los nombres. Por ejemplo, puede que no elijamos el nombre de un antiguo pariente porque no nos gustara su olor de pequeños, y creamos que quizá el bebé termine con el mismo aroma. O puede que odiemos un nombre porque una amiga de nuestra madre, llamada igual, se murió cuando teníamos trece años y no queremos que nuestro bebé tenga el mismo destino. Mucha gente dice que no hay que poner al bebé el nombre de un pariente que esté en la cárcel, por mucho que queramos a ese pariente, porque nuestro hijo podría terminar con el mismo estilo de vida.

¡ES NIÑA!

Algunas supersticiones se refieren a nombres concretos; puede que nos hayan criado con la idea de que las personas llamadas Benjamín no son de fiar. O, como un amigo mío escocés, puede que pensemos que si nuestro primogénito se llama Alfredo, tendremos problemas con el carburador del coche el resto de nuestra vida. Las supersticiones que giran en torno a los nombres que elegimos y los que no para nuestros hijos suelen contener a menudo asociaciones irracionales.

No importa lo irracional de esas asociaciones, nadie puede lograr que nos deshagamos de nuestras supersticiones. Y debemos saber que no estamos solos en el mundo si nos dejamos guiar por ellas.

ZERALDINA (Polaco) "Gobernante de la lanza".

ZERLINDA (Hebreo) "Precioso amanecer". Variante: *Zerlina.*

ZEVIDA (Hebreo) "Presente". Variante: *Zevuda.*

ZHEN (Chino) "Pura".

ZINA (Inglés) "Hospitalaria". Variante: *Zena.*

ZINNIA (Inglés) "Flor". Variantes: *Zinia, Zinnya, Zinya.*

ZITA (Griego) "Buscadora". Variante: *Zitella.*

ZIVA (Hebreo) "Brillante". Variantes: *Zeeva, Ziv.*

ZIVANKA (Checo) "Viva". Variantes: *Zivka, Zivuse, Zivuska.*

ZOÉ (Griego) "Vida". La primera Zoe fue martirizada hasta la santidad. Variantes: *Zoey, Zoie.*

ZOILA Femenino de Zoilo.

ZONTA (Nativo americano: sioux) "Honesta".

ZORA (Eslavo) "Amanecer". Variantes: *Zora, Zorah, Zorra, Zorrah.*

ZORINA (Eslavo) "Dorada". Variante: *Zorana.*

ZORAIDA (Árabe) "Elegante, graciosa".

ZUDORA (Hindú) "Trabajadora".

ZULEIKA (Árabe) "Brillante".

ZULEMA (Hebreo) "Paz". Variante: *Zulima.*

ZURI (Africano: swahili) "Preciosa".

Nombres de niños

PRIMER NOMBRE	SEGUNDO NOMBRE
1. _____	1. _____
2. _____	2. _____
3. _____	3. _____
4. _____	4. _____
5. _____	5. _____
6. _____	6. _____
7. _____	7. _____
8. _____	8. _____
9. _____	9. _____
10. _____	10. _____
11. _____	11. _____
12. _____	12. _____
13. _____	13. _____
14. _____	14. _____
15. _____	15. _____
16. _____	16. _____
17. _____	17. _____
18. _____	18. _____
19. _____	19. _____
20. _____	20. _____